国际文化版图研究文库

颜子悦 主编

思想的锁链

宗教与世俗右翼如何改变美国人的思维

〔法〕苏珊·乔治 著

蓝胤淇 译

商务印书馆

2016 年·北京

Susan George
La pensée enchaînée
Comment les droites laïque et religieuse se sont emparées de l'Amérique

Copyright © Librairie Arthème Fayard, 2007, 2008

Simplified Chinese Translation Copyright © 2016 by Beijing Yanziyue Culture & Art Studio. All Rights Reserved.

本书简体中文版权归北京颜子悦文化艺术工作室所有,未经版权所有人的书面许可,不得以任何方式复制、摘录、转载或发行本书的任何部分。

国际文化版图研究文库总序

　　人类创造的不同文明及其相互之间的对话与沟通、冲突与融合、传播与影响乃至演变与整合，体现了人类文明发展的多样性统一。古往今来，各国家各民族皆秉承各自的历史和传统、凭借各自的智慧和力量参与各个历史时期文化版图的建构，同时又在总体上构成了人类文明发展的辉煌而璀璨的历史。

　　中华民族拥有悠久的历史和灿烂的文化，已经在人类文明史上谱写了无数雄伟而壮丽的永恒篇章。在新的历史时期，随着中国经济的发展和综合国力的提升，世人对中国文化的发展也同样充满着更为高远的期待、抱持着更为美好的愿景，如何进一步增强文化软实力便成为摆在我们面前的最为重要的时代课题之一。

　　为此，《国际文化版图研究文库》以"全球视野、国家战略和文化自觉"为基本理念，力图全面而系统地译介人类历史进程中各文化大国的兴衰以及诸多相关重大文化论题的著述，旨在以更为宏阔的视野，详尽而深入地考察世界主要国家在国际文化版图中的地位以及这些国家制定与实施的相关文化战略与战术。

　　烛照着我们前行的依然是鲁迅先生所倡导的中国文化发展的基本思想——"明哲之士，必洞达世界之大势，权衡较量，去其偏颇，得其神明，施之国中，翕合无间。外之既不后于世界之思潮，内之仍弗失固有之血脉，取今复古，别立新宗。"

在这一思想的引领下，我们秉持科学而辩证的历史观，既通过国际版图来探讨文化，又通过文化来研究国际版图。如此循环往复，沉潜凌空，在跨文化的语境下观照与洞悉、比较与辨析不同历史时期文化版图中不同文明体系的文化特性，归纳与总结世界各国家各民族的优秀文化成果以及建设与发展文化的有益经验，并在此基础上更为确切地把握与体察中国文化的特性，进而激发并强化对中国文化的自醒、自觉与自信。

我们希冀文库能够为当今中国文化的创新与发展提供有益的镜鉴，能够启迪国人自觉地成为中华文化的坚守者和创造者。唯其如此，中国才能走出一条符合自己民族特色的文化复兴之路，才能使中华文化与世界其他民族的文化相融共生、各领风骚，从而更进一步地推进人类文明的发展。

中华文化传承与创新的伟大实践乃是我们每一位中国人神圣而崇高的使命。

是为序。

颜子悦
2011年5月8日于北京

目 录

序　言　世俗和宗教右翼如何绑架美国 …………………… 1

第一章　为初学者制造常识或文化霸权 ………………… 13

第二章　外交事务 ………………………………………… 59

第三章　美国宗教右翼及其经过机构与制度的长征 …… 95

第四章　消灭启蒙运动：对知识的攻击 ………………… 145

第五章　游说团体、走廊和权力席位 …………………… 189

结　论　为何撰写本书？ ………………………………… 229

注　释 ……………………………………………………… 241

索　引 ……………………………………………………… 259

序言　世俗和宗教右翼如何绑架美国

2001年的"9·11"惨剧发生后，几乎所有的欧洲人都对美国的遭遇抱以深深的同情。翌日，法国《世界报》（*Le Monde*）主编让-马里·科隆巴尼（Jean-Marie Colombani）在那篇题为"我们都是美国人"的社论（头条新闻）中概括了这种团结的真情流露。只有极少数人对这次恐怖袭击耸耸肩，认为这次事件对受害者而言是恐怖的，但对美国而言是"自食其果"。然而，短短几年之内，广大民众的友爱与同情就变了质，就像是金子变成了铅块。对美国政府的沮丧、不信任以及已故小说家及记者亨特·S. 汤普森（Hunter S. Thompson）所说的"恐惧和厌恶"占了上风。

这种十分常见的情绪与人们对美国人民看法的改变关系不大，而更多的是与乔治·W. 布什（George W. Bush）及其随从的行动有关。民众自然地受到了2006年中期选举结果的鼓舞，这次选举使民主党重新获得国会控制权。在笔者撰写本书的同时，2008年下一任美国总统大选已经全面展开，而许多人期待布什退场以及共和党被击败，这样美国或者就能像他们所相信的那样恢复正常。

希望果真能如此！我也愿意相信21世纪头几年里一直持续的一种残酷的脱离常规将从记忆中消失，就像一场噩梦在清晨消散了一样。然而，我担心事情会比这困难得多，本书的重点就在于解释其中的原因。因此，本书并不是关于"反恐战争"、"邪恶轴心"或者其他布什－切尼的内政与外交计划的主要内容，而是关于使它们成为可能的政治、学术和文化氛围。

我想指出，至少自20世纪70年代以来，美国文化一直在经历长期而成功的右倾转变；引导这种转变的精神从政策上获取了持续的动力；而这种新的信念体系，在世俗和宗教层面上都不可能仅仅因为一个政党或一位总统的当权而发生根本性的改变。"新自由主义"和"新保守主义"是最频繁地用以描述这个体系的术语，而这些术语指的是一套连贯的原则和理念（我们很快会探讨它们之间的细微差别）。这种文化已经被很耐心地构筑；它渗透了整个美国社会，从社会阶梯的领导层到最底层，由于它的设想往往没有被说出来，因此它也没有引起人们的质疑。尽管如此，它们已经使美国政治的重心更进一步地向右翼移动。

这种文化在很大程度上以谎言为基础，而新的政治重心越来越使一种怪异的政治成为可能。美国即使对于美国人而言也可能是一个神秘的国度，因为西方民主国家的常用规则在这里似乎常常不适用。当然，我们知道所有国家的首脑都会藏有秘密，也经常说谎，特别是当他们确定撒谎不会受到惩罚时。尽管如此，仍然没有任何国家能够逼近近代美国在欺骗方面所达到的惊人程度。如果国会对2002年至2007年这段时间进行任何有意义的调查的话，总统乔治·W. 布什几乎肯定会被查出犯有"各种重罪和轻罪"而遭到弹劾（同时将总统职位移交给迪克·切尼，然后就会轮到他不得不被弹劾……）

与此相反，临近21世纪的最后几年却见证了共和党议员因比尔·克林顿（Bill Clinton）在与一位丰满而热切的年轻女性的不正当性行为的问题上说谎，不遗余力对其进行弹劾。这对于整个国家来说是多么巨大的威胁？一位绅士和一个寻花问柳的丈夫还会做其他什么吗？

另一方面，现在似乎没多少人关心，为了诱骗美国人民支持一场昂贵、徒劳且罪恶的战争，而窃取选举、使自己的情报人员遭遇可能的暗杀，以及尽一切可能向美国人民和国会撒谎的行为。一些评论家指出，美国公众对于高层中的欺骗已经变得司空见惯，甚至还可能对欺骗有所期待，当然这种情况是最近才出现的。

林登·约翰逊（Lyndon Johnson）和理查德·尼克松（Richard Nixon）就是因为在外交事务（越南战争）和内政事务（水门事件）上撒谎而被迫下野的。虽然罗纳德·里根（Ronald Reagan）最终侥幸逃脱责任，但他欺骗美国人民，向伊朗出售武器并将所获利润用于资助"尼加拉瓜反抗军"在尼加拉瓜的非法军事入侵的事实，却让他经历了一段心神不定的时期。就克林顿而言，很难说美国公众是更加厌恶他的行为还是更加厌恶像罗马马戏团一般试图发起弹劾的共和党人，但是每个人都同意丑闻事件耗费了他大量的时间，这些时间更应该用来处理国家的紧急事务。然而，对于布什和切尼来说，撒谎更像是一种生活方式。[1]

对于美国人和美国境外的那些受害者来说，这些谎言的长远代价是无法估量的。布什政府经常将前所未有、让人放下戒心的坦率与蓄意的欺骗结合在一起。正如英国记者迈克尔·金斯利（Michael Kinsley）令人印象深刻地说道：

> 小布什政府的谎言往往可笑得如此明显，以致你想知道他们为何要费这个劲。直到你终于意识到：他们并没有费劲。如果说出真相能减少麻烦，他们也愿意试着说实话。小布什式不诚实的特征是构建一些话题的另一种真相，并将任何反对这种真相的人

思想的锁链

视为纠缠于"细微差别"的、爱哭诉的怪人。[2]

在他们看来，这种方法已经奏效。布什－切尼（总是密切关注切尼）政府利用"伊拉克反恐战争可以获胜"这个大谎言，不仅夺走了数千名年轻美国人和数万名伊拉克人的生命，还使美国人民通过独立战争而在当时建立起来的公民权利遭到严重削减。

这是两百多年以来第一个允许不经司法授权就可以在民众家中进行搜查和扣押的政权。对普通美国人进行大范围电子监视与信息搜集的新方法破坏了《宪法第四修正案》，该修正案禁止"不合理的搜查和扣押"，同时要求对"要被搜查的地点以及要被扣押的人或物"提供准确的描述。这位总统甚至敢于废除人身保护令，并授权对任何被视为敌人的人施行酷刑。如果你的目标是扼杀民主，那么谎言可以发挥作用。

无须沉迷于最轻程度的阴谋论，也无须联想到与石油的关系，任何感兴趣的人都可以核实布什－切尼集团：

——早在2001年9月11日之前就想要并计划侵略伊拉克；

——操纵情报机构并歪曲其调查研究以证明这场军事干预的正确性；

——知道伊拉克并没有大规模杀伤性武器；

——知道萨达姆·侯赛因（Saddam Hussein）的世俗阿拉伯政权与奥萨马·本·拉登（Osama bin Laden）以及基地组织的宗教狂热分子之间并无关联。

政治被降低了声誉。 对实践于罗斯福新政以及战后时期的凯恩斯政策所寄予的可能仍然适用的希望越来越微弱。没有一个关键、可靠、可供选择的计划存在于左派之中，而且就算有，也几乎没有进步组织来维系它。民主党不再假装自己是社会民主的，也不再假装自己寻求保护贫穷和弱势群体。在除了美国以外的任何地方，民主党都被视为一个右倾组织，同时它的许多成员还在致力于使其进一步右倾。像安杰拉·默克尔（Angela Merkel）或雅克·希拉克（Jacques Chirac）等过去或在任的"保守派"欧洲领导人，可能比大部分民主党人更加进步，他们拥有一些可敬的例外之处，例如他们都是国会进步核心小组（the Congressional Progressive Caucus）的成员等。

融资体系确保参加竞选的民主党能像共和党一样受惠于大公司的资金。而随着工人阶级规模的减小，他们的问题和意见不再那么有分量。《北美自由贸易协定》（NAFTA）以及类似的自由贸易协定砸掉了许多工人的饭碗，并且历届政府（包括卡特与克林顿政府）在过去的25年里摧毁了福利制度。正如任何人在卡特里娜飓风袭击新奥尔良时所能看到的那样，一些美国城市的某些地区和第三世界国家没什么区别。尽管如此，美国的两党制却仍然保持完好，迄今为止还没有任何重要且受欢迎的政治反抗力量欲将美国政治向左翼推动。

自从双子塔遭受毁灭性袭击以及发动了不必要却昂贵的战争以来，美国的执政者一直忽视立法机构并使其降格。例如，执政者在伊拉克继续建造永久性军事基地，五角大楼计划永久使用这些军事基地，尽管国会已经明确禁止对这些军事基地的进一步花费。

"反恐战争"对美国的新保守派领导阶层来说是一个天赐良机，其绝妙的理由在于这是一场无法获胜的战争。国家保持一种战备状态，花费数百亿美元的资金，用于支付诸如切尼的哈里伯顿公司（Halliburton）的巨额合同款项；向"战时总统"移交更大的权力。美国人和伊拉克人继续白白牺牲生命。事实上，正如每个人都承认的那样，

思想的锁链

伊拉克这个饱受痛苦的国家的状况比美军到来之前更加糟糕，而且美国自身也没有入侵之前安全。除了禁运，伊拉克原本尚可正常运作——尽管没有人否认萨达姆·侯赛因实行的是一种令人厌恶的独裁统治。

仍然有待观察的是，民主党是否会以其在国会重新获得的多数派地位调查布什－切尼集团可构成弹劾的多项违法行为，并质询其在伊拉克、关塔那摩及其他地方所犯的战争罪行。事实上，民主党目前并没有命令参议院中必要的三分之二多数席位发起弹劾，而关键问题在于勇气。民主党领导人似乎已经决定不必"回望过去"。受企业操控的媒体对这一切感到厌倦，解释说公众已经"向前迈进了"。除了少数独立的记者、网站及公民团体，现在几乎没有公众呼吁进行此类调查。

经济阵线不再振奋人心。 大多数美国人正在更加勤奋地工作，收入却更少。自20世纪20年代末期以来，不平等的情况从未如此深刻与普遍。自第二次世界大战结束以来，美国人中收入最高的那1%的人群占全民收入的份额已经翻了一倍多；然而，劳动人民的工资收入却停滞不动或者有所下降。美国对"贫困线"的定义最初设立于上世纪50年代，并且自那时起几乎没有改变过，而此定义严重低估了（约占12.5%）该国贫困人口的数量。每四名儿童之中有一名出生于贫困家庭；4,500万美国人没有健康保险。近四分之一个世纪以来最低工资几乎没有变动过，尽管民主党现在已经采取行动要提高它。贫穷在占大多数的白人群体和非洲裔、拉美裔少数群体中同样普遍。

人们仍然没有普遍呼吁经济改革、提高工资、退休利益、医疗保险、更大的平等——只有极少的示威游行和街头骚乱。虽然有一些大胆的例外之举，但工会——就像许多其他美国左翼一样——是软弱的，并且经常关注于性别、性取向以及反种族歧视的问题。民众似乎准备好去为完全违背自身利益的事情投上一票,并且顽固地保持对"市场"的信任。至少一半的美国人——特别是那些受教育程度最低且生活最贫困的人——根本不参与投票。

企业继续轻松赚取创纪录的利润:2006年,埃克森美孚公司(Exxon)赚得400亿美元的利润。政府仍给予企业明目张胆的税项减免和惊人的补贴,尤其是已经非常富裕的石油工业。国内金融丑闻接二连三,有罪之人大多数都用纳税人的钱将自己保释出来,临时的替罪羊被关进监狱,抗议之声随之平息。如今公司首席执行官的薪水是其雇员平均薪资的400多倍。20世纪30年代呼吁更大的公平和社会公正的进步运动早已不复存在。

去年进行改革运动的新闻界接受了自我审查,而且无论如何新闻界与经济领域的其他部门一样归属于相同类型的企业。电视,这个大部分美国人从中获得全部新闻的地方十分消极,将真正的新闻替换成最新的名人八卦和琐事(尽管对受害者而言不是琐事),不断重复着最近风暴的损害或公路事故。所有这些让大家打哈欠。正如戈尔·维达尔(Gore Vidal)所说,"美国2.5亿民众完全被他们的政府误导和蒙蔽了。这是可悲的,但我们的媒体——我甚至不愿说是腐败——就是不告诉我们任何政府不希望我们知道的事情。"[3]

至于民间宗教信仰,普利策奖得主及前《纽约时报》记者克里斯·赫奇斯(Chris Hedges)将激进的基督教右翼视为法西斯主义的一个新生品种,是美国式的。[4] 贫民以及越来越多受到威胁且动荡的中产阶级陷入绝望,他们被困在麻木且千篇一律的没有灵魂的社区,感到被抛弃、被隔离和孤单。他们经常去教堂寻求慰藉,教堂许以他们共同体、乌托邦以及对其中很多人来说的复仇。这些去教堂的人大多数

思想的锁链

就是那些坚持自己往往奇异的信仰的迷失灵魂；他们中的许多人甚至是热切的理想主义者或空想完美主义者，并且多数人是虔诚的信徒，他们当然不是什么罪恶之人。然而，他们很容易被操纵。

一些基督教福音派领导人完全是危险的煽动者，他们梦想在美国建立一种准法西斯的神权政治，将其与20世纪30年代初德国希特勒统治初期作对比并没有什么不公平。基督教右翼的领导人知道如何操纵大众，而且确信他们的士兵将跟随他们的领导，至少刚开始是这样；就像那些先驱不加批判地追随希特勒、墨索里尼以及其他独裁者一样。

一个触发事件——比如另一次"9·11"规模的恐怖袭击、一场毁灭性的生态危机，或者一场经济危机，都可以成为他们所祈求的机会。当传统的主流基督徒的温和影响力日益减弱时，没有任何抗衡的力量抵抗这些领导人。大多数美国知识分子以及中层或中上层阶级的民众并没有重视这种威胁。对他们而言，那数以百万计的宗教信徒不过是"疯子"，或"耶稣狂热信徒"，而不是真正的政治力量。

以前你已经听说过许多这样的事情，至少也知道大致情况，除了宗教之外，我并不打算详述这些问题的细节。严重的不公平现象、无休止的战争、统治阶级的贪婪，以及越来越多的美国人的绝望处境，这些并不是我在本书的真正主题，尽管它们是接下来几页的论述中必要的背景和人物。

我的目的在于探究这一切是如何发生的。

几十年何以将美国理想践踏成泥，就像一些最鼓舞人心的政治文件所表述的那样？这个首部独立法案就宣称"人人生而平等"的国家，现在是如何变成世界上最不平等的社会之一的？那些计划实施兼并战略的人——事实就是这样——为何如此自由地运作？他们为何没有遭遇反对？有何改变的希望？我希望说明这场较量超越了所有文化，极端右翼的战略已经付出代价。如果你能进入民众的思想，你就无须担心他们的双手和情感。他们将追随。然后领导阶层就可以为所欲为了。

许多人，尤其是欧洲人，继续生活在一个很大程度上理性的、受良好教育的世界里，享有公共服务，并且至少有一些社会保障。他们的社会，尽管有许多不公正，相对来说仍然是适于居住的。或许正因如此，这些人倾向于相信如今美国多灾多难的状况完全是布什及其新保守派追随者造成的。那么从逻辑上来说，最晚到2008年，一旦现在的领导层被驱逐下台而被更有原则的官员所取代，这样的状况就会马上终止。

另外，大多数到美国工作和旅游的欧洲人从未敢去大西洋和太平洋沿岸以外的地方——不得不承认这些地方比中心地区更加吸引人、对欧洲人更加友好，当然也更加有趣。他们不了解美国广大中心地区的民众在想些什么——或者没有想什么。他们不明白美国人如何能够按照自己的意愿选举领导人，而且确定自己现在随时都将冷静下来。他们认为这种奇怪的行为只是暂时的，当另一个党派或者另一个人夺得领导权后就会停止。

我不同意。这种乐观的设想在我看来不仅是一种具有危险性的误导，而且是一种残酷的错觉。同时它也反映出社会或知识界有意无意的势利——将普通民众视为不同列之人。我们不能简单地对这数千万人的信仰、态度和下意识的反应一笑置之，特别是当他们属于世界上最强大并且据说也是最危险的国家的公民时。这就是为何我试图解释这些信念体系从何而来，如何由一群反动且的确时有法西斯倾向的骨干来加以宣传，以及它们如何通过高效、复杂且不可能改变的长期战略而被灌输给普通民众的。

思想的锁链

我试图确认的一些信号,无论是在政府、社会还是宗教领域,都反映出一种由极其高效、资金充足且组织有序的精英所实施的有意识的努力。他们试图继续发展他们独裁的、反民主的、由公司控制的寡头政治国家,同时运用反动但使人灵魂满足的宗教作为粉饰,也作为社会控制的一个元素。拥有一个布什式的总统自然使他们的工作更加容易,但他们并不依赖于此。

新事实与新证据每天都在涌现,而我不得不时刻面对返回到我认为已经完成的部分的诱惑,以做到尽可能的透彻与及时,就像这个主题所值得的那样。我不止一次放弃抵抗这种诱惑,但最终我决定必须抵制诱惑,因为局外人——以及许多持怀疑态度的美国人——想理解这个国家的需求十分迫切。对于一个将自己视为"学者-活动家"或者"公共学者"的作者来说,这种迫切性最终应该成为指导原则。*令人沮丧的是,我的所有努力仍不完善,但与其努力去完成一部高不可攀并且沉重得无法在公共汽车上阅读的巨著,我宁愿选择这样一个词,无论多么不完美,"就在那里",无论"那里"可能是哪里。

现在请允许我采用完全相反的策略来避免可能的误会。我可能会犯错,如果我确实有错,我也会非常高兴。我尝试去描述一种事务的状态,在我看来这些事务是对文明的一种清晰、当下而持久的危险,但这种担忧并不是说这样一种结果的不可避免性。美国人已经不止一次地证明自己富有创造力、能迅速恢复并且简直就是绝顶聪明。

有数十个——数百个——公民组织还没有放弃,它们正在困难的环境下运作,激励国会去做正确的事情,为懒惰的记者提供情报,促进公民围绕本地、国家甚至国际的问题开展行动。也有数十个——数

---

* 在2007年3月第48届年度芝加哥代表大会上,国际研究协会的国际政治经济部门慷慨地授予我首个"优秀公共学者奖",我对此感到无比骄傲,因为这是我一直努力要做到的。

百个——以信仰为基础的团体和教会团体正在帮助穷人、移民、被压迫者和环境。本书几乎全部是关于右翼的,但这并不意味着右翼没有反对者。这个国家是庞大的,而进步派力量目前可能还相当薄弱,但他们确实存在,并且这些与他们国家的不光彩行为进行抗争的人和组织应该得到他们能够得到的所有支持。也许,得益于所有这些努力的共同作用,绝大部分美国人民将及时了解他们真正的利益所在,了解右翼如何操纵他们,并将远离那些伪先知。

尽管如此,更有可能发生的是,当有人曝光操纵时——这也是我在本书中努力要做到的——,并不刻意要做到详尽全面。若本书能激励他人承担与完成此任务,将令人感到无比满足。如果本书能帮助进步派去思考右翼如何在几十年前没有人预知的情况下完成了一种文化控制,他们使用了什么工具,他们采用了什么技巧,那就更加令人满意了。然后进步派就可以将这些问题的答案很好地加以利用。

关于这种文化控制并没有任何特别神秘之处——那些密谋策划它的人战略性地运用资金、自愿的人才以及组织来推广思想。进步派也拥有大量自愿且善于表达的人才,他们也可以进行组织;如果赞助人最终认识到自身的责任并开始支持进步而开明的思想的创造与传播,那么进步派甚至也可以获得资金,因为思想产生了影响。

第一章　为新手制造常识或文化霸权

任何正在建立统治地位的集团最重要的特征之一，就是努力在"意识形态上"同化和征服传统知识分子。而这个集团能够拉拢的知识分子越多，这种同化与征服就越迅速且越有效。

安东尼奥·葛兰西（Antonio Gramsci），《狱中笔记》（*Prison Notebooks*）

信条

夺取文化需要策略、精明和耐力，然而，比这些更重要的是信仰。要弄清当今美国"常识"的假设和主要思想，第一步要从信条开始。由于它是一种信仰体系，我们可以将其比作一种宗教，与其他宗教一样，它几乎没有以最纯粹的形式进行实践。假设它是宗教，它将坚持如下原则：

——市场解决方案总是比国家控制和干预可取；

——私人企业在效率、质量、可用性及价格等标准方面胜过公共部门；

——自由贸易可能暂时有一些缺陷，但最终将比贸易保护主义更好地服务于任何国家的所有人；

思想的锁链

——像卫生保健和教育这样的活动成为营利性活动是正常和可取的；

——更低的税负，尤其对富人来说，将保证更大的投资并因此保证繁荣；

——不平等现象是任何社会所固有的，如果不是种族问题的话，那可能是遗传性的；

——如果人们贫穷，他们只能责怪自己，因为努力工作总能得到回报；

——一个真正自由的社会在没有自由市场的情况下不可能存在；因此资本主义与民主是相互支持的；

——更高的国防开支和一个强大的军事力量将保障国家安全；

——凭借自己的历史、理想以及优越的民主制度，美国应该利用其经济、政治和军事力量去干预别国事务，从而推广自由市场和民主；

——其他国家的人民将欢迎这样的干预，因为它们能让世界去除国际社会中不得人心的破坏性因素，并最终证明这是为了全人类的利益。

我以最简洁、最极端的形式陈述了这些原则。自然，工会经常反对自由贸易协定；其他利益集团或少数派也可能对其中一两条原则提出质疑；但去掉经常使它们显得不那么严酷的修辞，大多数美国公民都赞同，至少默认，其中大部分陈述。最后两条关于对外干预的原则再次令人震惊地在伊拉克被否定（对于那些已经忘记越南、柬埔寨、智利、尼加拉瓜以及其他任何美国对别国的干预的人而言），伊拉克遗留的问题是又一次的混乱、屠杀和最终的失败。大多数美国人已经转而反对伊拉克战争，这并不必然意味着他们拒绝美国例外主义概念和干预主义原则本身。可能许多人只是转而反对美国正在失败这一事实而已。

普通的美国人并没有被鼓励去研究他们国家在国际秩序中的位置，他们在这方面消息不灵通的程度往往令人惊叹；更不用说承认其他国家的权利、利益和地位了。他们也不被鼓励去询问这些基本问题，诸如"经济是为了什么？它应该为一些人提供巨额收益吗？相反，它的目标应该是满足自身以及任何其他人的家庭的需求吗？""政府的适当角色是什么？它应该为民众做更多的事情吗？它是否应该为健康、教育以及民生负责？"如果公民不询问这些问题，这不是他们的错。这个文化中的每件事——从媒体到大多数学校再到广泛的宗教实践——都不鼓励批判性思维。

尽管如此，在通常我认为与"身体政治"有关的问题——堕胎、同性恋、同性婚姻、干细胞研究、安乐死——以及与基本权利定义相关的问题上，美国人并不缺乏激烈的辩论和坚定的观点。这些包括携带枪支、在公立学校祈祷、违背父母意愿进行性教育的权利吗？他们也往往在很大程度上关注个人的救赎和来世的命运，其中大多数人说自己是狂热的信徒（至少如果你相信那些频繁的民意调查），这一点我们会在后面的章节探讨。许多美国人可能受教育程度较低，并且经常被误导，但他们并不笨。举个例子，他们确切地知道自己对乔治·W. 布什的看法。皮尤研究中心（Pew Research Center）会每年两次要求一个代表性样本提供一个对他们来说最佳的描述总统的词。2005 年2 月，排在前两位的词是"诚实"与"好"。两年后，2007 年 2 月，它们变成了"无能"与"自大"。

为何我在本章开头列出的信条原则、不加批判的态度以及奇特的信仰在过去 30 年里取得了胜利？这样的趋势反映的是一种自然的演变,还是对现实的简单默许,抑或是在起作用的更加深刻且清晰的力量?

本章将研究美国——或者说它的大部分——如今在世俗方面的想法。除了一些重要的重叠,我们将把宗教方面留至后文论述。这里我们将涉及意识形态制造者与动摇者,并探索他们不断增加的——如果还没有全部完成的——"文化霸权"的成就,这个问题是开创性的意大利马克思主义思想家安东尼奥·葛兰西提出的。他揭示了这个概括占主导地位的阶级占据意识形态高地能力的概念。新自由主义精英已经一个接一个地渗透到我们的公共和私人机构,特别是在美国,但也经常发生在欧洲和地球上的其他许多地方。现在这些精英实际上垄断了普通美国人的思想,也因此垄断了美国的政治权力。

他们的成功反映了一种长期战略,进步派几乎没有注意到,更不用说抵抗了。一个激进主义的、富有的极右翼少数派有意识地使这个战略发挥作用,小心翼翼地培养它从20世纪40年代和50年代种植的幼苗中获得的优势。截至21世纪初,这些幼苗已经成长为参天大树。我们现在的路线是追溯这场意识形态变革的进程,从它的哲学根源到它在我们时代的圆满成果,同时确定主要的参与者、他们的动机以及他们的方式。

有些人会说,本质上"不用担心。一旦乔治·布什及其随从腾出权力之位,一切将回归原位。"这样的乐观主义让我感觉是危险的错位。正如建设现在的文化霸权花了许多年一样,要将其击倒也要花费数年——如果确实曾经花费了数年的话。

彼得的朋友:现在都是撒切尔夫人的支持者

托尼·布莱尔(Tony Blair)的亲密朋友和顾问彼得·曼德尔森

（Peter Mandelson），是支持英国工党"第三条路"的创造者安东尼·吉登斯（Anthony Giddens）的。自2004年以来，他一直担任欧盟贸易专员并且仍然在工党中掌握权力。因此，可能让人感到惊讶是，2002年6月，他在包括工党精英以及比尔·克林顿等各类来访名人在内的观众面前宣称："现在我们都是撒切尔夫人的支持者。"[1]

曼德尔森是在有意模仿已于1965年年底宣称"现在我们都是凯恩斯主义者"的《时代周刊》（Time Magzine）的著名封面吗？这本标志性的全美周刊告诉它的读者："在他去世近20年以后，[约翰·梅纳德·凯恩斯（John Maynard Keynes）的]理论对世界的自由经济仍然起到主要影响，特别是对美国经济，最富有以及最具扩张主义……（他的理念已经导致）历史上规模最大、时间最久、分布最广的繁荣。"[2]《时代周刊》说得对：1965年，这个国家的每个重要人物其实都是凯恩斯主义者，或是一些其他类型的社会民主人士。成为一个"撒切尔主义者"的想法是可笑的，但《时代周刊》封面出现后仅仅15年，铁娘子已经入主唐宁街，而她更为友善的对手罗纳德·里根也正坐在白宫之中。

无论曼德尔森是否回想起《时代周刊》，他的直率无疑值得称赞。甚至在《时代周刊》对凯恩斯主义的慷慨称赞过去40年以后，"左派人士"仍然没有正式地为这个可怜人举行第二次葬礼，也没有将他打入冷宫。曼德尔森惊人的声明背后的原因是这样的：2002年4月，竞选法国总统的社会党候选人利昂内尔·若斯潘（Lionel Jospin）遭遇耻辱性失利，他排名第三，且决胜投票变为右翼候选人（希拉克）与极右翼候选人（勒庞）之间的选择。同年，其他各欧洲社会民主派领导人都相似地被踢下台。在美国，乔治·布什已经击败克林顿理所应当的接班人阿尔·戈尔（Al Gore）——或者至少在他弟弟、佛罗里达州

思想的锁链

州长的帮助下已经通融了规则，并设法在最高法院的帮助下，让自己被宣布为获胜者。

曼德尔森似乎没有想到，这些失败可能是对这些据称是进步政府向右翼转变的抗议票。相反，他总结认为，选民正高声呼吁反凯恩斯主义的"改革"，这一改革沿着玛格丽特·撒切尔早些时候强加于不情愿的英国人的那些路线进行；包括公共服务的大规模私有化以及市场在商品、服务、资本以及特别是劳动力方面的"灵活性"。在比尔·克林顿的领导下，美国已经完善了这一计划，并在减少福利金领受人数的同时增加监狱囚犯人数方面尤为成功。

第三条道路思想体系建立在这样的观点之上，即认为与市场力量进行对抗是徒劳的，甚至连想都不应该这么想。资本主义全球化是一个简单的事实，而不是一个需要解决的问题；它也不是一种需要被批判、更谈不上要被推翻的事务状态。既然市场力量无法被反抗且会普遍存在，明智的人及社会民主政治家只能接受现实，并不断重复撒切尔夫人的战斗口号："TINA：There Is No Alternative"（"TINA：别无选择"）。

新自由主义的哲学根源

那么，什么是撒切尔主义，又有谁是"撒切尔主义的支持者"——包括里根主义的支持者、布什主义的支持者等，是否彼得所有的朋友都已经加入了他们的行列？他们信条的内容是什么，而隐藏在他们思想背后的又是什么？为什么这种信条不只在传统或极端右翼的追随者中，同时也在美国民主党与欧洲社会民主党人中成为主流？这些深刻变化需要解释。

几乎每个人现在都知道第一个问题的答案。撒切尔主义是这样一种信条，它告诉我们要将信心置于市场自由、货币主义经济、高国防开

第一章 为新手制造常识或文化霸权

支、公共服务私有化、对较高纳税等级的人减税、遏制工会、普遍反对福利国家制度、对企业部门普遍友好,以及不再有效的欧盟宪法及其孪生替代品、所谓的"改革条约"反复陈述的"自由和无失真的竞争"。

撒切尔主义的概念仍然需要更多的实证挖掘以揭示其基础。玛格丽特·撒切尔并不是全副武装地从亲市场的宙斯的脑袋中出现的,严格来说,她本身不是一个撒切尔主义者,而是一个"哈耶克自由主义者"。故事是这样的,一天在下议院,她从自己的公文包里取出一本书,用力拍着它,对集会的议员们宣布:"这是我们所信仰的。"这本书就是弗里德里克·冯·哈耶克的《自由秩序原理》(Friedrich von Hayek, *The Constitution of Liberty*)。

哈耶克是奥地利裔经济学家、法学家与哲学家,其著作产量惊人。他在奥地利观察到国家社会主义的开端,并且早在1932年就自我放逐至英国。他在伦敦经济学院任教,之后前往芝加哥大学,在那里他享受了一段漫长而极富影响力的职业生涯。由于他著有二十多本书和不计其数的文章,并且影响了一代又一代的学生,在这里我只能尝试对其思想和行动进行最简洁和最不充分的总结。

根据经济历史学家普遍接受的智慧,20世纪30年代,哈耶克输掉了与约翰·梅纳德·凯恩斯的伟大理论战争。结果,凯恩斯主义经济政策在接下来的数十年里不仅支配了理论,也支配了实践,随之开始了富兰克林·D. 罗斯福的新政以及为克服大萧条而采取的坚定的政府干预措施。在学术上的失败之后,哈耶克实际上停止了关于经济主题的写作,而这些主题将在1974年为他赢得迟来的诺贝尔奖。*

---

* 诺贝尔经济学奖严格来说并不存在。1969年,瑞典皇家银行"为了纪念阿尔弗雷德·诺贝尔"决定每年颁授一个奖项;该奖项的大部分获奖者都是新自由主义经济学家。阿马蒂亚·森和约瑟夫·斯蒂格利茨除外。

思想的锁链

他不再写经济文章,而是开始创作大量政治文章,并通过 1944 年的畅销书《通往奴役之路》(*The Road to Serfdom*)而获得名望。《读者文摘》(*Readers Digest*)摘录了这本书,它因此进入了数百万个美国家庭,现在仍然是一部新自由主义的经典著作。斯坦福大学右翼胡佛研究所的一位黑人会员托马斯·索厄尔(Thomas Sowell)说:"哈耶克是改变 20 世纪思想进程的核心先驱人物。"进步派一直认为那是凯恩斯……

在《通往奴役之路》中,哈耶克阐释了如下论点。在任何大型系统中,知识天生就是支离破碎且分布广泛的;任何中央集权要变得无所不知而足以计划一个国家的经济,这特别取决于太多的因素和太多的参与者。国家对经济的任何干预都将是武断的、有害的,并必然趋于苛政。一个人必须对市场抱有信心,因为秩序将自然地从数百万个人的偏好表达中产生。

亚当·斯密曾经在《国富论》(Adam Smith, *Wealth of Nations*)中首次提出这一观点。这句名言指出,我们不指望我们的晚餐得益于屠夫、面包师傅和酿酒商人的仁慈之心,而是源自他们对自身利益的自私追求。哈耶克强调,要满足人类的需求,个人的自身利益相比中央集权下的任何一种经济计划或干涉都是一种更好的向导,无论这种经济计划或干涉如何善良和用意良好。价格将提供我们所需的关于公众渴望什么的全部信息。政府不应该代替公众做决定。

哈耶克进一步发展了亚当·斯密的观点,强调了自由社会中法律的重要性,但目前只有否定的法律受到关注。这种法律的作用是声明什么是被禁止的,就是这样。它不应给任何人实施任何干涉主义行为的积极权力。自由的构成中没有强迫。要自由就是要排除任何其他人的意志,包括立法者的意志,除非是在立法者宣布某些行为是违法时。

这种信条对人类的影响立即显现。譬如,否定自由的信条认为,

第一章 为新手制造常识或文化霸权

"我可以吃，你也可以吃"，因为没有法律禁止它，因此我们享有吃的自由。它没有提及任何有关桌上有形存在的食物，这单独可以使吃的"权利"生效。肯定的法律（以及进步政治）的观点与哈耶克的主张相反，认为没有实际的、具体的获得食物的权利，吃的"自由"既无意义也无价值。政府的任务和社会的目的就是创建一个框架，在这个框架中每个人都拥有吃的权力，而不仅仅只是理论上的可能性。由此看来，整个人权法可以被视为一种反哈耶克的宣言。[3]

如果追求哈耶克理论的逻辑结论的话，就可以更好地理解撒切尔夫人在宣称"不存在社会这种东西"时所表达的意思。这也是哈耶克看待他的理想世界的方法——不是像这样的一个社会，其中的人们拥有共同的利益、共同的目标，并通过他们的制度寻求获得共同利益；而更像是一个分裂个体的集合，所有人都在选择他们认为对自己最好的东西，除了小部分法律禁止的行为之外不受任何框架的限制。

为了避免给出错误的印象，需要指出哈耶克不是某种道德怪物。他认为他的哲学与这样一个国家完全相容，这个国家会保证每个人拥有足够的食物、住所和衣服，而不致死于饥饿或暴露。然而他不接受政府为了向穷人提供学校与医院而向富人征税的类似做法。决定一个群体应该付钱从而使另一个群体可以享受某些利益不是国家的事。根据哈耶克的观点，社会公正是一种有害的错觉。人们应当反对再分配措施——福利国家的特征——，因为它们注定是纯粹武断的，而无论何种武断终将不可避免地导致暴政；即他最著名的作品中的"奴役"。

哈耶克的论证从来没有像今天这般影响了一代又一代新自由主义者。然而，他信条的稳固性依赖于几个有关自由的不同概念的融合，对这几个自由概念，西方，特别是盎格鲁－撒克逊哲学，在至少三个世纪的时间里都一直试图保持分开。其中第一个是政治自由的概念，

思想的锁链

它是民主的基础,因为它允许公民积极参与决定社会和政府要如何加以组织。第二个概念是关于知识和宗教自由以及表达自由(包括出版自由),这是政治自由的必然结果。这些自由准许每个人自由地思考、表达意见,无论它们多么不受欢迎,以及自由地崇拜;只要这些表达不侵犯其他人的自由而因此对社会造成损害。[4] 第三种自由通常被定义为人身自由或个人自由,它构成了持有财产权利的基础,并涉及保护家庭以及个人隐私。

大多数思想家认为第四种经济自由的性质有别于政治自由、知识自由和人身自由。尽管如此,哈耶克主义者(或撒切尔主义者、里根主义者)拒绝进行这种区分。他们认为个人处置其收入和财产的权利不可侵犯,包括国家在内的任何公共或私人机构都没有权利进行干涉。

在这里我们触到了进步派与新自由派意识形态对立的核心。前者相信民主管理与社会本身的生存依赖于对经济自由的限制,只有"君主"(sovereign)能决定那些限制(霍布斯之后的大多数思想家将这个角色赋予国家,国家既可能是仁慈、受欢迎且民主的,也可能是威权主义、强制甚至残暴的)。这就是为何自美国独立战争以及法国大革命以来,宪法都明确表示人民即君主。*

在理想的情况下,人民主权对相互冲突的利益进行仲裁从而达成共同利益。无论如何,在一个民主国家,人民必须自由选择他们所生活的国家的性质。这也是为何像詹姆斯·麦迪逊(James Madison)这样一位美国国父如此重视权力分立和宪政,这样无论行政、立法还是司法机构,都不能获得太多权力从而剥夺人民的权力。

---

* 无论是 2005 年全民公决中被法国与荷兰选民否决的《欧洲宪法条约》,还是 2007 年的"改革条约"——此改革条约取代已经失败的《欧洲宪法条约》且内容也几乎与之相同——都完全没有提及人民主权。

然而，如果君主既不是多少有些仁慈的国家也不是人民，而是市场，那么社会和政府将会以这样一种方式加以组织，经济自由凌驾于其他任何形式的自由之上。社会最终将退化成一个被断开连接的个体的集合，或者，你也可以称之为"消费者"。一点一点地，社会凝聚力的腐蚀以及最终崩溃将使生命几乎毫无活着的价值，甚至对富人也是如此。[5]

当然，实际上，一定时刻存在的社会力量产生的压力会促成一时的平衡：这就是政治的意义。马克思是这一理论最重要也最激进的倡导者，他将历史本身定义为社会阶级之间不断斗争的结果。

然而，由于接受经济自由至高无上这一观点，彼得·曼德尔森和那些"现在都是撒切尔夫人支持者"的人选择了一个使人滑向深渊的斜坡——甚至比哈耶克看到的将国家干预经济引向暴政和"奴役"的斜坡还要滑。他们选择的道路将导致权利集中于实际上能够享受"自由"的人手中，也就是说少数富人的手中，他们因此也是拥有权力的人。他们吃的"权利"（或者说拥有游艇和私人飞机的权利）不仅仅是一种理论上的可能性，而且也是一种实际的现实。在一个否定法律的体系中，财富必然等同于权力——表达自己意愿、指挥他人以及获胜的权力。也许出席2002年新工党大型聚会的"所有现在的撒切尔夫人支持者"没有意识到智力懒惰导致的这种剧烈转变——这是最仁慈的解释。或许曼德尔森仅仅选择诉诸于赤裸裸的自我利益。

无论"新工党"及其别处的同仁可能会选择什么道路，这种社会概念与法律概念都是进步派应该设法推翻的对手。正如19世纪伟大的改革家、法国多明我会修士亨利·拉科代尔（Henri Lacordaire）牧师所说，"强者与弱者之间，富人与穷人之间，主人与奴隶之间，是自由带来压迫，是法律带来自由。"市场自由的确压迫了弱者，因此进

思想的锁链

步派的任务就是在国家层面和国际层面努力构筑一个肯定法律的框架，以确保所有人类的权利和尊严得到尊重。

新自由主义派是谁？新保守主义派呢？区别是什么？谁在乎？

正如布奇·卡西迪（Butch Cassidy）和太阳舞小子（Sundance Kid）在被一个神秘团伙追赶时所说的，"这些家伙到底是谁？"有关新自由主义派与新保守派的答案不是一个简单答案，而且需要一些历史背景。它将包含无穷的区别，我不试图予以区分。但"谁在乎？"这个问题是容易回答的：全世界都在乎，或者说都应该在乎，因为全球没有任何一个地方还没有被这些人拥护的教义伤害。这已经得到一个又一个民意调查的证实。

有关他们如何获得力量来使其信仰付诸实践的故事是我们在这里关注的焦点。他们广泛的内政议程明显且令人信服地加深和强化了不平等现象，并服务于富人的需要。结果，各处的精英都热情地利用这些在美国制造的政策。这些相同政策设计师所设计的外交事务议程继续在国外引发无尽的苦难，并在国内将那些对宪法以及权力分立毫不在乎的危险人物置于影响力巨大的职位。我们将在本书通篇增加对他们集体形象的描绘。

当我们询问"这些家伙到底是谁？"的时候，会遇到各种各样的词汇问题。我将几乎不加区别地使用"新自由主义派"、"新保守主义派"或者"新保守派"这样的词。尽管如此，仍然会有细微差别。"新自由主义派"一词尤其可能造成困惑。在美国而不是欧洲，要成为"自由主义者"意味着要至少有点儿进步。无论正确还是错误，民主党人都应该比共和党人更加"自由"，并且美国右翼总是假装受到了"自由派媒体"的迫害。这解释了为什么相较于欧洲，包括英国和

第一章　为新手制造常识或文化霸权

其他地方，"新自由主义派"这个名称在美国不太常用，尽管美国学者完全清楚这个词意味着什么。

在美国国界之外，"新自由主义派"根据政治和经济观点而明确认定了"所有现在撒切尔夫人支持者"的那些人——尽管，只是为了让局面更加复杂，一些人会自称为"自由主义者"，尤其是在美国。这些血统更为纯正的哈耶克主义者将经济自由延伸至其概念的极限，并在华盛顿特区拥有自己的智库——加图研究所（Cato Institute）。

无论名称是什么，这两类"新派"都力图减少致力于为公民提供社会福利的税收和国家干预。他们想要废除保护性的劳动法，取消对失业、重大疾病、无家可归以及其他个人事故或灾难的援助。在他们看来，任何仍属"公共"的服务都应该外包给私人公司，就像私立学校和医疗保健机构应该大量取代公立学校和医疗机构一样。美国是唯一一个为其公民提供这种极少的、不是说不存在的公共医疗卫生服务的富裕发达国家。在这一点上，国民开始高声抱怨，并且总统候选人也已经适时地开始予以关注。至于学校方面，右翼提倡一种教育券制，这个制度允许父母选择市场上提供的各种各样的教育机构。*

在美国，新保守主义派拥护同样的政治和经济议程，但他们也极端专注于我所说的"身体政治"，即往往与性有关的问题。谁可以和谁发生性关系？什么年龄、什么性别、什么肤色、在什么条件下、接受了哪些关于生育和通过性交传播的疾病的早期教育？哪些民事权利——如果有的话，包括结婚的权利——应该适用于那些（在他们看来）性取向"偏离"的人？女性有哪些权利掌控她们自己的生殖器官和终止意外怀孕？在科学研究方面人类胚胎的身份是什么？在哪一刻

---

* 学券代表由联邦政府或州政府为每个孩子支付的一套学费；父母可以接受当地的公立学校，或选择支付更多的钱去上更高质量的学校和宗教类课程等等。

思想的锁链

一个人的生命终结了？一个人可以合法地加快那一时刻的到来吗？所有这些基本的文化问题都是对新保守主义派有用的东西。

与国外相比，这些问题在美国社会也吸引了更多的关注，并得到了更为热烈的争论。新保守主义派也在负面意义上对种族平等和女性权利问题极端敏感。他们中的许多人永远无法理解20世纪60年代和70年代民权运动和妇女运动的成就。

没有受到激烈争论的问题包括死刑——它的废除是欧盟对其成员国的一项要求。美国50个州中有38个州存在死刑，死刑几乎没有引起争议。定期的盖洛普民意调查一直显示至少三分之二的美国人赞同死刑（2003年5月与2005年5月，支持率均达到74%的峰值）。2002年至2006年间类似的民意调查显示，约有47%至53%的调查对象认为死刑应当比现在更加频繁地使用。自1976年以来，超过1,000人被执行了死刑，其中99%为男性，34%为黑人——仅得克萨斯一个州就占了三分之一以上。截至2008年，仍有3,263名被判决的杀人犯关押在"死囚牢房"。

枪支游说的影响是众所周知的，并且它对《宪法第二修正案》的狭义解释几乎没有显示出什么损耗的迹象。*美国全国步枪协会（National Rifle Association）"枪支不杀人。人杀人"的口号似乎被普遍接受，至少在美国中心地带。即使在明显精神错乱的人实施多起屠杀之后，游说集团仍然成功缓和了公众意见，而想要再度当选的国会议员也不可能为难全国步枪协会。

所以一些新保守主义派正在一个文化的、说教的且经常属于宗教的旅途中，同时也是在一个政治旅途中。对他们中的大部分人而言，

---

* "得到良好管理的民兵，作为一个自由州的安全的必需，作为人民持有和携带武器的权利，不得侵犯。"

文化与政治是不可分割的。这类人通常是一些"重生基督徒",其中包括乔治·W. 布什以及许多华盛顿的官员。他们的行为正在进一步使教会与国家的分离变得模糊,例如,很明显的是,他们齐心协力在公立学校讲授神创论(creationism)或者其更为体面的替代品——"智创论"("intelligent design")。正如我们随后将详细探讨的,约有 7,000 万美国人认为自己属于重生派,尽管他们并不都支持严格的保守主义议程,但他们确实构成了许多新保守派组织的地面部队中的可观部分。[6]

在外交政策领域,现在自称新保守派的美国人在冷战时期曾是坚定的反共产主义者,而他们现在则是全球反恐战争的坚定拥护者。新自由主义派与新保守主义派都倾向于支持美国的对外干涉主义政策,包括军事干涉主义政策,虽然美国的孤立主义传统仍然存在,正如布什总统的支持率最近大幅下滑已经清楚表明的那样(尽管有些人会说他们不是反对对外干涉,而是反对失败)。新自由主义派支持北约(NATO)的扩张而不重视联合国。他们中的大部分人赞同本章开头我们以简略形式列出的原则,但新保守派并不支持诸如世界银行和国际货币基金组织等国际金融机构,在他们看来这些机构太进步了;然后真正的进步派将这些机构视为全球右翼政策的供应商。新自由主义派与新保守主义派都热心支持以色列,并将其视为在中东拥护美国政策和民主的前哨。这些核心方面将在接下来的章节中进行研究。

"这些家伙"是哈耶克主义者吗?是也不是。说他们是,因为哈耶克的哲学确实与全球以及国家的政治和意识形态相关,如果仅仅因为他提倡的市场至高无上的信条已经走向全球;哈耶克哲学处于现在许多人所谓的"新自由主义全球化"的核心。世界银行及国际货币基

思想的锁链

金组织与美国财政部通力合作,数十年来一直忙于在世界范围实行私有化、市场友好及削弱国家的政策。世界贸易组织协定数千页的文字煞费苦心地明确了从事贸易的公司的权利,却一个字都没有提及对工人和环境的保护。每个地方的新自由主义派都试图将公民身份降低为消费者群体(consumer-hood),同时广泛无视人权。

但是只要哈耶克的哲学不足以完全阐明美国及世界历史的最近阶段,"这些家伙"就不是哈耶克主义者。它没有解释战争、军事干涉以及军费预算不断增长的倾向,这些倾向也是掌握权力的精英的特征;尽管许多人会说这些政策更多归因于新保守主义派而不是新自由主义派。一些尖刻的评论家指出,这些国防及安全政策构成了美国版的社会主义,这些政策需要一个强大的干涉主义的国家,以及在某些明确且有限的对公民有很少或没有直接益处的领域的大量公共开支。如果给予同样的投资,军工产业复合体以及军队提供的工作也会在其他方面存在。完全的哈耶克主义者——大部分是自由论者——想要缩小国家规模,包括军事化国家的规模。然而,在当今的美国,市场的至高无上、国家主导的扩张主义与昂贵的干涉主义相伴而生。

强大的美国政府现在也开始扮演它的确定角色,将市场法则强加于美国之外不情愿的受害者。美国的跨国公司对许多协定具有决定性的影响,而这些协定共同构成了世界贸易组织的规则。[7] 在另一个最近的例子中,伊拉克的实际统治者保罗·布雷默(Paul Bremer)*的首要行动之一就是废除现行的外国投资准则,并设置一套新的完全有利于(主要是美国的)商业利益的准则。哈耶克无疑会抵制这种认为一

---

* 2003年5月,总统乔治·W. 布什任命大使 L. 保罗·布雷默三世为他在伊拉克的"总统特使";他的正式头衔是联军临时权力机构行政官。

第一章　为新手制造常识或文化霸权

个国家应该为了"出口民主"而干涉另一个国家的事务的观点。我们将在后面的章节中更多地讨论这个方面。

美国右翼与许多方面通力合作——政治与经济，富人与穷人，宗教与世俗，外向型与内向型，男性与女性，黑人与白人，共和党与民主党。美国人本身倾向于将各方面全部归并在"新保守主义派"或"新保守派"一词之下。欧洲人不会必然赞同那种用法，而且会做出更多社会和文化的区分，将"新自由主义派"留给政治与经济方面。在后文中我将不会太过努力地去进行区分。普遍化是危险的；也许我们仍然可以尝试一种适度的区分。尽管这两个群体明显相互重叠并且这些词汇在大西洋的此岸和彼岸可能不同（从那里到世界其他地方也有差别）；然而所有新保守派都属于新自由主义派，所有新自由主义派都不是新保守派。再进一步就是我害怕涉足的了。

在不那么容易的阶段从左翼到右翼

无论是新自由主义派还是新保守派，都不懈地宣扬他们的理念并利用每一种可用的手段来这样做。尽管如此，这些观点却需要肥沃的土壤来生长和繁荣，并且在这里"自由主义者"和民主党往往会做有利于他们的事情。庞大的人口也有很大的影响。美国在地理和社会层面的"大陆漂移"已经离开较为左倾的东部和北部，而移向传统上比较右倾的南部和自由主义的西部地区。两位聪明的牛津大学毕业生、《经济学人》（The Economist）驻美国记者与编辑，从局外人的视角撰写了一篇关于这些美国境况转变的内部报告，剖析了导致现今权力结构的人口趋势。约翰·米克尔思韦特（John Micklethwait）与阿德里安·伍尔德里奇（Adrian Wooldridge）（M&W）清楚地解释了这一背景。[8]

思想的锁链

从字面意义上说，这个国家正在逐渐移动。美国人口调查局估计，人口在以每小时三英尺或每年五英里的速度向南部和西部推移。庞大的数量使得南部和西部在众议院中拥有更多的席位，而东部拥有的席位则较少。尽管欧洲人习惯于大部分建立在社会阶层与阶层利益之上的政治，但美国的政治却更多围绕价值运转。南部是社会保守主义者的天堂，他们痛恨堕胎和同性恋，并且希望他们的政府"做上帝的工作"；他们的西部对手则是较为反政府的保守主义者，他们喜爱枪支，厌恶纳税，并且希望政府不要烦他们。

无论他们地理上的居住地是何处，如今他们全部联合在共和党内。这种转变构成了一场革命。自美国南北战争结束时起，民主党人真正地拥有了"可靠的南方"，在那里共和党——解放了奴隶的亚伯拉罕·林肯所属的政党——成为可憎的事物。1964 年至 1965 年的《民权法案》（the Civil Rights Act）和《投票权法案》（the Voting Rights Act）结束了民主党人的这种支配地位。正如民主党人同时也是得克萨斯本地人林登·约翰逊（Lyndon Johnson）在签署《民权法案》时准确预言的那样，他正在"签字放弃南方 50 年"。[9]

1964 年成功再次当选的约翰逊总统决定实施他的伟大社会计划，而国家的繁荣也足以负担实施这一计划的开支。最高法院开始毫不费力地快速决定授予新的权利给那些以前被排除在外的群体——黑人、女性、同性恋者、残疾人、囚犯、刑事被告人、精神病患者……新的官僚体制得以设立用于运行各种特别项目：针对儿童早期教育与老年人的医疗保健；针对少数民族社区的人文与艺术；正如许多人看到的那样，几乎针对每一个人和每一件事，除了普通的美国白人。他们杯中的怨恨随着联邦政府的"校车"法令终于溢了出来，该法令要求孩子乘坐校车长途跋涉到他们学区以外的学校去上课，全都以"实现种

第一章　为新手制造常识或文化霸权

族平衡"为借口。

与此同时，伟大的凯恩斯时期已经过去。越南战争正在逐步升级，花费着大量的金钱并且正在引发通货膨胀；反传统文化正逐渐占领大学校园；严重犯罪不断增加，小规模的街头犯罪也非常多。在约翰逊任期的每一个"漫长炎热的夏季"，诸如费城、洛杉矶、克利夫兰、底特律、纽瓦克以及一些其他主要城市，都见证了爆发性的种族骚乱，导致数百人死亡以及数百万美元的财产损失。所有这些都不适合美国广大中产阶级的口味。

1968 年确实是一个糟糕的年份。林登·约翰逊在 1964 年获得 44 个州的支持并赢得美国历史上最多的普选胜出票数［比最重要的保守党对手巴里·戈德华特（Barry Goldwater）多了 23% 的选票］，却在同年 3 月宣布将不再参加 1968 年的总统竞选。两周之后，罗伯特·弗朗西斯·"鲍比"·肯尼迪（Robert Francis "Bobby" Kennedy）表达了自己的意愿，并且似乎很可能成为民主党的总统候选人。同年 4 月初，马丁·路德·金（Martin Luther King）在孟菲斯遇刺；仅仅一个月之后，"鲍比"在赢得加州民主党预选胜利的几个小时之后在洛杉矶遭枪杀。两起暗杀都未曾得到真正的解释。来自遥远北部的明尼苏达州的参议员休伯特·汉弗莱（Hubert Humphrey）填补了空缺，但拒绝与越南战争保持距离。民主党陷入了彻底混乱，因为派系之争而四分五裂。越战、种族关系、犯罪以及文化战争正在使国家分崩离析。

共和党候选人理查德·尼克松有关"法律和秩序"的竞选主题活动大获成功，并轻易超越了贵族的、传统"自由主义的"共和党人尼尔森·洛克菲勒（Nelson Rockefeller）。作为平民主义者和种族隔离主义者的南方人乔治·华莱士（George Wallace），是亚拉巴马州前州长，他了解南部"乡亲"喜欢什么和不喜欢什么，他以独立竞选人的身份

思想的锁链

加入总统竞选。他的副总统竞选拍档是柯蒂斯·李梅将军（General Curtis LeMay），以"把越南炸回石器时代"的言论著称。

1968年11月的选举结果很接近，主要政党都赢得了超过3,100万张选票，但尼克松比汉弗莱多得了50万张选票。令人惊讶的是华莱士的表现：他吸引了近1,000万张选票，占总票数的13.5%。在支持华莱士的5个州与支持尼克松的32个州之间，真正令人震惊的是共和党人现在从东海岸到西海岸覆盖美国版图的方式。得克萨斯可能仍然为民主党人投了票，但汉弗莱仅仅赢得了东北海岸与遥远北部的三个州的支持。40年以后，这仍然是美国看起来的样子。

但在1968年，右翼尚未步入状态。尽管尼克松于1972年再次成功当选总统［他的对手乔治·麦戈文（George McGovern）仅仅获得了小小的马萨诸塞州的支持］，却因"水门事件"丑闻而被迫辞职，因为他，共和党除了背负上耍肮脏伎俩的名声之外一无所获。1976年，不太知名的民主党人吉米·卡特（Jimmy Carter）在一场势均力敌的选举中击败尼克松的前任副总统杰拉德·福特（Gerald Ford），但在1980年的连任选举中失败，当时罗纳德·里根这颗超新星照亮了共和党人的天空。里根的当选带来了一个额外收获，即共和党28年来首次控制了参议院。随着里根的执政，我们最终到达真正的新自由主义与新保守主义的领域，接下来的几页里我们都将探讨这一领域。

从网络到银河

现在让我们看一下新自由主义经济与社会政策在美国内部的系统传播。它们不仅影响了美国人的生活，同时也在美国国界之外产生了有害影响。关于对经济和社会思想的新自由主义劫持，人们注意到的第一件事情就是，进步的社会力量，甚至温和的社会力量，无论在美

第一章 为新手制造常识或文化霸权

国内部还是外部，都没有对此予以许多关注。一场寂静革命正在他们的鼻子底下进行着但是他们甚至都没有觉得蹊跷，更不要说尝试为它设下陷阱了。因此右翼得以不被注意、不被制止、不受干扰地着手其意识形态事务。

这场革命的预兆性震动发生于芝加哥大学。哈耶克在1950年成为该大学的一名教授，并在自己身边聚集了一小圈忠实的支持者，他们以"芝加哥学派"著称，而后来更不幸的是，在智利及其他一些地方，他们以"芝加哥男孩"著称。甚至早在1947年，在年轻的米尔顿·弗里德曼（Milton Friedman）的帮助下，哈耶克就已经成立了朝圣山学社（Mont Pèlerin Society），一个由真正信奉新自由主义的经济学家组成的一个秘密社团，直至今日玛格丽特·撒切尔仍是其中的一名成员。

尽管开始阶段比较缓慢，但这些处于萌芽期的机构维持了下来并在国内外扮演一种主要是神秘但不失重要性的角色。1985年至2002年间，朝圣山学社收到了来自各种保守派基金会超过50万美元的资助，并招募了顶级的新自由主义思想家——它目前拥有来自40个国家超过500名的会员。除了哈耶克与弗里德曼，朝圣山学社最著名的历任主席包括诺贝尔奖得主乔治·施蒂格勒（George Stigler）、詹姆斯·布坎南（James Buchanan）和加里·贝克（Gary Becker）。

保守主义的芝加哥圈子的成员之一理查德·韦弗（Richard Weaver），为自己1948年撰写的书取名《思想产生后果》（*Ideas Have Consequences*）。这本书可以作为新保守主义的一种座右铭。右翼家族基金会真正采纳了这一立场，并决定将我们现在称之为"新自由主义"或"新保守主义"的理论与实践运用于国内和国际蓝图中。他们战略性地利用他们的资金及其"选择的自由"，来错误引用米尔顿·弗里德

思想的锁链

曼这部最成功的著作之一。在一个由学术和非学术机构以及智库构成的网络中,他们收买并资助了一大批骨干学者以及娴熟的传播者。他们实际上无中生有地创造了一种整体的意识形态氛围,我们今天正生活于其中,它以自身的方式对社会世界造成的危险就如同全球气候变暖对自然世界造成的危险一样。

对自身思想的力量和正确性深信不疑的进步派,以令人难以置信的缓慢认识到了这一威胁;直到这场文化战争结束并且由新保守派获胜,他们甚至几乎没有屈尊去进行辩论。对新自由主义意识形态最早的进步主义批评之一是詹姆斯·艾伦·史密斯(James Allen Smith)的一次经过精心研究的分析,该分析报告发表于1991年,也就是在罗纳德·里根首次入主白宫并对许多新保守主义提案转变成立法已经进行监督整整十年之后。早在一年前,乔恩·威纳(Jon Wiener)的一篇短文已经刊登在《国家》(*The Nation*)周刊上,少数学者也已经写了有关保守派基金会的文章;尽管如此,长久以来,在里根主义和撒切尔主义背后的人、计划以及机构却很少引起关注。[10]

20世纪90年代涌现了大量文学作品,其中包括我自己的一篇短文,1997年发表于《外交世界》(*Le Monde Diplomatique*)和《异议》(*Dissent*)。在这篇文章中,我不仅尝试追溯右翼的知识重心成功转变的历史,同时也力图向潜在的进步派资助者指出,支持项目而不支持由我在跨国研究所(TNI)的同事以及其他志同道合的机构提出的思想,是一种愚蠢做法。但我的这些努力几乎没有引起什么响应,至少在相关领域没有。下面节选一段我的文章:

> 如今,几乎没有人会否认我们生活在事实上无可争议的由市场主导、过度竞争、被全球化的社会规则之下,并伴随着多方面

第一章　为新手制造常识或文化霸权

的不公正和日常暴力。我们获得了我们应有的霸权了吗？我认为我们获得了，同时我所说的"我们"指的是进步运动，或者它所留下的东西……而这场"思想之战"却悲剧地被天使一方忽视了。许多公共和私人机构真诚地相信它们正在为一个更加平等的世界而奋斗，事实上它们已经为新自由主义的胜利做出了积极贡献，或者说已经被动地使这一胜利发生……（但是）如果我们意识到一个市场主导的、不公正的世界既非自然形成也非不可避免的话，那么应该有可能为一个不同种类的世界建立一个反向工程……当今处于支配地位的经济教条不是自天而降的。相反，它是由一个严密的群体收买并提供资金，通过思想、行为和宣传，经过几十年的精心培育而形成的。[11]

收买与资助总是很重要的。詹姆斯·艾伦·史密斯在他的著作中介绍了关键的剧中人，他们曾经塑造并将继续塑造新保守主义运动。他描述了这些人工作的机构以及为他们提供资金的复杂的赚钱机器。他展示了这些创始之父们（几乎没有出现过创始之母）是如何在社会科学与新闻学领域背离美国的经验主义传统，并在一种公开的意识形态框架中放置他们的信息的。

他们也发展可怕的外展服务和公关技能，他们明白主流的出版物、广播和电视记者都会使用他们的服务，如果它能以"平衡"的名义恰当地精心制作的话——此外也出于懒惰。任何一个新保守派成员机构的惯用手段包括准备无数的新闻简报、公报、随时可用的评述，以及善于表达的专家出席脱口秀和诸如美国有线电视新闻网（CNN）或者全国公共广播电台这些新闻网络的节目，来讨论广泛的话题。左翼没有任何像新保守派那样可以调动的机构、资金、沟通手段和人员。这

思想的锁链

就是他们将"天平"变得越来越倾向右翼的一种方式。

这场运动的教父级人物欧文·克里斯托尔（Irving Kristol）曾经有句名言，他说新保守派是曾经遭遇现实重创的自由派，并将新保守派的目标鉴定为"新阶级"。根据他的分析，这个阶级不仅敌视私人部门，并已成功占领了思想的堡垒——充当"使思想合法之角色"（"idea legitimizers"）的大学、智库和基金会。克里斯托尔对于他所视为的"自由主义"意识形态霸权（在美国，这是温和左翼意识的词）的回应是建立右翼自身的对抗机构，由企业及保守派基金会的慈善事业进行资助。克里斯托尔创立新保守派机构和学者网络的目标从一开始就是明确的；他的策略聚焦于影响华盛顿内部和外部的国家政策辩论的能力。这个理念是杰出的，这一策略的成功也是惊人的。

一开始作为一种松散网络的东西现在更像是一条银河。从外部来判断，这个被极大扩展的网络中的各个节点——资助者、智库、大学、单一议题政策发展中心、草根组织、出版物、个体知识分子（individual intellectual）和活动家——之间的联系是值得注意的。对他们进行研究的最好方式就是找来一张巨大的空白纸张，在上面写出所有资助人与接收人的名字，列出所有相关的子类别［例如，具体大学中的特定研究中心的个体学者（individual scholar），这三者都得到了经济资助］，同时在它们之间画出连接线。颜色不同的类似连接线可能代表的不是金钱而是密切关系——例如，相互合作的组织、出版物、媒体等之间。指向一个节点的大部分连接线将在某种程度上反映出每个角色的权力、范围和影响力。

我们因此可以制作出一幅相当准确的银河系星图，定位出一颗颗"星星"、被大部分"行星"环绕的"太阳"、绕着这些行星转的"月球"以及它们之间的引力场。这种方法也可以阐释葛兰西提出的关于

第一章　为新手制造常识或文化霸权

迈向一种新文化霸权以及"拉拢知识分子"的概念。在过去的四分之一个世纪里，这些参与者导致了真正的意识形态氛围的变化，尽管他们当中的许多人依然虚伪地假装媒体、大学和其他机构仍然被"自由派"掌控，——"自由派"仍是他们对"左翼"的代码词。

新机构创始者及资助者

在这幅银河系星图的中心我们会发现资助者，因为没有他们，剩下的基础结构都将崩塌。他们迅速抓住思想的重要性并热情地接受"克里斯托尔计划"，即建设另一种能够改变国家政策辩论的右翼知识精英和机构。最重要的新保守派基金会包括布拉德利基金会（Bradley）、奥林基金会（Olin）、史密斯·理查德森基金会（Smith-Richardson）、查尔斯·科赫基金会（Charles Koch）和斯凯夫·梅隆基金会（Scaife-Mellon，这个基金会由建立在同一家族钢铁财富基础上的四个独立的基金会组成）。一些较小的基金会也追求相同的目标，包括伊莱·莉莉基金会（Eli Lilly）、JM 基金会、埃尔哈特基金会（Earhart）、卡斯特尔·罗克基金会（Castle Rock）和大卫·科赫基金会（David Koch）。所谓的"四姐妹"——布拉德利、奥林、史密斯·理查德森及斯凯夫基金会——经常合力资助相同的接受者。这些基金会不论规模大小，都深刻地认识到它们正在共同"打造一场运动"。个体的私人捐赠者与公司倾向于跟随这些基金会的引导（我们将在最后一个章节来关注文化项目中特定的公司部分）。

这些基金会是如何战略性地利用资金来"打造一场运动"的？简单来说，它们做了进步派资助人几乎永远拒绝去做的每一件事。新保守派明白，制造尖锐且精心包装的思想可能需要时间。它们给予大量的、可预测的长期资助金；它们的一些门生实际上连续几十年一直得到资助。接受者知道自己可能进行长期的工作，并且知道他们的资助人已经准备好等待他们意识形态上的回报。

而进步派资助人是如何做的呢？他们喜欢短期资助；他们通常以一年期的资助开始，有时可能续期。在最极端的案例中，他们的资助可能持续三年，但是之后，即使工作已经成功完成，他们也会抛下接受者，因为是时候转向一些新项目和新接受者了。而新保守派则先确定他们的未来之星，然后培养这些受助人，帮助他们从年轻走向成熟。正如布拉德利基金会主席谈及他对较年轻的保守派学者的资助政策和奖学金计划时所说的那样，"这就像收藏葡萄酒一样。"

进步派资助人通常不乐意为个体学者提供资助——对他们来说没有任何珍稀佳酿的收藏。至多，他们可能会资助一个项目，允许某位学者对项目进行开题，但该学者也将被要求对项目进行管理与合作，而不是将全部时间投入他或她自己的研究、思考和写作。

右翼基金会不仅大方资助个体学者，同时也为新保守派机构提供慷慨的"核心运作支持"，因为没有体面的基础结构，一切都无法运作。进步派资助人厌恶为"核心"预算提供资金；也就是像秘书和电脑这样琐碎事务的预算。他们仅仅资助包含小部分"经常费用"的项目，一般不超过10%，接受者有权将这部分资金用于"核心"开支。

这两类资助人之间最显著的差别在于他们目标上的悲剧性对立。几乎没有进步派资助者准备为思想的制造和传播做任何贡献。他们战略的核心是"项目"——一个充分描述的目标包含需要解决的某些事情和某些地方——具有清晰可测的结果。项目可能是一个好项目——但这些资助人没有意识到在错误的意识形态氛围中，这样的项目几乎无法自我维持，当资助停止时，它会像被海啸卷走的海景房屋一样崩塌。

第一章　为新手制造常识或文化霸权

不仅如此，被固定在基金会实践中的经济激励机制对于进步思想的传播是会产生相反效果的。基金会的雇员必然需要证明自己存在的价值，所以他们必须为受资助人制造工作，然后他们可以与同事讨论、批评和评价这些工作。即使接受资助的人和机构已经持续不断证明了自己有效支配资金的能力，雇员们也永远不会简单地交出钱来然后说"拿去用吧"。他们不会这么做是因为这样的处理方法只要花费五分钟时间。因此，那些希望与资助人获得或恢复合作关系的机构和个人就必须花费大量的时间来撰写提案和报告、填写表格、回答调查问卷，并在他们应该坚持自己制造和传播思想的"核心事业"时向他们的"施主"献殷勤。与此不同的是，右翼信任其资助接受人，并将官僚主义保持在最低程度，实际上，就是说"拿去用吧。" 42

美国最大的主流基金会之一的一位前项目经理（要求匿名）向我解释道，他工作的基金会没有任何总体的制度性政策，也没有设定任何基金会层面的目标。每个项目经理可以建立他或她自己的单元，而无需考虑任何其他人在做什么。因此，对进步派工作进行资助的能力很大程度上取决于项目经理的个人偏好与政治倾向。他说，大型的、潜在进步的或者至少中立的基金会也都对批评极其胆怯和易受影响。在受到最轻微警报时（新自由派总是乐于提供这种警报），他们往往会逃窜到"比较安全"的区域，以避免引起任何哪怕最小的争论。在这种情况下，令人惊讶的是任何左翼学者总能完成任务；进步派思想也能受到公众或政策议程的关注。大学提供了许多这样的思想，但它们也有自身的限制。

换句话说，无论他们是否意识到，进步派或潜在的进步派资助人频繁地利用他们相当大的权力去限制——即使没有完全终止——进步的分析、提案和行动的制造与传播。他们使得优秀的个体学者和机构的生存变得困难，而右翼的资助策略则让反动的个体学者得以繁荣和持续。[12]随着右翼的发展，它的媒体和传播专家逐渐将"天平"向新保守派的方向倾斜；一直处于防守状态的进步派思想则似乎开始真正变得古怪、出格，并且越来越边缘化。

银河系中最亮的星星

尽管在这里不可能详细研究所有的新保守派金融势力集团，但是强调其中一些集团的重要性是有益的，就让我们从布拉德利基金会开始。布拉德利兄弟来自威斯康星州的密尔沃基，是极右翼的约翰·柏奇会（John Birch Society）自上世纪50年代成立以来一直的会员。他们在高科技、精确制导机械领域赚了钱，操作同样的机器他们支付给女工的报酬比支付给男工的报酬少（1966年，他们的女工赢得了针对他们的诉讼），1985年，他们以16.5亿美元的价格将公司出售给了军工产业巨头罗克韦尔集团。他们的基金会忽然间成为美国最大的基金会之一。

布拉德利基金会从另一个新保守派组织——奥林基金会（它是靠化工和军需品领域赚得的钱成立的，稍后会对它进行更多的讨论）挖来其具有影响力的经理迈克尔·乔伊斯（Michael Joyce）。乔伊斯于2006年去世时年仅63岁，他明确地改变了保守派慈善事业与美国学界的格局。2004年，布拉德利基金会年度报告庆祝"20年的战略慈善资助"总额达到5.27亿美元。它仍拥有超过7亿美元的资产。[13]

高端杂志《大西洋月刊》（*Atlantic Monthly*）很快将乔伊斯列为成功领导了美国保守主义运动的最重要的三个人之一。他不仅始终如一地资助保守派知识分子，同时也鼓励在布拉德利兄弟的家乡密尔沃基及基金会总部所在地威斯康星进行的一些试点项目。他与该州的共和党

第一章　为新手制造常识或文化霸权

州长合作推行福利改革措施，这些措施后来成为1996年国会与克林顿总统在国家层面彻底改革福利制度的模板。他鼓励推行学校教育券体系，由州政府出资，也就是使用纳税人的钱，让贫困儿童就读私立学校——这个计划尚未在全国推广，但常常被效仿。

20世纪70年代后期，乔伊斯建立慈善圆桌会议并在其政治方向的塑造中扮演了至关重要的角色。圆桌会议逐渐发展为一个聚集了超过600个较小的基金会、公司以及个人捐助者的组织，事实上他们中的所有人都倾向于右翼。它的董事会也来自那个圈子；乔伊斯一直担任董事会主席至2003年。圆桌会议每年由保守派基金会捐赠的约400万美元的组织预算，供成员主办全国和地区会议，这些会议是成员们可以听取新保守派专家和知识分子意见的地方。它还发行一本双月刊杂志并出版保守派捐资指南，其中一本关于布拉德利基金会与奥林基金会的手册名为"对思想的战略投资：两大基金会如何重塑美国"。

布拉德利基金会是以"发现、招募和奖励"的理念支持个体学者的典范，它设立慷慨的奖学金项目，对知名作家和研究中心进行定期捐助，而且每年为四名获得"优秀智力成果"的佼佼者提供每人高达25万美元的奖金。最近的一名获奖者是美国民权协会主席沃德·康奈利（Ward Connerly），他是一名黑人，成功领导了加利福尼亚州投票表决（"209提案"）以结束州内高等院校的平权行动（affirmative action）。平权行动是在教育机构的录取方面对少数种族予以优先考虑的做法，有时候会冒着将资质更好的白人投考生排斥在外的风险，这种做法遭到了康奈利的摒弃，他说"种族在美国的生活和法律中没有位置"。他呼吁不为"多样性"而设定录取目标的"无肤色差异"（"color-blind"）的政策。这种建议完全符合富裕的、占人口多数的白人的要求。

45　　虽然一些心怀不满的白人投考生已经就学术权威对他们的排斥成功提起了诉讼，平权行动在总体上却已经成为在某种程度上减少美国一直存在且普遍存在的种族主义的一种工具。除非下至贫困社区的公立小学和中学也给予少数民族学生合理程度的学术成就，平权行动才能保证至少一些较为贫穷的有色人种的年轻人可以跨越障碍。

其他的布拉德利25万美元奖金得主包括查尔斯·克劳萨默（Charles Krauthammer），他获得了哈佛大学的医学博士学位，之后转行到新闻行业。现在他是《华盛顿邮报》（*Washington Post*）为外交事务供稿的保守派专栏作家，同时也是鲁珀特·默多克（Rupert Murdoch）的"福克斯新闻"的常驻评论员；克劳萨默谈到美国外交政策时曾说，"我们运作了一个唯一良性的帝国"。[14] 乔治·威尔（George Will）也是一位保守派专栏作家，他因为杰出的学术成就而获得了另一份布拉德利奖；托马斯·索厄尔（Thomas Sowell）也获得了布拉德利奖，他是一名黑人经济学家，曾在芝加哥从事博士后工作，现在是胡佛研究所"罗斯和米尔顿·弗里德曼高级研究员"，该研究所是一家位于斯坦福大学的令人尊重的保守派智库，索厄尔也得到了新保守派的慷慨资助。

查尔斯·默里（Charles Murray）的大本营是美国企业研究所（创立于1943年，一直由四姐妹基金会及其他右翼基金会资助），自1988年以来，他已经收到了至少19笔资助，其中只有一笔来自布拉德利基金会，资助总额达到惊人的280万美元。默里最著名的两部作品分别是《节节败退：1950年至1980年的美国社会政策》（*Losing Ground: American Social Policy 1950—80*，1985年），本书试图阐明给民众发放福利金导致贫穷；以及《钟形曲线：美国生活中的智力与阶级结构》（*The Bell Curve: Intelligence and Class Structure in American Life*，1994

年),本书的论点是黑人拥有内在的(遗传性的)、相比白人较低的思考能力。这两本书都引起了很大的争议,但关键是它们成了畅销书,在广播和电视节目中被探讨和辩论,而默里也成为这些问题的"权威专家"。他的福利造成损害的观点对于政策形成已经产生了特别的影响,包括比尔·克林顿和民主党人的那些政策。

"四姐妹"基金会也为迪内希·德·索萨(Dinesh D'Souza)提供大方的支持,德·索萨是一名年纪尚轻的印度裔新保守派,他最初知名是作为达特茅斯学院一名激进的反平权行动的学生。他现在也为反对社会福利和女权主义而斗争,与沃德·康奈利一样,他拒绝接受制度性的种族主义可以存在于美国这一观念。在外交事务方面,他否认美国帝国主义的存在,并且相信核心的、自由放任的经济学。迪内希·德·索萨在时事与评论节目中频繁露面,以至于他的对手都称他为"扭曲的新闻萨";然而他却收到了分别来自布拉德利、斯凯夫和奥林基金会的21笔资助,总额超过150万美元,并且像其他许多著名的新保守派一样,在企业活动中每发表一次演讲就能收到1万美元。从"四姐妹"基金会获得较小资助金额的其他著名接受者包括塞缪尔·亨廷顿(Samuel Huntington,"文明的冲突")和弗朗西斯·福山(Francis Fukuyama,"历史的终结")(福山最近已经在某种程度上偏离了新保守主义道路)。

在运作半个世纪、捐赠价值达3.7亿美元之后,奥林基金会于2005年9月终止了,它在支持右翼机构和个人方面尤为突出。它的经理说:"我们对社会的顶层……华盛顿的智库机构和最优秀的大学进行投资。我们认为这将会产生更大的影响,因为它们是有影响力的地方。"

早在1988年,奥林基金会的年度报告显示,有5,500万美元用于资助大学项目,"旨在巩固经济、政治和文化制度……这些私人企业得以建立的基础"。奥林基金会主席威廉·西蒙(William Simon)在里根政府中颇具影响力,他说服公司停止"为自己的毁灭提供资金"。西蒙问道,"为什么企业家要为那些意见完全相左的左翼知识分子和机构提供资金呢?"[15]他鼓励他们追随新保守派的基金潮流。

奥林基金会向经过挑选的保守派学者提供资助,包括向艾伦·布鲁姆(Allan Bloom)颁发360万美元的巨额奖金,支持他领导芝加哥大学约翰·M.奥林民主理论与实践研究中心。欧文·克里斯托尔为保守派学术运动设计了蓝图,他作为纽约大学工商管理研究院的著名教授获得了37.6万美元的奖金;后来当他作为奥林研究员加入美国企业研究所时又获得了一笔类似的津贴。自20世纪80年代末以来的15年里,克里斯托尔总共得到了16笔金额为140万美元的奥林基金会资助。

"传统价值观"

资助人支持一套可以预测的价值观。布拉德利基金会明确声称它"致力于增强美国的民主资本主义",并试图帮助"支持自由企业、传统价值观与强大国防力量的公共政策研究"。该基金会认为"朝着个人责任的方向前进"而远离"中央化的、官僚的、'服务提供式的'机构"(例如福利机构)是好的,它认为这些机构"正在剥夺公民的权利",公民因此变成"受害者或者顾客"。它希望人们可以"选择"。这断然不是指堕胎,不是像左翼支持的"赞成堕胎权"的立法所表述的那样。

为人们提供更多个人责任的例子包括学校教育券,家长可以利用教育券在他们选择的学校教育他们的孩子,包括宗教学校,或者在家

第一章　为新手制造常识或文化霸权

教育。家长可以选择提供的公立学校，或者自愿补充教育券来支付更好的教育机构。基金会还呼吁社会保障"改革"，强调私人账户。关键是要将所有公共机构变成哈耶克所提倡的个人"选择自由"的道德准则。布拉德利基金会还欣赏传统宗教的思想价值，并直接向一些教堂和"信仰组织"提供大量资助，它们中大部分、但并非全部，来自于当地。

布拉德利基金会的战略（同样也能轻易地适用于任何新保守派星系）在杰出的媒体透明度上得到了全面体现。"布拉德利基金会资助在关于公共政策的关键问题的全国辩论中能够设定条件的作者和作家，资助能够发展特定项目的智库、能够实施这些项目的行动组织，以及在法庭上能为这些项目进行辩护或向其他目标发动法律攻击的律师事务所。"[16]

按其自己的话来说，为了"捍卫和推进自由"（例如，支持美国的国防和安全政策，包括"反恐战争"），布拉德利基金会向位于华盛顿的美国企业研究所、斯坦福大学的胡佛研究所，以及位于华盛顿的约翰斯·霍普金斯大学高级国际研究学院（SAIS）提供了大量资金。高级国际研究学院是保罗·沃尔福威茨（Paul Wolfowitz）退出政府后担任世界银行行长之前的避难地；福山与兹比格涅夫·布热津斯基（Zbigniew Brzezinski）都曾在那里任教。

一般说来，新保守主义右翼支持进步立法开倒车，但在为其机构命名时表现出某种独创且逆向的逻辑，这样让它们听上去不仅无害还显得相当进步。譬如，独立妇女论坛是反对堕胎合法化、反对女权主义并鼓励女性从属于她们的丈夫的。美国民权协会（已经提到过的沃德·康奈利的机构）得以"创立是为了让公众接受种族与性别偏好的理念"。而事实上，它反对向少数民族和妇女提供优待。平等机会中

思想的锁链

心与个人权利中心也是布拉德利基金会资助的接受者,它们拥有相似的目标以及相似的感觉良好的名字。"健康经济的公民"(The Citizens for a Sound Economy)是为减税而斗争的群众活动家(foot-soldier acivists)。

无论何时,当新保守派谈论改革时——诸如税务、福利、司法制度、社会保障、少数种族权利——,他们的意思往往是取消、废除、解散或私有化。一个很好的例子就是格罗弗·诺尔奎斯特(Grover Norquist),他运营了一个名叫"支持税收改革的美国人"("Americans for Tax Reform")的项目。相较于实现其"将政府缩减到可以被我们淹死在浴缸里的规模"的目标,诺尔奎斯特并不是那么想要"改革"。这个计划不包括五角大楼。

右翼人士不满足于捍卫极右翼的政策,他们还想要完全属于自己的政策领域。诺尔奎斯特进一步承诺要"逐个搜寻(进步或自由团体)并切断它们的资金来源"。他也是一名可怕的组织者,他的华盛顿周三早餐会议在新保守派圈子里很有名,出席会议的一百多位保守派团体的代表,以及国会议员、记者和政府工作人员——有时还包括白宫职员——聚集在一起,听取简报并接受这一个星期的行动命令。《华尔街日报》(Wall Street Journal)将诺尔奎斯特称作"反税收运动的弗拉基米尔·伊里奇·列宁"以及"右翼的中央车站,因为所有列车都经过他的办公室"。他的资助人包括一向有保守派嫌疑的基金会,但他也从诸如微软和美国在线时代华纳等公司收到资金。

智库

新保守派基金会毫不意外地资助新保守派智库——"四姐妹"基金会集中支持所谓的"六兄弟":传统基金会、美国企业研究所、斯

第一章 为新手制造常识或文化霸权

坦福大学胡佛研究所以及曼哈顿、卡托和哈德逊研究所。还有许多规模较小的智库，其中大部分是地区性的；这些智库有助于在全国媒体增加"平衡"。援引这些智库"专家"的记者几乎不会提及资金来源于何处以及它的肤色是什么。

以成立于1973年的传统基金会为例。它并不是布拉德利或奥林那种意义上的基金会，而是这些基金会的受资助者，它的筹款远不止这些新保守派基金会，并且号召了数千名独立捐赠者。截至2004年，它自称拥有超过1.5亿美元的资产，205名雇员，20万名捐赠会员，年预算约4,000万美元。传统基金会为罗纳德·里根的第一任期筹备了立法提案书，几乎所有提案都得以通过变成法律。后来它推荐了200个人，他们都在布什政府高层得到了职位。

传统基金会强调"四个M：使命（Mission）、资金（Money）、管理（Management）与营销（Marketing）"，而从结果来看，最后一个M尤为强大。基金会自诩其信息与营销部门平均"每个工作日有6.5个媒体专访"。90%的电视时间是在全国或国际频道。传统基金会经营着自己的电台访谈网络，并且在自己的经营场所拥有两个电视演播室。它为国会议员设计教育项目，为新保守派免费提供"机密的、高质量的服务"以获得工作岗位，这些岗位分布在"国会办公室、贸易协会、调查机构、信仰组织以及最近的大学和学院"。

根据它更近期发布的一些信息，我们可以确定，在国际事务中，传统基金会支持保罗·沃尔福威茨，反对联合国，并且是《美国爱国者法案》（US PATRIOT Act）的反恐法案的支持者。在国内，它致力于将社会保障私有化，进一步削弱医疗保险与福利，降低赋税并削减政府预算。2004年，布什总统的6名内阁成员在传统基金会的各大集会上发表讲话。基金会希望有一天像"罗诉韦德案"那样推翻最高法院的判决，此案曾在1973年使堕胎合法化。

美国企业研究所（AEI）的历史最久远（成立于1943年），被一些人称为美国最有影响力的智库，它是一个完美的"旋转门"机构——共和党当权时，它是政府人员的来源，而共和党下台后，这些人员又回到研究所。这种人员的双向流动始于1976年，当时福特总统在竞选中败给了吉米·卡特，随后便带着许多高层官员加入了美国企业研究所。实际上，罗纳德·里根几乎将研究所抽调一空来填充他的政府，无意间使该研究所面临严重的组织危机和财政危机。2003年，布什总统在美国研究所举办的有关欧文·克里斯托尔工作与生活的庆祝活动上发表演讲，称赞研究所拥有"我们国家一些最优秀的头脑"。他还补充说："你们的工作如此出色，就连我的政府也向你们借用了20个这样的头脑。"

在另一个方向上，纽特·金里奇（Newt Gingrich）在辞去众议院发言人的职务后也加入了美国企业研究所；前任布什政府驻联合国大使约翰·博尔顿（John Bolton）现在也在研究所，与他一起在研究所的还有副总统切尼的夫人琳恩（Lynne）、前任布什总统演讲稿撰写人大卫·弗鲁姆（David Frum）、前助理国防部长、"黑暗王子"理查德·珀尔（Richard Perle）以及其他一大批人。1996年，联邦储备委员会主席艾伦·格林斯潘（Alan Greenspan）正是在美国企业研究所发表了著名的"非理性繁荣"的演讲。如果下一任总统是共和党人，他很可能已经与美国企业研究所建立了紧密联系——譬如参议员约翰·麦凯恩（John McCain）。另一位与该智库有密切联系的议员是约瑟夫·利伯曼（Joseph Lieberman），他是2000年选举中阿尔·戈尔的竞选伙伴，他不断移向右翼，并在2006年以无党派身份保留了自己的参议院席位。

第一章 为新手制造常识或文化霸权

与传统基金会一样，美国企业研究所的成员也是媒体人物，但他们也是更为严肃的知识分子，遵循他们机构"在学术与政策的交叉点上"的口号。他们关于国内与国外政策的书籍与论文是值得认真对待的力量，不能被当成简单的宣传而不予考虑。

文笔（有时）比刀剑更有力

出版物，无论是学术的还是流行的，都是造就新保守派成功的另一种工具，并且保守派基金会始终如一地资助每一种出版物，从校园报纸到像《评论》（Commentary）或《公共利益》（Public Interest）这样更精英的期刊。《评论》杂志的编辑诺曼·波德霍雷茨（Norman Podhoretz）收到了13笔来自新保守派基金会的"研究生奖学金"，总计约80万美元。与意识形态相关的新闻由《标准周刊》（Weekly Standard）提供，它属于鲁珀特·默多克，由欧文·克里斯托尔的儿子比尔担任编辑；《新标准》（New Criterion）与《美国观察者》（American Spectator）也出现在保守派基金会的资助名单中。据说《标准周刊》每年亏损近100万美元，但鲁珀特·默多克可以承受，主要是因为杂志具有影响力，且常常被引用。

资助者也为特定的图书项目或电视节目捐赠资金，例如那些由胡佛研究所主办的节目（2002年一部关于里根的电视剧收到12万美元的资助）。许多由奥林基金会的受赠者或其他新保守派基金会支持的学者撰写的文章刊登在主流出版物上，像《纽约时报》、《华盛顿邮报》及《时代周刊》等。福克斯新闻作为默多克媒体帝国的一部分，每周7天、每天24小时播放新保守派的新闻。人们普遍传言，每当一位新保守派学者出版一本书，基金会就会提供足够的现金购买好几千册，让这本书直接登上畅销书榜，这样人们自然会写书评并展开讨论。

思想的锁链

这听起来像是真的，但我尚未找到证据。

法律的新自由主义鹰派

美国的法律与司法一直是奥林基金会的特别目标。作为一名早期的革新者，奥林在 20 世纪 60 年代创立了一个叫作"法律与经济学"的新的大学学科，将第一把交椅赐予——毫无疑问——芝加哥大学。其想法就是要教授"自由市场经济学"，因为它适用于法律，强调"将经济效率及财富最大化作为"司法意见的"理论基石"。最终，奥林基金会与类似的机构将寻求改变美国法律体系，以保证公司利益和私人财富安全且不可触及，同时贬低社会公正与个人权利。更长远一些的目标包括在全国范围禁止同性婚姻和堕胎，以及消除有利于私人养老计划的社会保障。* 这些目标是"四姐妹"的集中努力，每年收到数十万美元的资金。

其他"法律与经济学"中心和奖学金项目皆设立在美国最著名的大学：耶鲁大学、哈佛大学、约翰斯·霍普金斯大学、纽约大学、乔治敦大学、普林斯顿大学、斯坦福大学以及麻省理工学院。这真的是在"社会的顶层"进行投资。只有加利福尼亚大学洛杉矶分校——简称 UCLA——在一年的试运行后拒绝了一个法律与经济学领域的奥林项目，抱怨该项目"利用学生的经济需求向他们灌输某种意识形态"。[17]

为了让自己的愿景成为法律，新保守派在战略位置上需要他们自己的法学教授、律师和法官。法律界宣传新自由主义教义的卓越手段是联邦主义者协会（The Federalist Society）。这个协会创立于 1982 年，

---

* "社会保障"在美国指的是退休金，而不是像欧洲那样的医疗保健系统。

第一章 为新手制造常识或文化霸权

虽然它的网站提供的信息极不详细，但它确实承认拥有至少 2.5 万名（其他消息来源称是 3.5 万名）法律专家成员，拥有美国 182 个法学院中的 150 个法学院的 5,000 名法律专业学生——包括排名最靠前的几个法学院，并在 60 个城市设有分会。它没有说明成员中有多少法学院的教职工和院长是其成员。1985 年至 2002 年间，协会收到 122 笔总值 900 万美元的捐款。联邦主义者协会主席承认，没有奥林基金会，协会永远都不会存在。

联邦主义者协会的著名成员包括罗伯特·博克（Robert Bork，奥林资助的美国企业研究所的奥林研究员，也是大量资助的接受者）；克林顿难以对付的复仇者、联邦检察官肯尼思·斯塔尔（Kenneth Starr），以及最高法院大法官安东宁·斯卡利亚（Antonin Scalia）和克拉伦斯·托马斯（Clarence Thomas）。协会与美国企业研究所共同运行了一个名为"非政府组织观察"（"NGO Watch"）的项目，它的目标是挑战"自由派"非政府组织。

利用法律案件来检验政策是一种美国特色，而且新保守派明白，除非法院让他们胜利，否则他们的最终胜利将无法保证。因此他们的司法战略集中于向联邦法院的职位空缺输送和推荐法官。虽然现在言之尚早，但布什选择年轻且英俊潇洒的约翰·罗伯茨（John Roberts）担任最高法院首席大法官，也许会彻底改变美国的司法格局。尽管很难证明联邦主义者协会操纵了罗伯茨的任命，但毫无疑问的是，塞缪尔·阿利托（Samuel Alito）于 2006 年 2 月被任命为最高法院大法官的背后有这个协会的影子。布什政府的司法部中也满是联邦主义者协会的成员，包括前任司法部长阿尔伯托·冈萨雷斯（Alberto Gonzalez）。

布什的两位被任命者——罗伯茨与阿利托——很可能会进一步撤

思想的锁链

销某些存在已久的最高法院判决。例如，传统基金会预测，使社会保障私有化并推翻"罗诉韦德案"可能还需要十年，这两个都是典型的新保守派的目标，自然也是联邦主义者协会的目标。它更长期的目标是废除20世纪50年代以来通过的大量法律，特别是民事与个人权利领域的法律；同时放弃针对广泛产业的大量监督管理措施以及环境健康与安全措施。

其他由保守派基金会资助的专注于法律问题的受助人还包括诺尔奎斯特的"支持税收改革的美国人"、工会观察（与工人权利作斗争）、平等机会中心、个人权利中心、公共利益法与法律改革等组织。一个规模较大的名为"司法研究所"（Institute for Justice）的附属组织于1985年至2002年间共收到80笔总金额达665万美元的资助；它专注于对抗"政府在经济与私人事务领域的侵入性存在"，并针对监管措施及"福利国家"展开战略性诉讼。

科赫基金会（基于石油之上）一直积极资助"法庭之友"（"amicus"，法庭临时法律顾问）的案情摘要，向感兴趣的政党开放。它曾花费60万美元试图废除《清洁空气法案》，诸如戴姆勒－克莱斯勒与通用电气等公司也为此做过同样的努力。经济与环境研究基金是科克基金会的另一个项目，它邀请法官到它在蒙大拿的牧场，他们在那里可以参加一两场研讨会，同时也享受美景、美食和体育活动。2000年，美国所有的联邦法官中有6%的人参加过一次这样的免费旅游。

这想必对科氏集团也有所帮助，因为他们的石油企业发现自己频频陷入法律纠纷。他们已经多次因为管道缺陷、石油泄漏以及在联邦和部落土地上钻井而被罚款。2000年以前，克林顿的司法部共处理了97起有关科赫公司违反《清洁空气法》和《危险废物法》的独立案件。布什政府不费力地撤销了所有指控，法院只判处了2,000万美元的罚款且无需服刑,而非之前要求的 3.5 亿美元罚款和服刑。大卫·科赫为共和党 2000 年总统竞选活动资助了 50 万美元。由于他和他的兄弟查尔斯都跻身美国 50 大富豪排行榜,他们有条件、也确实在支持联邦主义者协会。

撕碎宪法:"你从未听说过的最有影响力的人"

这是《美国新闻和世界报导》(*US News and World Report*)杂志对戴维·阿丁顿(David Addington)的描述。[18]要想了解美国宪法正在如何被支离破碎,你只需要看看他就知道了。颇有城府、极为谨慎的阿丁顿连续 20 年作为副总统迪克·切尼的亲信[2007 年,他成为切尼的办公室主任,取代失势的斯库特·利比(Scooter Libby)]。阿丁顿很值得了解。他同时也证实了许多华盛顿内部人士的座右铭:"不必操心去盯着布什;要紧盯切尼。"阿丁顿被广泛认为是一名杰出的、无情的且沉迷于工作的律师,他也是公认的国家安全法大师,他无可争辩地比华盛顿的其他任何人都更了解这些法律。这种知识在政府中是一种特别的优势,因为政府的高层人士中没有律师。阿丁顿因此在事实上享有按照自己的意愿去塑造法律的自由,并且他没有浪费他的时间。

他有一个凌驾一切、易于描述且残酷的目标:扩大总统的行政权力,并将立法机构缩小至无能。阿丁顿起草了许多由司法部部长冈萨雷斯签署的备忘录,包括 2002 年 1 月那篇称《日内瓦公约》"过时"且为酷刑辩护的臭名昭著的备忘录。他将自己的行为建立在所谓对宪法解释的"统一行政理论"("Unitary Executive Theory")的基础之上。这个被切尼拥护的理论宣称,国会意欲剥夺总统控制权的任何企图都必须击退。战时总统作为总司令甚至拥有更大的余地——这也是"全球反恐战争（或者反恐怖主义战争）"必须无限期延长的一个原因。阿丁顿精心制作了他所谓的"新典范"（"New Paradigm"），即伴随这场无休止的战争的法律战略。[19]

"9·11"之后，他立即巩固了自己的地位，根据一位担任纽约律师协会国际法委员会主席的著名法律专家的说法，他的地位在于"试图推翻两个世纪以来定义行政部门的权限的法理。他们已经使战争成为一个关于独裁权力的问题"。[20]所以如果总统想要在没有法院命令的情况下收集情报、窃听美国（以及外国）公民、打开他们的邮件、闯入他们的家中、夺走他们的文件和电脑、宣布任何一个人为"非法参战者"、不经审判就将犯人永久囚禁在关塔那摩监狱、或者施以酷刑，那么他就可以这么做。阿丁顿的态度是"法院不可以阻止我们，国会也不可以"。

他对信息流动进行极为彻底隐秘且严格的控制，在必要时甚至对国务卿和国防部首席律师都予以保密。阿丁顿也大量利用一个鲜为人知的法律工具，即所谓"签署声明"（"signing statement"）。通常来说，当总统收到一项国会投票通过的法案时，他可以签署，如果他不同意，也可以否决。在布什总统任期的前六年里，他从未否决过一项法案。他更喜欢一种极其隐秘的方法，反复为立法附加"签署声明"。"签署声明"陈述行政部门将如何解释法律，在历史上，这些解释在乐意签署的状态下大部分是无恶意的。

从门罗（1817年）到卡特（1981年）的历任美国总统一共为立法附加了75份签署声明；从里根（1981年）到克林顿（2000年）时期，步伐加快，附加了247份，183年来，总共附加了322份签署声明。布什第二任期的中途，即2006年，他已经为立法附加了750份签署声明，大部分、也许全部都由阿丁顿起草。虽然布什享有国会的多

第一章　为新手制造常识或文化霸权

数党，人们因此认为国会不会通过多少总统可能反对的立法，但几乎所有他的签署声明都改变了国会起初投票通过法案时的意图。大量历史文献显示，共和国的创始人对过度的总统权力多么小心谨慎。他们多么正确。

让这些可怜的共和国创始人在九泉下不得安宁的另一个原因是阿丁顿的另一个智力产物：设立于2002年的特别军事法庭有权审讯任何总统认定曾经"参与"、"煽动"或"密谋实施"恐怖主义的非美国人。根据设立这些特别军事法庭的文件所述，被告的特定权利可以放弃，且法庭可以接受传闻证据或通过"肉体胁迫"（叫作"酷刑"）获得的证据。阿丁顿认为关塔那摩监狱的每一名囚犯，包括老人和病人，都是一名"敌方参战者"，哪怕中央情报局的报告有所不同。

但是有一些好消息！军方反感特别军事法庭，因为它们玷污了军方引以自豪的传统和《军事审判统一法典》（the Uniform Code of Military Justice）。2006年6月，最高法院也判定它们违法。法院以五票对三票判定这些特别军事法庭违反了《军事审判统一法典》和《日内瓦公约》。

坏消息是三名极端保守派最高法院法官（斯卡利亚、托马斯和布什新任命的阿利托）持有异议并投票制止了它们。同样由布什挑选的新任首席大法官没有参与这个判决，因为他早些时候在华盛顿担任上诉法院法官时曾对同一案件作出裁决——他当时认定这些军事法庭完全合法。在类似问题上的进一步判决可以按照五票对四票来决定。如果下一个年老体衰的法官退位时布什仍坐镇白宫的话，他可以任命另一位年轻的极端保守派法官，他几乎可以永远留在那个位置上。

思想的锁链

切尼和他的第二把手阿丁顿使副总统办公室成为美国历史上最强势的办公室。到目前为止，美国的副总统几乎没有什么权力，尽管他们擅于献花圈、奠基和参加外国领导人的葬礼。偶尔，就像阿尔·戈尔的情况那样，总统也曾向其副总统移交临时的实质性档案。然而，切尼却巧妙地将总统办公室与副总统办公室融合成一个单独的行政机构：用企业来比喻的话，他是布什董事长的首席执行官。

布什曾说他自己"我是决定者"，但切尼执行的决定也经常是切尼自己做出的决定。无论决定者做出什么样的决定，根据定义它都是合法的；阿丁顿负责处理法律上的细节：他是切尼的首席执行官，就像切尼是布什的首席执行官一样。正如一位敏锐的观察者注意到的，"如果行政部门需要一场战争来为其要求的绝对权力进行辩护，那么伊拉克（就像听到拉姆斯菲尔德在2001年9月12日所说的那样）就是他们的目标。"[21]

现在该怎么办?

归根到底，右翼势力想要的是什么呢？大致来说，他们的目标在于废除第二次世界大战以来（有时甚至更早）进步派所有的政治、社会和环境立法。他们坚持不懈，但也慢慢快起来。他们欣然公开承认"这类事情要花费数十年的时间"，正如他们告诉与其共同参加一个专题讨论的进步派杂志编辑罗伯特·库特纳（Robert Kuttner）的那样。[22]

自称"标志性自由派"的库特纳，参加了一个被恰当地命名为"慈善、智库与思想重要性"的活动，该活动由传统基金会、卡托研究所、曼哈顿研究所以及美国企业研究所的负责人主导，每年共收到来自右翼基金会资助人至少7,000万美金的捐赠。右翼基金会的资助人同意，在过去的 20 年里——自 20 世纪 80 年代初期开始——超过 10 亿美元的资金花费在意识形态的制造和宣传（他们自然对其有别的称呼），向在场的资助人保证，"你们花钱获得了巨大的影响力"。

　　这种影响力就是我希望在本章节中展现的。

第二章　外交事务

　　受到恶意和怨恨怂恿的国家，有时会推动政府卷入战争，这与政策预计的最好结果相反。政府有时……会出于激情接受理性拒绝接受的东西。在其他时候，它会使国家的敌意屈从于战争项目，这种战争项目是由骄傲、野心及其他阴险恶毒的动机煽动的。国家的和平，有时也许是国家的自由，常常成为了受害者。

　　　　乔治·华盛顿总统，《告别演说》（*Farewell Address*），1796 年

序曲

　　想象一下，你就是一名美国保守派官员或者智库成员。你负责外交事务；判断美国在世界上的地位、检测对其安全和福祉的长期威胁、思考它的缺陷。你不应仅仅尝试去定义最适当的政策；你也必须知道如何在官员和美国人民面前为这些政策进行辩护。你的难题之一是你正在后冷战世界里工作。"对抗共产主义"再也不能作为几乎任何政策的公开理由。当你希望维持联盟的时候，其他国家关注的却不是你所关注的；你赞成夏尔·戴高乐（Charles de Gaulle）的观点，认为"国家之间没有朋友，只有利益"。你工作的重点是让美国保持第一，你的职责是向在位者提供政策建议供其使用。

思想的锁链

如果你是这样一位官员或智库成员，你不会非常担心中国吗？它现在已经积累了足以买下帝国大厦的美元，以及在各个战略分布的美国企业中的控股权。如果中国决定抛售其美元储备，将可能导致美元严重贬值，对经济造成巨大破坏。你将祈祷中国能在全球体系中继续担当一名负责任的选手，并想尽办法减小它对你的政府和你的经济的潜在影响。

将目光移向另一个伟大的新兴亚洲强国，而不是盲目地同意《纽约时报》专栏作家托马斯·弗里德曼（Thomas Friedman）在其歌颂新自由主义全球化的畅销书《世界是平的》（The World is Flat）中表达的观点，你可能也决定要更加密切关注印度次大陆。小说家和政治评论家阿伦德哈蒂·洛伊（Arundhati Roy）毫不犹豫地将它描述为处在革命边缘的国家。她将印度比作革命前的法国，并声称印度处于"暴力的边缘"，万一她是正确的呢？在洛伊看来，她出生的国家并没有联合起来，而是正在四分五裂——因为空前迅速的"公司全球化"而颤抖。"不平等变得不堪一击。"印度不堪一击的不平等可能对美国造成什么影响？亚洲的其他地区又有多脆弱？

就像大片的冰川由极地冰盖上断裂掉落，大量工业基地已经逐渐脱离你的国家，漂移到亚洲和其他地区。你的经济现在是一种压倒性的信息经济和服务经济，而不是制造经济。你当然知道你自己的跨国公司仍然能够掌控这些迁移的公司，但它们通过缴税的方式向美国财政部支付的钱极少。随着这些公司在诸如百慕大等避税天堂获得越来越多的利润比例，美国的税收负担大量转向个人和纯粹的国内公司。这种趋势将如何影响美国经济的长期健康？美国将如何继续为它所希望实行的政策买单？[1]

也许你更是一名西半球的专家，而不是东半球的专家。你正在思

第二章 外交事务

考拉丁美洲对于你的国家的历史重要性。1822年，美国承认了诸如阿根廷、智利、秘鲁、哥伦比亚和墨西哥等新近被解放的国家，并在不久之后发表了首个独立的美国外交政策声明之一，即1823年的门罗主义（the Monroe Doctrine of 1823）。在这个文件中，美国叮嘱欧洲列强远离南美洲的独立国家——当时许多旧大陆的政治家们正贪婪地盯着这些国家。门罗主义声称，正如美国会避免干预欧洲战争及其内部事务，因此欧洲也被期望不要靠近美洲。从那时起，他们确实这么做了。但现在，拉丁美洲人自己正在表现出关于独立的危险信号。

你将会思考更近期的过去，回忆美国如何在拉丁美洲开始自己版本的殖民主义，以及如何支持范围广泛的法西斯军事政权。自20世纪50年代至20世纪80年代，它帮助摧毁了诸如危地马拉、萨尔瓦多以及尼加拉瓜等可怜的中美洲小国。你资助并教唆的独裁者，你的门生，如智利的皮诺切特（Pinochet）以及巴西和阿根廷等国的一些将军，他们留下的遗产是不信任、痛苦和仇恨。

2007年初，你最终的老板布什总统对拉丁美洲进行了短暂访问，所到之处迎接他的都是愤怒的人群。你可能会像墨西哥的《每日新闻报》（*La Jornada*）那样提问：既然没有任何提议，他为何还要费心来访；你可能想知道未来美国可能作何有益提议。

特别是，你会警惕地盯着乌戈·查韦斯（Hugo Chavez），他在你的"后院"逐渐将各国的反抗组织起来。你会注意到他正在为这个大陆逐步增加独立的、可替代的能源及工业政策，并发起建立南方银行以在这个地区对抗国际货币基金组织。简而言之，你将要考虑这个半球的关系的未来以及美国在拉丁美洲的利益。

你可能也会深思1992年由保罗·沃尔福威茨团队完成的名为《国防规划指南》（*Defense Planning Guidance*）的文件，该文件为美国提出

思想的锁链

了一个首要目标：防止任何竞争力量的出现，即使是一个地区性力量。这个"首要考量"意味着"我们要努力阻止任何敌对势力控制一个区域，这个区域的资源在统一控制之下足以产生全球性的力量"。美国必须说服"潜在的竞争对手，他们不需要渴求扮演更重要的角色或者追求更为积极的姿态以保护他们的合法利益"。与此同时，在非国防领域，美国必须考虑"发达工业国家的利益，以阻止它们挑战我们的领导地位或者试图推翻已经建立的政治与经济秩序"。最后，该文件指出，"我们必须保持这样的机制以阻止潜在的竞争对手甚至渴望扮演更重要的地区或全球角色。"这样的竞争对手被确定为西欧、东亚、苏联的领土以及西南亚。1992年以来所有这些地区发生了哪些重大变化？哪些政策仍然与对付这些可能的竞争者相关？

在全球范围内，你面临着许多其他微妙而困难的问题，然而你，一个假设的保守派官员或智库成员，正在关注的却不是这些方向，因为你完全沉迷于中东地区。你甚至不能保证自己能直接考虑这个关键区域，即使你是决策机构中一个博识的支柱。意识形态甚至在你训练有素的思维中负担过重。"全球反恐战争"也许是冷战的一个便利通用的替代品——你可以丢给媒体与公众的一根骨头——，但它并不作为一个分析工具而发挥作用。你是宣告胜利，承认失败，还是仅仅盲目地继续向前呢？

令人入迷的中东

一个单独的、简短的词频繁地被用于证明关注这个地区的正确性，我们都知道这个词："石油"。即使不是唯一理由，这种至关重要的资源在入侵伊拉克的决定中也发挥了重要影响。控制石油资源一举两得：确保供应自己国家的经济和同样需要石油来运作的军事；以及如果必

第二章 外交事务

要,将石油从对手那里转移开。这是1992年沃尔福威茨在写到有关阻止对手"控制一个区域,这个区域的资源在统一控制之下足以产生全球性的力量"时,想要表达的意思吗?这似乎不大可能,因为即使在他的文件中,"资源"一词用的是复数——他所指的不可能仅仅是石油。这个地区展现出的魅力一定还有一些其他的解释。

如果连政策专家都不能清楚地考虑外交政策的难题,那么普通公民还能怎么样呢?美国人民被整个地排除在任何关于世界的讨论之外,因为偏见和宣传太过频繁地取代了信息及有理有据的论证。在伊拉克战争的背景下,可以理解的是,如今中东地区将自己叠加于普遍的关注和美国的官方政策之上。但它这么做,仿佛世界上不存在其他地方——好吧,也许还有朝鲜和古怪的"流氓国家",除此之外就几乎没有其他地方了。国务院的洞穴中一定深藏着为其他地区制定政策的公职人员,但你从普通美国人的"谈话"中几乎无法了解到它。鉴于他们过去的记录,这可能也就是……

中东地区从未缺乏这样的关注,并且在这个地区,一群特别的新保守派格外明显。让我们称之为"转世激进派"("reincarnated radicals"),因为他们拥有不止一段政治生涯。新保守派教父欧文·克里斯托尔曾是一名左派,他将这些人认定为"遭遇现实打劫的自由派"。其他许多新保守派也是如此。这些知识分子在世界观方面是国际主义者,经常涉猎托洛茨基主义或共产主义;他们在诸如《党派评论》(*Partisan Review*)等刊物上发表文章,他们当中许多人居住在纽约而且互相认识。许多人是犹太激进派,他们不仅对美国国内政治感兴趣,同时也深切关注国际政治运动以及美国在世界上的地位。现在他们的关注焦点是美国与中东地区的关系、伊拉克战争、伊斯兰恐怖主义、伊朗和以色列。

思想的锁链

传统上,犹太社区——特别在东海岸和纽约市——是始终如一的左翼并坚定地为民主党投票。年长一些的犹太人有时称自己为"红尿布婴儿"——他们从母乳中吸收左翼政治思想。现在许多人站在布什总统及其追随者的一边,而他们以前的左翼同志们为此极其反感他们。一位这样的评论家在谈及另一位新保守派"教父"人物诺曼·波德霍雷茨(Norman Podhoretz)时,说他总是"知道何时跳上最新的自由左翼的玩具马——而且,更重要的是,知道何时跳下来"。[2]

波德霍雷茨自己在批评伊拉克战争的评论家时说道:

> 最初,这个诽谤性指控(是第一届乔治·W.布什政府中的犹太官员的一个阴谋,它促进的不是美国的利益而是以色列的利益)的筹划者以及早期的传播者出于更加谨慎的考虑,将搞阴谋的人定义为"新保守派"而不是犹太人。这是一个聪明的策略,事实上,犹太人的确构成了悔过自由派和左翼的很大比例,他们在二三十年前脱离了左翼而转向右翼,逐渐被定义为新保守派。[3]

这场特别的新保守主义运动的其他成员来自至少名义上的民主党政治家。一个集体转向右翼的团体被称为"斯库普·杰克逊民主党人"("Scoop Jackson Democrats")。代表华盛顿州的参议员亨利·"斯库普"·杰克逊(Henry "Scoop" Jackson),也被称为(虽然也许不会当面这样称呼)"波音参议员";他是鹰派中的鹰派,也是国防集结倡导者,他说服包括《纽约时报》在内的众多媒体接受并宣传他的观点。

一名年轻的前左翼新保守派成员的典型人物是乔舒亚·穆拉奇科(Joshua Muravchik),他现在是新保守派顶尖智库、美国企业研究所的

第二章 外交事务

一名学者。他以一名青年社会主义者开始他的政治生涯,之后转向左翼民主党,再转而担任斯库普·杰克逊的随从,最终转变成一名坦率直言——即使不能说可怕——的新保守主义者。穆拉奇科在2006年末的路线是"我们必须轰炸伊朗"。

在《外交政策》(*Foreign Policy*)发表的文章中,他为他的新保守派同伴辩护,并对他们的基本世界观作了清晰的解释:"上个世纪,我们的学术贡献帮助我们打败了共产主义,如果上帝许可,这个世纪它们将帮助击败圣战主义(jihadism)。"在他看来,赢得这场战争的唯一途径就是"将中东地区的政治文化由专制主义与暴力的文化转变为包容与妥协的文化"——以任何标准都是一笔大订单,而且是一笔将军事干预坚定地提上议程的大订单。因此"专制主义与暴力"的衣钵就从中东的统治者传到了单方面决定使用军事力量的美国手中,但穆拉奇科似乎并没有意识到这个讽刺。人们也不禁想知道他是否相信像沙特阿拉伯这样的美国盟友会实践"包容与妥协"。非常有趣的是,穆拉奇科的文章对石油只字未提。

鉴于新保守派雄心勃勃的目标——彻底转变整个区域的政治文化——,穆拉奇科警告称,拥有核武器的伊朗是无法容忍的。他说:"世界和平是不可分割的,思想的力量是强大的,自由与民主是普遍有效的,邪恶存在且必须面对。"因此,即使新保守派在伊拉克人欢迎美国军队这个问题上犯了错误,问题的答案也不在于从中东撤兵,而是更持久、更努力地采用这一相同的强有力的政策。[4]

因此,穆拉奇科说道(这次是在《洛杉矶时报》上):

现实是,我们无法与拥有核武器的伊朗安全共处。一个原因是恐怖主义,伊朗长期以来是世界上首要的支持恐怖主义的国家,它通过哈马斯与真主党等组织支持恐怖主义。现在，据伦敦《每日电讯报》（*Daily Telegraph*）上周的一篇报道称，伊朗正试图通过安置自己人塞夫·阿戴尔（Saif Adel）成为患病的奥萨马·本·拉登（Osama bin Laden）的继任者来控制基地组织。我们怎么可能相信伊朗不会偷偷地将核材料给恐怖分子？[5]

与诺曼·波德霍雷茨一样，乔舒亚·穆拉奇科也面对迎头的"无情谩骂"，他发现新保守派也遭受这种谩骂，而且他也将这些谩骂与许多新保守派是犹太人这一事实联系在一起："'新保守派，'"他声称，"现在普遍成为'极端保守主义者'，以及对有些人来说的'肮脏的犹太人'的代名词。"他将这些观点归因于诸如林登·拉·鲁谢（Lyndon La Rouche）这样的阴谋论者或曾经的斯大林主义者，但没有提及有关以色列人或巴勒斯坦人的问题。

美国政治话语中的一个持久问题是基本上难以对中东政策，特别是关于以色列和巴勒斯坦政策展开理性讨论。以巴冲突是双方的敏感点和痛点，对这个问题的批评被列为禁区，甚至提都不能提。一些为以色列辩护的人迅速地为甚至最温和的评论家贴上"反犹主义者"的标签。如果这些评论家自己恰好是犹太人，他们会被称为"自我憎恨的犹太人"，例如，这种情况不仅发生在诺姆·乔姆斯基（Noam Chomsky）身上，同时也发生在我的朋友、跨国研究所的同事菲利丝·本尼斯（Phyllis Bennis）身上，她是一位和平活动家和中东问题专家。

政治家多数都被这种抨击吓得手足无措，他们要么试图避开这个话题，要么懦弱地屈从于沉默法则。政府的政策在以色列而不是华盛顿引起了说不上刻薄但激烈的辩论〔例如，看看报纸《国土报》

(*Ha'aretz*)]。2007年初,总理埃胡德·奥尔默特(Ehud Olmert)自夸在他自己的国家拥有2%——这不是印刷错误——的支持率,而你在环城路内永远不会知道这个,环城路是当地人对华盛顿的环形公路的叫法。

对部分新保守派如此极端的反应与他们对穆拉奇科的言论的看法有关,穆拉奇科认为"中东的政治文化是专制主义与暴力的文化",而以色列是这个地区唯一的民主前哨。对新保守派来说,这是底线:与这个地区的其他国家不同,以色列是民主国家,所以他们为任何一个可能执政的以色列政府提供无条件支持是没有问题的。而在这个问题上他们决不孤单:他们在右翼福音派基督徒中拥有坚定不移的盟友(尽管是出于别的原因),我们将在下一个章节中进行探讨。

许多犹太及非犹太新保守派知识分子活跃于具有影响力的华盛顿智库、国家安全事务犹太研究所(the Jewish Institute for National Security Affairs)。它的工作得到2万名成员的支持,由55名国防政策鹰派成员组成的委员会领导。他们为更高的美国军费开支进行游说并且一贯支持以色列的政策。他们的基本主张是美国的安全利益与以色列的安全利益之间没有区别,因为以色列的政策"支持"美国的利益。

参议员约瑟夫·利伯曼也为日益紧密的美以关系进行辩护。利伯曼是来自东海岸康涅狄格州的中右倾民主党人,2000年他在阿尔·戈尔的推荐下竞选副总统,2006年,他在一场势均力敌的选举中勉强保住了自己的参议院席位,这次选举针对伊拉克战争的问题展开斗争,而他继续坚定地为伊拉克战争进行辩护。这里引用了部分他针对"美国领导支持以色列的游说"的演讲,美国以色列公共事务委员会(AIPAC)就是这样描述自己的。这个演讲概括了当今美国外交政策右

思想的锁链

翼思想的许多方面。利伯曼令人信服地提出支持以色列的论据,他了解美国的政治情绪,而且他不仅为以色列也为他自己国家的安全真正感到担忧。利伯曼对他的美国以色列公共事务委员会的听众说道:

> 我不需要告诉你们关于……伊朗的政权——它获取核武器的决心、它对恐怖主义的赞助、它对本国公民的压迫……关于基地组织、黎巴嫩真主党和哈马斯——他们对暴力的沉迷、他们对美国与以色列病态般的憎恨以及他们对征服的野心……关于将这些不同团体联系在一起的狂热意识形态——伊斯兰极端主义的意识形态、一个极权主义意识形态……与法西斯主义一样暴力和恶毒……不幸的是,如今我们国家的许多人似乎并不理解我们所面对的威胁,这种理解至关重要。

他认为总统处在风暴的中心,使国家两极分化。当布什同意的时候,他的对手就条件反射般地反对,反之亦然。这种下意识的反应让利伯曼非常担忧。尽管他说他理解国家对伊拉克的愤怒,但他认为对危险敌人采取姑息态度才是真正的问题。

> 许多人对布什总统的憎恨之情已经开始影响我们讨论与思考伊拉克以外的世界正在发生的事情以及美国在其中扮演角色的方式。这其中有些事情是深刻错误的,当反对伊拉克战争似乎比反对伊斯兰极端主义能激发更大的热情时……当一些美国人对我们的情报界如此不信任,以致对伊朗构成的威胁这样简单而不详的事实产生怀疑时……当面对激进伊斯兰的袭击时,我们认为我们可以通过撤退、通过与敌人沟通和调解、通过抛弃我们的朋友和

盟友来寻求安全及稳定。[6]

像穆拉奇科这样的新保守派知识分子，像国家安全事务犹太研究所与美国以色列公共事务委员会这样支持国防、支持以色列的游说团体，像利伯曼这样为伊拉克战争辩护的人，认为自己正在玩卡桑德拉（Cassandra）游戏，正在试图向美国人传达一个残酷但必要的信息，而美国人越来越拒绝去听这样的信息。或者他们将自己视作类似温斯顿·丘吉尔（Winston Churchill）的角色，按照内维尔·张伯伦（Neville Chamberlain）的方式面对对手的姑息政策。他们认为没有什么能将伊朗的艾哈迈迪内贾德（Ahmadinejod）总统与希特勒区分开来（艾哈迈迪内贾德否认犹太人大屠杀的会议就可以证实这个观点），而且他们正狂热地试图让他们的美国同胞记住"9·11"的教训——"9·11"的影响正开始逐渐消逝。

换句话说，他们认识到在那里美国有真正的且确定的敌人——这些敌人中突出的是现在被一些新保守派称作 HISH 的结构，即哈马斯、伊朗、叙利亚以及黎巴嫩真主党。你可以不同意他们的立场，我就不同意，但是指责他们忽视美国的利益是不公平的，至少根据他们自己的能力来看——他们非常担心它的敌人会对美国做些什么。在一个复杂的世界里，危险的似乎是他们二元的、黑与白、善与恶的国际政治观。

另一个让人担忧的方面是他们并非从传统的"现实主义"角度来看待这些利益；例如美国维持对石油贸易的价格、分配与方向的控制这个通常被察觉到的需要。如果他们正在谈论的直接是力量本身，一种坦率的观点对抗将更为容易，但是他们几乎从未提及它们，所以真正的问题往往不会得以面对。他们的态度是不是有点像那个"狗在夜

思想的锁链

间的奇特事件"？* 新保守派不谈论力量是因为以某种奇特的方式来看，他们实际上是过分乐观的理想主义者吗？

米尔斯海默－沃尔特事件

争论双方热情坚持的信念有助于解释约翰·米尔斯海默（John Mearsheimer）与斯蒂芬·沃尔特（Stephen Walt）的特别案例，他们两个人分别是芝加哥大学与哈佛大学肯尼迪政府学院著名的国际关系学者与教授。2006年3月，他们在《伦敦书评》（London Review of Books）上发表了一篇题为"以色列游说集团"的文章，他们还同时在肯尼迪学院的"工作文件"网站上公布了更长篇幅的关于这篇文章的文献版本，这样任何感兴趣的人都可以查阅他们结论的来源和证据。

如同这两位学者报告的那样，"反响……是巨大的。截至2006年7月中旬，肯尼迪政府学院工作文件版本的下载量已经超过了27.5万次，而且一场热烈（虽然并不总是文明的）辩论正在进行之中。"对一个学者来说——对几乎任何一个非虚构作者来说，像那样的数字的确是意想不到的——，这相当于撰写了一部学术界的《达·芬奇密码》或《哈利·波特》。

双月刊的《外交政策》立刻捕捉到这场辩论，在2006年7月至8月号的封面上刊登了这场辩论，评论认为作者"就以色列游说集团对美国外交政策的力量提出疑问时，引发了轩然大波"。

杂志提供空间给米尔斯海默和沃尔特来总结他们的论证，让三位评论家对其论证进行反驳，并让兹比格涅夫·布热津斯基来解释，作

---

* 在柯南·道尔"夏洛克·福尔摩斯"故事"银色马"中，"奇特事件"指的是狗没有吠这个事实。如果凶手是个陌生人，那么狗应该会叫，但是他不是——对狗来说他相当熟悉。不用说，福尔摩斯很快就解开了谜团。

第二章 外交事务

为吉米·卡特的国家安全顾问,他曾经与同样独断的古巴裔美国人、亚美尼亚裔美国人以及其他几个什么裔的美国人的游说集团打过交道,那么为什么只有以色列裔美国人这一游说集团应免遭批评?在这一点上,学术性季刊《中东政策》(Middle East Policy)加入了这场争论,要求作者提供一个扩充版本,包括对他们作品所引起的评论与批评的回应。2007年9月,他们将扩充部分扩展成一本书,它的出版商显然考虑到了畅销性。[7]

在我们探讨米沃(现在我应当称作米尔斯海默和沃尔特)论证的实质之前,读者首先应该了解游说是美国政治的一种标准且长期存在的特征。这种活动在美国的坦率性质与欧洲形成了鲜明对比,在欧洲成千上万的游说者尽可能偷偷摸摸地开展他们的工作。欧洲委员会转移了视线,尽管它现在不情愿地提出了一个可笑的解决方案,即自愿登记表,游说者如果喜欢的话,可以在这个登记表中公开他们为谁工作以及他们的资金源于何处。[*]

与此相反,美国的游说者需要向国会登记注册而且他们对自己的工作完全直言不讳,他们的工作通常被视作民主化进程中的一个正常部分。他们可能会称自己为"提倡者"而不是"游说者",但是每个人都明白这两者完全是一回事。因此,一名美国游说者距离一个共谋者比人们可以想象的更远——想知道谁为他们付钱的任何人都可以查明,他们常常寻求支持者,并且向公众募集捐款,发表署名文件;他们公布自己的目标并吹嘘自己的成就。

因此美国以色列公共事务委员会(AIPAC)作为米沃口中的"以

---

[*] 见公司欧洲观测所(Corporate Europe Observatory)在揭露欧盟游说实践中的工作,该组织是我自己所在的研究所TNI的合作伙伴。推动这个议题的活动家不满意委员会胆怯的提议,他们也不应该满意,并且他们承诺继续进行迫使一大群欧盟游说者变得更加透明的斗争:www.alter-eu.org

思想的锁链

色列游说集团"的主要目标,在其网站上列出了自己的成就,包括"获得对以色列至关重要的对外(和)军事援助……保持对哈马斯的世界压力"以及其他 11 项成功倡议。像美国以色列公共事务委员会这样的游说者-倡导者会告诉他们的支持者应该就哪些问题采取行动,示意影响他们民选代表的最佳方式是什么,而且他们做得非常有效。1997 年至 2005 年间的三次调查要求国会成员对各个游说集团的力量进行排名,这三次调查分别将美国以色列公共事务委员会排在第二、第三以及第四位。只有美国退休人员协会、全国步枪协会和劳工联盟美国劳工总会与产业劳工组织(AFL-CIO)有时在对国会的影响力方面排名较高。[8]

在此,我的目的不是追溯和重申所有米沃的立论、评论家的驳斥以及两人的反驳——这将包含撰写这本米沃已经出版的书,并且无论如何将远远超出我的能力,因为我不是中东问题专家。我仅仅想要说明我之前的观点:美国的知识圈、学界和政界以及很大一部分普通民众都对这场讨论很着迷,这场讨论当然重要,但应当严肃进行,不应导致许多其他同等重要的辩论被危险地排斥在外。

这就是米沃的目的所在——无论他们的结论是什么,我们应该对他们心存感激,感激他们在笼罩华盛顿的死寂中提出以色列影响的主题,对一个敏感问题采取更加沉着和更加实际的处理方式,以及尝试对爆炸性档案予以客观评估。他们的长篇文章包括 24 页共 227 条小字印刷的注释,提供了他们各个观点的来源(它们当中许多引用自以色列媒体和学者),并予以进一步阐述。他们的文章引起了全方位的积极与消极反应,包括冒牌学者的谴责——然而,看着这些注释,非专家想知道米沃可以做哪些更多的研究来履行他们作为学者的责任。

在米沃展示的事实中,来自无可争议的官方渠道的是以色列获得的大量援助。它肯定不在世界贫困国家之列而且也不受制于先前曾同意和陈述的获得美国资金援助通常要求的条件。所以如果以色列想要利用美国资金在被占领土建造定居点（美国声称反对），它就可以这样做。自第二次世界大战以来，以色列收到价值1,400亿美元（以2003年美元为准）的美国援助，平均每年30亿美元，约占美国年度对外援助总值的20%。换句话说，美国每年给每个以色列人约500美元，相当于给一个几乎与西班牙人均收入相同的国家每人500美元。*

而面对美国慷慨的赠予，以色列并不总是表现得像一个忠实的盟友：举例来说，它将美国的军事技术转让给中国——一个潜在的对手——，使得美国国务院检察长唤起对以色列方面"系统化且不断增长的未授权转让模式"的注意。据美国审计总署所说，以色列"在进行针对任何美国盟友的最具侵略性的间谍行动"。持相反意见的法国人可能很高兴获悉资深记者吉姆·霍格兰（Jim Hoagland）的观点："除了夏尔·戴高乐这个可能的例外，在使现代美国外交复杂性变得更加持续和严峻方面，没有任何一个友好的外国领导人能比得过阿里埃勒·沙龙（Ariel Sharon）"。[9]

米沃还提出，以色列并不像犹太人国家安全事务研究所（JINSA）和美国以色列公共事务委员会（AIPAC）宣称的那样，是美国的一个战略资产，而更像是一个"战略责任"和"负担"。鉴于巴勒斯坦恐怖主义单独将以色列作为目标并且没有直接威胁美国，以色列对待巴勒斯坦人的方式激怒了阿拉伯国家和伊斯兰国家的舆论，而这的确严重危害了美国的安全。在米沃看来，以色列的行为表现出一种永恒的

---

* 根据美国中央情报局世界各国概况（CIA Factbook），以色列是世界上婴儿死亡率最低（16.9/1000）、活胎产和预期寿命最高（79.5年）的国家之一，以色列人口有95%以上受过教育。我们绝对不在"第二世界"中，并且也许这个成功只有部分归因于美国的援助。

不满，并使恐怖分子的征募、躲藏以及资金筹集变得更容易。

米沃表示，即便伊朗获得核武器，它也不会成为美国的一个"战略灾难"。美国设法容忍中国、印度、巴基斯坦、甚至朝鲜的核武器，那么为什么不能容忍伊朗的核武器呢？伊朗不会针对美国自己动用核武器，也不会将核武器交给恐怖分子使用，因为它知道在这两种情况下美国的核报复将是迅速而可怕的。与此相反，米沃认为，该地区的其他国家想要核武器是因为以色列拥有核武器，但美国对以色列自己的兵工厂"视而不见"。

沿着这些思路还有更多的东西可以讲，但这个例子足以说明米沃几乎不可能更远地偏离譬如列伯曼和莫拉夫契克的观点。因此他们的著作引发了"风暴"。米沃认同其引用的 52 位英国外交家的观点，这些外交家在给托尼·布莱尔的信中说，以色列－巴勒斯坦的局势已经"伤害了西方世界与阿拉伯和伊斯兰世界之间的关系"，而且布什的政策是"片面且违法的"。如果这些外交家和米沃是对的，那美国与以色列的特殊关系则危害了美国的真正利益。

而且如果他们是对的，谁要为损害这些利益负责任呢？米沃煞费苦心地声明他们支持以色列存在的权利，而且他们"不相信那些代表以色列进行游说的美国人以任何方式不忠于"他们自己的国家。然而，根据这些作者所说，美国对以色列本身的大量资助，以及对以色列政府针对整个地区的观点的巨大支持，直接归因于美国的"以色列游说集团"的影响力，"以色列游说集团"是他们用来称呼一些松散聚集的组织、个人、网络等等的一个用语。

"游说集团"是如何运作的呢？据米沃所说，它"对美国国会拥有绝对的控制"。他们引用了已经离职的前参议员欧内斯特·霍林斯（Ernest Hollings）的话，"在这里，除了美国以色列公共事务委员会给

第二章 外交事务

你的政策之外,你不会拥有其他以色列政策"。以色列领导层本身当然似乎感激这个组织:阿里埃勒·沙龙说,当民众问他本人可以为以色列做些什么的时候,他总是回答说:"如果你想要帮助以色列,那就帮助美国以色列公共事务委员会"。其继位者埃胡德·奥尔默特(Ehud Olmert)的意见一致,他说:"感谢上帝,我们拥有美国以色列公共事务委员会,它是我们在全世界最伟大的支持者和朋友。"

在像美国这样的完全依赖于私人资金进行竞选活动的选举制度中,美国以色列公共事务委员会的一大优势在于,将政治捐款引向那些在关于它的议题上拥有良好投票记录的候选人并远离那些投票记录不好的候选人的能力。美国以色列公共事务委员会"控制国会"的一个例子可以追溯至2002年,当时布什开始向阿里埃勒·沙龙施加压力让他撤出被占领土。游说集团随即采取行动,其强烈支持以色列、反对撤出的决议获得通过,投票结果分别是众议院352票比21票、参议院94票比2票。布什被迫让步。米沃相信,如果没有这些游说集团,美国"2003年3月(在伊拉克)开战的可能性也会小得多"。

美国以色列公共事务委员会对媒体也有相当大的影响力——米沃特列举了许多实例——,但是在学术界的影响力要小一些,且行动受到更多限制。它的确向大学校园派去了演说家,同时动员学生监督并抵制教授所写和所教的东西——这个行动似乎将产生一些影响。三分之二接受《外交政策》调查的国际关系教授"强烈"或"在某种程度上"赞同这个说法,即"以色列游说集团对美国外教政策的影响太大了",然而他们的学生不同意、且似乎没有受他们教授的观点的影响。《外交政策》也调查了700名在十余所大学学习国际关系入门课程的学生,发现"在修了这些课程之后,学生们相信'以色列游说集团对美国外交政策施加过多影响'的可能性较以前更低了"。[10]

思想的锁链

仍然是据米沃所说,游说集团掌握的最有影响力的武器是他们所说的"伟大的消音器",即对反犹太主义的指控。"事实上,游说集团吹嘘自身的影响力,然后对任何提醒注意它的人进行攻击……反犹太主义令人讨厌并且没有任何负责人想因此而遭受指控",所以他们往往宁愿保持沉默。另一方面,以色列的媒体则不是那么循规蹈矩,频繁地提及"美国的犹太人游说集团"。

米沃的立场是美国应该利用它的影响力

在以色列与巴勒斯坦之间实现一种公正的和平,这将有助于在中东地区发展更广泛的打击极端主义和推进民主的目标。但是这并不会很快发生。

游说集团的影响力不仅增加了美国及其盟友遭遇恐怖主义的可能性,也危及以色列本身。米沃宣称美国以色列公共事务委员会及其追随者阻止以色列"抓住机会……这些机会能挽救以色列人的性命并缩小巴勒斯坦极端主义者的队伍……具有讽刺意味的是,如果游说集团不那么有影响力的话,以色列本身的状况反而会更好"。关于这个悲观主义的观点,米尔斯海默与沃特的论证到此为止。

评论家们并不缺乏反对意见。其一是阿伦·弗里德伯格(Aaron Friedberg),普林斯顿大学教授以及迪克·切尼的前任国家安全事务助理,他的批评集中在绥靖的后果方面。他反问道,如果美国切断对以色列的援助,就像米沃显然希望它做的那样,会发生些什么呢。这样的做法不会"让以色列更为顺从"——相反——将"肯定会给以色列的敌人壮胆,并且会增强他们中更激进的人的力量"。圣战分子将不会和解或放弃针对以色列和大撒旦的战争,而是会宣告胜利并召集更

第二章 外交事务

多的追随者。

另一位评论家丹尼斯·罗斯（Dennis Ross）是克林顿任期内的美国谈判代表，他表示说服布什开战的既不是游说集团也不是新保守主义者——而是"9·11"事件。此外，游说集团没有必然地为所欲为：它未能阻止几笔对阿拉伯国家的重大武器销售，并且反对各项违背其意愿的和平倡议。"在我领导美国有关中东和平进程谈判的那段时间里，我们从未因为'游说集团'要求而去采取一项措施，"罗斯写道，"我们也从未因为'游说集团'反对而去回避一项措施。"

第三位是施洛姆·本-阿米（Shlomo Ben-Ami），前任以色列外交部长，他认为米沃对游说集团影响力的看法是"严重夸大"，并给出了几个例子的细节（如里根对巴勒斯坦解放组织的官方承认），在这些例子中游说集团的观点对美国总统没有影响。他补充认为

> 美国应该做出更大的努力以结束巴勒斯坦人的屈辱。但宣称以色列或者游说集团应该为……美国的恐怖主义问题……负责是荒谬的。米尔斯海默和沃特对中东地区美国利益的复杂结构表现出一种深奥的冷漠……现在的伊拉克战争可能让以色列受益，但它也使伊朗一样或更多地受益。当然没有人会说伊拉克战争是按照伊朗的意愿发动的吧？……认为美国不与以色列保持紧密联系，就不会关心诸如伊朗、伊拉克或者叙利亚这样具有威胁的国家，这种想法是可笑的。[11]

他可能还会补充说伊拉克战争也使中国、石油输出国组织（OPEC）的石油生产商以及基地组织受益，但他们对战争的引发毫无影响。[12]

思想的锁链

公共关系闪电行动：美国品牌

反对"游说集团的权力"论点的弹药也来源于一个意料之外的地方：媒体专家及伊拉克战争的反对者谢尔登·兰普顿（Sheldon Rampton）和约翰·斯托贝尔（John Stauber）。在他们所著的《大规模欺骗性武器：布什对伊拉克战争中宣传的运用》（*Weapons of Mass Deception: The Uses of Propaganda in Bush's War on Iraq*）一书中，两位作者对2003年的侵略的意识形态的形成给出了引人入胜的描述。[13]

然而许多新保守派可能会凑热闹，他们中的许多人确实这样做了，政府本身全面负责入侵战略，没有号召美国以色列公共事务委员会或任何其他游说组织来让国家做好战争的准备。就这一点而言，政府依赖于专业的思想操纵者。

布什 - 切尼在"9·11"之后立即开始公共关系运作，首要目标是改善美国在阿拉伯世界的形象，国会为此目标划拨了数千万美元。在政府眼中，这就像推销软饮料、洗发水或者任何其他大众市场产品一样来推销美国。如同国务卿科林·鲍威尔（Colin Powell）解释的那样，"这种尝试……真正让外交政策品牌化"。

美国将会是自由品牌。政府雇佣了一位成功的女性广告管理人，她解释说，"对于任何伟大的品牌来说，（最有价值的）资产是情感支撑。"不幸的是，阿拉伯世界中大部分人的"情感支撑"包含了恐惧、不信任和愤怒。他们不关心美国穆斯林妇女在她们新泽西的高档厨房中有多么开心，他们因为美国的政策而愤怒，特别是它轰炸阿富汗的平民、支持他们国家的独裁政权并且不采取任何措施来缓解巴勒斯坦人的困境的做法。

一位埃及商人向《纽约时报》记者说的话指出了显而易见的事

情,"无论美国如何努力改变它在阿拉伯世界中的形象,我们用自己的眼睛看到的东西更有说服力"。入侵伊拉克的两个星期前,在经历了一系列可鄙的失败之后,那位广告管理人辞去了职务。《阿拉伯裔美国人新闻》(Arab-American News)发行人奥萨马·希波拉尼(Osama Siblani)等人一开始就预言了这一混乱局面。"美国在很久以前就输掉了在穆斯林世界的公关战争,"希波拉尼说,"他们可以让先知穆罕默德来做公关工作,但是那也无济于事。"[14]

尽管如此,这些挫折并没有阻止政府进一步在其他公关运作中投入亿万资金。他们建立了新的白宫"全球传播办公室"(Office of Global Communications)、"伊拉克公共外交小组",以及诸如"伊拉克国民大会"等前线组织,来展示他们对反萨达姆·侯赛因的领导人的选择——通常是像艾哈迈德·查拉比(Ahmad Chalabi)这样狡猾的人。他们雇佣了各种各样的公关专家来为政府中一批跨机构特别工作组提供建议,业界报纸《公关周刊》(PR Week)定期记录这些工作组的活动。

《公关周刊》也认为,从布什-切尼阵营的角度来看,纳税人的数百万资金被合理地花费——不是在阿拉伯世界而是在后方。"布什政府成功地让'我们应该进攻伊拉克吗?'这一问题成为当今美国最深思熟虑的政治问题"。公司犯罪(安然公司等)、摇摇欲坠的经济对公民自由的威胁——甚至包括奥萨马·本·拉登的下落——所有这些问题都被推下了舞台并从国家的头版消失。[15]民主党人非常气愤,因为他们无法将自己的任何议题及时纳入2002年中期选举的政治议程中,布什如愿以偿地赢得了这场选举。

在所有这一切之中,看不到"以色列游说集团"的任何踪影。正如人们所期待的,无论有没有美国以色列公共事务委员会,人们都在

思想的锁链

为政府颁布的许多新保守主义政策加油喝彩，而且对他们中的那些执政者来说，人们也在帮助塑造政府的政策。伊拉克战争的倡导者中特别突出的是新美国世纪计划的成员。

作为其他方式的战争的政治：新美国世纪计划

首先是好消息：在描述新美国世纪计划（New American Century）可怕的十年之前，我们几乎可以肯定，新美国世纪计划是一只跛脚鸭，并且现在或许已经是一只死鸭子了。截至2007年年初，它仍然有自己的网站，但是（英国广播公司）报道称其职员只剩下一个人，显然要了结其事务后将店铺关闭。保险起见，就让我们以过去式来探讨它吧。

名字的选择并非偶然且值得加以解释。新美国世纪计划的创始者们在向亨利·卢斯（Henry Luce）致敬，他是发行量巨大的《时代》（Time）、《生活》（Life）和《财富》（Fortune）杂志的具有影响力的出版人，他于1941年2月，即珍珠港事件发生的十个月前，在发表于《生活》的一篇著名社论中创造了"美国世纪"这个词。

卢斯是东海岸团体（East Coast Establishment）中的一员，但他反对许多希望美国置身于战争之外的共和党孤立主义者。他为纳粹的胜利感到惊恐，并且他以足够的远见告诉他的同胞，即使英国设法阻止了希特勒，战争也将令其精疲力竭，无法再扮演一个世界强国。美国人必须接受这个"不可避免的事实"：首先拯救欧洲的武装干预；然后是一个由美国支配的战后世界秩序。20世纪注定是美国世纪。

1944年，早在美国－苏联同盟瓦解之前，卢斯已经不信任苏联及其对世界的战后设计。不久之后，他具有影响力的杂志让数百万读者毫不犹豫地认为他们也将不得不与这个新敌人进行战斗。十年之后，他从未动摇过自己在参议员委员会的会议上陈述的信念："我不认为

第二章 外交事务

共产主义帝国与自由世界可以和平共存。"直到1967年去世,卢斯一直呼吁美国霸权,同时保持其反共产主义立场并延续到他支持的越南战争。

美国的战后外交与国防政策一直建立在如下基础之上:反共产主义、支持"反共产主义"的外国领导人——无论其多么专制、高水平的军备,以及可靠的资源获得的帝国战略,特别是石油。从许多方面来说,伊拉克只是传统的美国干预的最近的实例,但是背景已经发生了变化。作为一种地缘政治力量的共产主义一旦消失,新保守派不得不寻找新的托词从而在他们感兴趣的地球的任何地区进行渗透。只要有用,美国的政策定义团体就可以发明出一个新的安全概念,诸如预防性战争、流氓国家、传播民主的责任以及轻易就能通过的全球反恐战争等。

在这种新背景下,新美国世纪计划的基本理念和方案将成为创造与传播好战和霸权意识形态过程中最成功的倡议。1997年,几十名经验丰富的新保守主义政策专家聚集在一起,共同设计未来以及美国在未来的位置。从乔治·W.布什执政那天起,它的许多创始人变成了政府成员,单从这一点来看,该计划对政府有着深远的影响。

在亨利·卢斯制订他的计划56年之后,新美国世纪计划的"原则声明"呼应了他的计划。下面是该声明的部分内容:

> (我们需要)一支强大且准备好面对当前与未来挑战的军队;一种大胆且有目的地在国外推广美国原则的外交政策;以及接受美国的全球责任的国家领导人……美国在维持欧洲、亚洲与中东的和平与安全中扮演着至关重要的角色。如果我们逃避我们的责任,就会为我们的根本利益招致挑战……在危机出现之前就塑造

环境，并在威胁变得极端之前面对它们，是很重要的。上个世纪的历史应该已经教给我们接受美国领导地位的理由。

很难想象出一个对美国独特性和美国干预更有说服力的辩护。为了实现新美国世纪计划设下的目标，国家必须主动和大胆。因此，2001年9月20日，在发生世贸中心袭击事件仅仅九天之后，新美国世纪计划的领导人给乔治·W. 布什总统写信，力劝他惩罚萨达姆·侯赛因。他们的逻辑可能被扭曲，但意图很清晰：

> 伊拉克政府可能以某种形式为最近对美国的袭击提供了帮助。但是即使证据没有将伊拉克与袭击直接联系起来，任何旨在消灭恐怖主义及其赞助者的战略必须包括在伊拉克将萨达姆·侯赛因赶下台这一既定努力。不能承担这一努力将构成国际恐怖主义战争中提早的、或许决定性的投降。

这段话很怪异。一方面，新美国世纪计划的成员身份是外交政策专家的温床。另一方面，一致的观点认为9月11日发生的恐怖主义行为带有不可否认的伊斯兰教的、也就是宗教的圣战特征，并包括沙特阿拉伯的深度参与。那么，为何要对一个不太带有穆斯林性质的国家穷追不舍——这个国家完全是世俗的，实权由民族主义的复兴党掌控。奥萨马·本·拉登与萨达姆·侯赛因之间的兄弟之爱就如同教皇与马丁·路德一般——事实上本·拉登将萨达姆视为一个"异教徒"。

此外，正如新美国世纪计划的专家必然已经了解的那样，伊拉克并没有等着被发现的"大规模杀伤性武器"——这个政权已经在20世纪90年代中期之初丢弃了它们。

第二章 外交事务

尽管如此，新美国世纪计划对伊拉克的痴迷并非史无前例。该计划的创始人之一保罗·沃尔福威茨已经在其臭名昭著的1992年《防务战略指南》中建议进攻伊拉克——这份指南被泄漏给《纽约时报》并引起了一场轩然大波。1998年年初，新美国世纪计划的成员写信给克林顿总统，建议"让萨达姆·侯赛因下台"。当什么都没有发生时，他们又写信给共和党少数派领导人、国会议员纽特·金里奇与参议员特伦特·洛特（Trent Lott），敦促他们在"总统的领导缺失"的情况下果断行动。鉴于克林顿总统没有以应有的方式来领导国家，新美国世纪计划想要金里奇和洛特做什么呢？"美国政策，"新美国世纪计划称，"应该将废除萨达姆·侯赛因政权权力并代之以一个和平而民主的伊拉克作为其明确目标。"

新美国世纪计划具有影响力吗？它的许多成员曾经或者仍然居于政府高位，而且仍然经常干预媒体界和其他制造舆论的机构。新美国世纪计划的"原则声明"及许多信函的签署人是副总统和前任副总统［迪克·切尼，丹·奎尔（Dan Quayle）］，还有切尼当时的首席幕僚刘易斯·莉比（Lewis Libby）；以及两位国防部高层（唐纳德·拉姆斯菲尔德，保罗·沃尔福威茨）。除了上述这些人之外，还包括总统的弟弟、佛罗里达州州长［杰布·布什（Jeb Bush）］、美国特别贸易代表［罗伯特·佐利克（Robert Zoellick）］、联合国常驻代表［约翰·博尔顿（John Bolton）］及其继任者［扎尔梅·卡利尔扎德（Zalmay Khalilzad）］。

除了这些高层人士之外，还有种类丰富的特别顾问以及助理秘书或副秘书——国务院的保拉·多布里扬斯基（Paula Dobriansky）、白宫的艾略特·艾布拉姆斯（Elliot Abrams）、国防部的彼得·罗德曼（Peter Rodman），以及切尼办公室的阿伦·弗里德伯格。不要忽略弗

思想的锁链

朗西斯·福山、唐纳德·卡根（Donald Kagan）以及艾略特·科恩（Elliot Cohen）等著名且具有影响力的学者，诺曼·波德霍雷茨和他的夫人米奇·德克特（Midge Decter）等知识分子，全国民主基金会主席维恩·韦伯（Vin Weber）和右翼宗教圈中几个具有巨大影响力的人物〔福音派中的盖瑞·鲍尔（Gary Bauer）以及天主教派的乔治·韦格尔（George Weigel）〕。毫无疑问，这个团体的成员在入侵伊拉克的决策中关系重大。

2000年9月，新美国世纪计划呼吁"重建美国的国防"，并将适当的国防预算基准设定为国民生产总值的3.8%。此后不久，当布什就职时，他将国防预算提升至3,790亿美元，恰好是国民生产总值的3.8%……这个预算自那时起稳步攀升，2007年达到5,130亿美元左右（仍为国民生产总值的3.8%）。

在同一份文件中，新美国世纪计划的签署人承认他们的目标很难实现，如果"没有一些灾难性、催化性的事件——像一个新的珍珠港事件"（又是亨利·卢斯的影子，被加上了着重号），"9·11"事件后来神奇且轻易地发挥了这个作用。这些话有先见之明，但也令人不安。

如同"9·11"委员会《工作人员报告》所记录的，在2001年4月与9月之间，美国联邦航空局（Federal Aviation Agency）收到了52份美国可能遭受袭击的报告。许多观察家得出结论，如此大量的潜在威胁本应该促使当局采取行动；一些人已经看到了阴谋的意图，却什么也没做，原因很可能是官僚的激烈内斗与失败。新美国世纪计划成员先前就承认，他们看到了——无论他们接受与否——对于基地组织针对世界贸易中心和五角大楼实施大胆且"灾难性、催化性"袭击的需求。这些事件确实产生了与珍珠港事件相似的影响。

新美国世纪计划也早就明确阐述了在伊拉克建立永久军事基地的

第二章 外交事务

需求。康多莉扎·赖斯（Condoleezza Rice）——她不是新美国世纪计划的成员——后来向国会保证，美国介入中东地区相当于"一代人的承诺"。尽管当然不可能去假设新美国世纪计划的成员是"9·11"事件任何方式的同谋，但他们仍然清楚地知道如何利用这一事件。新美国世纪计划常常表现为一种后备或者影子政府，为国家设定目标，然后帮助政府在各个战略位置上实现它们。

历史的重量

在美国国内推行新自由主义的相同机构一直都在保卫美国在海外的国家力量，特别是军事力量。正如前文援引的乔舒亚·莫拉夫契克的话，他们相信国家有权利在它认为合适的时间与地点干预世界舞台。对于新保守派而言，平民国家应该是软弱且服从于市场力量的；而军事国家则应该强大且不顺从任何人。

新保守主义的思想能量全部用于使他们的社会和经济信条扎根在国家机构、媒体和公众心中，这样它就获得了一种道德哲学的地位。在外交事务、爱国精神和国家安全领域，美国的"例外主义"与其完全独立和右翼的单边主义总是站在前列。"我的国家正确或错误"不是一个没有意义的短语。*

---

* 我对于"我的国家正确或错误"这个经常引用的短语感到好奇，经查阅得知，1872年，参议员卡尔·舒茨（Carl Schurz）实际上是在反驳曾经使用了这个短语的另一位参议员。相反，舒茨说："我的国家正确或错误，如果正确就让它保持正确，而如果错误就将它纠正。"许久之后，1899 年 10 月，他在芝加哥举办的反帝国主义大会上就这个主题进行了展开。他向他的反帝国主义者同伴宣称，他确信美国人民不会听从这种"虚假爱国主义的、欺骗性的呼唤"，而宁愿看到他们的国家"保持正确或者能得以纠正"。舒茨错了。大部分美国人支持美西战争（1898 年），美国通过这场战争获得了波多黎各、关岛和菲律宾。他们也大多支持美国对菲律宾解放运动的血腥镇压——这场镇压开始于 1899 年并延续了十年以上。美国军队犯下各种暴行（一位将军命令："杀掉所有十岁以上的人。"）并似乎发明了集中营。这场战争导致 4,300 名美国士兵和 1.6 万名菲律宾士兵丧生，而且还有 25 万至 100 万菲律宾平民死于战争、饥荒与霍乱。听起来很熟悉吧？

但是这种态度有多新鲜？早在新右翼出现之前，美国就已经以独立和拒绝签署国际协议而著称。它从未签署国际劳工组织（ILO）的主要劳工公约，而且以对美国经济不利为由拒绝签署《京都议定书》。即使儿童权利公约也仅在美国和索马里两个国家未获批准。

美国也有它自己对国际法的定义要么就完全忽略它。在有关转基因生物（GMOs）（美国等国诉欧盟）的争端中，世界贸易组织的争端解决机构向实行转基因生物进口禁令的六个欧洲国家递送了初步裁决。部分欧洲国家的辩护援引了预防原则与生物安全或"卡塔赫纳"议定书。据一位律师所说（于绿色和平组织会议上发言），美国反驳称它不承认预防原则（通常也不承认新自由主义的世界贸易组织）；因为美国没有签署《生物安全议定书》这一绝妙理由，该议定书也就不构成国际法。

国际刑事法院（International Criminal Court）激起了新保守派的怒火，特别是在布什的司法部内部。美国传统基金会宣称，美国应该告知那些认可国际刑事法院的国家，它们已经对美国做出了"敌对行为"。它们必须拒绝国际刑事法院，否则将没有资格获得经济援助。在这种情况下，布什政府立刻撤销了克林顿总统在创立了国际刑事法院的《罗马规约》（the Rome Statute）上的签字页就不会令人感到惊讶了。

正如前面章节所指出的，弗里德里希·冯·哈耶克的哲学本质上抵制积极的法律以及对人权的尊重，无论是在国内还是在国际范围。这是合乎逻辑的，因为尊重人权意味着没有普遍的竞争和适者生存，而是分享财富和满足每个人的需求。在国际舞台上，新自由主义经济政策曾有过许多名字，通常取决于它被运用的地方和运用它的人。在较为贫穷的国家，它被称为"结构性调整"或者"华盛顿共识"，并且由诸如世界银行和国际货币基金组织等国际机构实施,与美国政府、尤其是财政部完美地协调一致。它们共同使遍布南方和东方的至少100个国家遭受了经济休克疗法。[17]

这种持续的压力保证了债务偿还,包括私人银行的那些债务。尽管如此,当需要公共干预来保证私人利益时,新自由主义的经济理论却崩塌了。愚蠢的借款人受到了惩罚,愚蠢的出借人却获得了回报。整套的结构性调整政策包括高利率、公共服务的大规模私有化、"出口导向型增长"以及对进口和外国投资开放边界。这些政策已经产生了可以预测的结果,即增加了各国内部和各国之间的不平等性,同时剥夺了它们所有的防御手段,使它们向更强大的国家和企业带来的经济冲击敞开门户。

关于这些主题存有大量的文献,其中一些是由我撰写的,我无法宣称它写得多好,至少现在还不行。无论有多少社会经济的灾难由新自由主义政策导致,它们都不可能在最贫穷和最衰弱的国家消失,当然不会在现任美国总统的任期内消失。经过许多年对债务和结构性调整政策令人心碎的人为后果的研究之后,我不得不得出这样的结论,就其本身而言,没有任何程度的人类苦难会使政策得以改变。一个将保罗·沃尔福威茨任命为世界银行行长、将约翰·博尔顿任命为驻联合国大使的政府说明了问题本身。

布什总统选择将著名的新保守派博尔顿派驻联合国公然体现了美国的单边主义信条。普通美国人对他们国家在海外的行动是出了名的冷漠,除非这些行动可能会令美国人失去生命。一场诋毁联合国的运动已经持续了数十年,包括——虽然非常微小——执行不可告人的任务的不祥"黑色直升机"的发明。诸如菲利斯·施拉夫利(Phyllis Schlafly)等右翼人士导致妇女平等权利修正案失败的重要意见,是其

思想的锁链

所有行为中最严重的。施拉夫利精妙地评论说，博尔顿的任命是美国对其他国家说"滚开"的黄金机会。

尽管博尔顿现在已经离职，被前任美国驻阿富汗和伊拉克大使扎尔梅·卡利尔扎德替代，他的一些言论表现出了新保守主义外交政策的观点，比其他人表达得更加有力：[18]

> 根本不存在联合国这样的东西。存在的是一个国际社会，当它符合我们的利益时，这个国际社会偶尔可以被世界上唯一的真正的强国领导，这个国家就是美国，而且我们可以让其他国家一起合作。

> （国际刑事法院）是头脑发昏的浪漫主义的产物，它不仅天真而且危险。

> （联合国投票反对入侵伊拉克就是）不应该向联合国支付分文的进一步证据。

> 如果让我来改革安全理事会，我将只设一个常任理事国，因为这是世界力量分配的真实反映。

> 承认任何国际法的有效性对我们来说是一个大错误，虽然这么做可能符合我们的短期利益；因为，从长期来看，那些认为国际法真的有意义的人就是那些希望限制美国的人。

这些意见足以驱使59位前美国外交官采取行动。他们联合写了一

第二章 外交事务

封信给国会外交关系委员会主席、参议员理查德·卢格（Richard·Lugar），指出"考虑到（博尔顿）过去的行为和言论，（他）无法成为美国在联合国的国家利益的有效促进者"；他们希望国会能终止他的任命。

无济于事：布什利用了一个自18世纪以来就不为人知的程序策略，并且安排了一个"（参议院）休会任命"——这就是博尔顿如何绕过常规国会确认程序的方式。[19]

与唐纳德·拉姆斯菲尔德一样，博尔顿是2006年中期选举的受害者。他的联合国常驻大使的继任者是一位总体而言更为圆滑的绅士。扎尔梅·卡利尔扎德出生于阿富汗，他会说普什图语、达里语、阿拉伯语和法语，但是他拥有完美的美国政治形象。自他二十多岁来到美国之后，他一直在为完全正确的、具有政治影响力的高层人士做完全正确的工作。

在芝加哥大学获得博士学位之后，他成为哥伦比亚大学的一名初级讲师，与兹比格涅夫·布热津斯基合作密切。33岁时，他被任命为外交关系委员会成员并且更加靠近新保守派集团，在国务院沃尔福威茨的手下工作。仍然是在国务院，他成为里根总统关于苏联对阿富汗战争以及两伊战争的特别顾问。1992年，在老布什任期内，他调往国防部，再次在沃尔福威茨手下工作。有些人说事实上他是起草臭名昭著的《防务战略指南》报告的那个人，这份报告引发了重大争议。

当共和党人下台时，卡利尔扎德调到了国家安全智库兰德公司；当共和党人再度执政时，他去到国家安全委员会，并成为小布什关于中东问题的最亲近的顾问。接着他先后成为驻阿富汗特使和大使，最后担任伊拉克大使。在联合国任用这样一位高素质的官员也许标志着部分共和党人对这个组织重新发现的利益——其他人说即便像卡利尔扎德这样的奇才也无法实现那样的利益。

卡利尔扎德将美国大使馆留在了世界上最不幸的国家（巴勒斯坦不算在内），伊拉克。在公共舆论开始恶化之前，入侵伊拉克已经诉诸于爱国主义，并且已经将绝大多数美国民众凝聚在一起反对那些胆敢抵制布什的"旧欧洲人"。那时候美国最流行的保险杠贴纸写着："首先是伊拉克，然后是法国。"菲利斯·施拉夫利女士尽心竭力地批判美国"所谓的欧洲同盟国"，声称它们"应该因为粗鲁无礼而获奖"。[20]

一旦卷入阿富汗和伊拉克，布什政府便使用许多假冒合法的手段凭意愿做事，同时将"全球反恐战争"作为一块方便的遮羞布。在一系列备忘录中，白宫顾问（后来的司法部长）阿尔伯托·冈萨雷斯认为，《日内瓦公约》的条款是"过时的"；恐怖主义已经使它们变得"离奇有趣"。2002年，他宣称特别是阿富汗的囚犯不适用《日内瓦公约》。[21]

冈萨雷斯后来的司法部长助理表示，所有审讯方法都是合法的，除了那些"专门意图"制造严重疼痛的方法，这种严重疼痛相当于"严重的人身伤害，例如器官衰竭、身体机能损害甚至死亡"。因此据这些权威人士所说，任何不致引起这种疼痛的方法都不能算作酷刑，都可以被用于关塔那摩和/或阿布格莱布监狱的囚犯身上。[22]但是冈萨雷斯（或者同样参与的白宫律师约翰·于）真的是这份备忘录背后的力量吗？许多人说是戴维·阿丁顿——切尼的得力助手——起草了它。

"古代的"在希腊语中意为"陈旧的"而在美国意味着"无影响力的"

虽然新保守派支持在海外的政府干预，但并非所有保守派都是如此。传统的美国保守主义一直反对美国加入战争，并且希望避免卷入开国元勋所说的"外交纠葛"。甚至连临时的现代陆军军官也在《美国保守主义》(American Conservative) 杂志上撰文,谴责乔治·W. 布什的政府干预和"预防性战争"的概念。[23]根据西摩·赫什(Seymour Hersh)对美国计划干预伊朗的报道,几位高级军官曾威胁称,如果发起一次轰炸行动——特别是一次核轰炸行动,他们将辞职。[24]

这些传统的美国人属于有时被贴上"旧保守派"("paleo-conservatives")标签的团体——古老或陈旧,与新式或新兴相对。旧保守派是这样的一类人,他们反对美国参与第一次和第二次世界大战,也反对20世纪30年代的罗斯福新政。他们是贸易保护主义者和孤立主义者;他们强调传统并对自己的身份充满强烈的感情,无论是本地的、地区的、国家的、基督教的、白人的、西方的还是以上所有的身份。除了《美国保守主义》之外,他们还拥有他们自己的、鲜为人知的名为《编年史》(Chronicles) 的杂志,以及他们自己的智库罗克福德研究所(该所在过去十年失去了许多右翼资金援助),但他们是在政治上无足轻重的人;他们已经完全被边缘化而且自罗纳德·里根时期开始就被排除在政治权力之外了。他们中没有人在布什政府任职,所以我们将不在此进一步阐述他们的信仰与行为。

新帝国贸易

所有国家都设法争取国家利益和它们企业的利益——这就是管理一个现代政府的全部重点——但是通过贸易促进国家利益和企业利益方面,美国似乎比其他国家做得更彻底且往往更有技巧。有时这是由于数量上的绝对优势。在2003年一年两次的坎昆世界贸易组织部长级会议上,美国代表团超过600人,比整个非洲大陆的代表还要多。一名负责渔业卷宗的法国谈判者——坎昆会议上非常不重要的一个

思想的锁链

人——告诉我那天他和一个顾问参加了会议而美国有 27 人出席了会议。

没有一个市场是太小的,也没有一个贸易对手是太微不足道的,它们都能抓住美国政府的注意力。美国每年补贴给它的棉花生产者——约 3 万名大农场主——总计 30 亿美元。假设每人每年接受 10 万美元,就相当于一个马里农场主大约 265 年的收入——如果这个农场主能获得与马里人均国民生产总值同样金额的收入。补贴让美国人可以在世界市场上以低于生产成本的价格销售——剥夺了棉花生产国的那些贫穷非洲农民的公平的劳动回报。对他们来说太糟糕了。他们不投票,而美国的棉农投票。新自由主义有关自由贸易的理论就讲这么多。

正如该组织的官员承认的,美国跨国公司对各种各样的世界贸易组织协议(有关农业、服务、知识产权等等)拥有巨大的影响力。1997 年,世界贸易组织服务贸易部前任主管表示:"如果没有美国金融部门施加的巨大压力,特别是像美国运通(American Express)和花旗银行(Citicorp)这样的公司,将不会有《服务贸易总协定》(GATS),因此可能也没有乌拉圭回合谈判和世界贸易组织。美国为将服务提上议程展开斗争而且他们是正确的。"[25]"大型医药企业"和大型电影院尤其积极地起草一份强势的知识产权协议,以保证他们长达 20 年的丰厚版税。这些游说集团继续向南方贸易壁垒施加强大压力,当自己的企业受到挑战时,又设置壁垒,就像美国钢铁关税和农产品出口补贴那样。

无论世界贸易组织的谈判可能确定的方向是什么(2007 年底它们停滞不前),美国人都专注于双边性和地区性的贸易协定——在这些协定中他们总是较为强大的伙伴。这些协定是撬开市场的工具,但是

第二章　外交事务

它们也服务于更广泛的政治目标。例如,《美国非洲增长与机遇法案》将贸易利益扩展至非洲国家（现在是 37 个），但条件是这些国家必须实行新自由主义政策，并避免参与广义上的"任何损害美国国家安全与外交政策利益的法案"。2000 年通过的这一法案的结果是美国与非洲之间的贸易得以增长，是的，可是从这个大陆进口的总量仅石油占 87%，而且大部分利益流向了少数几个国家（尼日利亚、南非、安哥拉、加蓬……）。就像世界银行 - 国际货币基金组织的结构性调整和华盛顿共识式的限制条款一样，美国的贸易立法旨在推动意识形态驱使的、以市场为导向的目标。[26]

除了中东以外，似乎美国特别贸易代表通常比国务卿拥有更多制定外交政策的责任。这可能就是为何康多莉扎·赖斯在认识到这个职位的用处之后，立刻将前任美国贸易代表罗伯特·佐利克调至国务院担任她的二把手。*"贸易"不再停留在国界上。它是迫使其他国支持美国政策的特权工具（没有"敌对行动"）。所有双边性和地区性贸易协定都包含像《非洲增长与机遇法案》那样的条款，同时也包含向美国跨国公司投资开放的严格规定。这些协议既不允许国家限制投资者的数量，也不允许它们限制投资的金额。有些国家过去常常对全部国外投资或战略部门的国外投资有 49% 的限制。如果现在他们想要和美国达成贸易协定，他们可以忘掉这样的限制了。地方当局无法坚持让外国人带上一个当地的合作伙伴、雇佣一定数量的当地人员或者在他们的产品中包含一部分"本土内容"。

冷战期间，地球上没有哪个地方对这个超级大国来说是完全无利可图的，因为地球上的任何地方都可以成为对抗苏联的基地或者大本

---

* 保罗·沃尔福威茨在世界银行被迫辞职之后，佐利克替代了他。

思想的锁链

营。如今，在新自由主义的世界中，一种世界范围的种族隔离正在建造中。有些地方有吸引力，其他的地方当然就没有了。那些没有吸引力的地方，比如说马里，几乎没什么可图之利，除非他们联合起来。至少在世界贸易组织中，有积极的迹象显示他们明白这个道理，或许这是全球层面贸易谈判陷入僵局的原因之一。

"全球化"是一个含糊的词，这个词创造出来让我们相信所有人将一起分享未来的利益。没有比这个更错误的了。或许有一天连强大但目光短浅的美国也将发现，当现实世界不断改变，它正看错方向并且正在失去力量，即使地球上最大的兵工厂也无法保证这个力量。其他国家如何利用开放以及谁将填补真空，这将会引向一个更安全或更危险的世界。

第三章　美国宗教右翼及其经过机构与制度的长征

当教会与政府分开的时候，效果是令人愉快的，而且它们完全互不干涉；但是当它们混在一起时，没有语言或者文字可以完整描述随之发生的危害。

艾萨克·巴克斯（Isaac Backus），新英格兰牧师、第一届大陆会议代表、"美国革命布道坛"（pulpit of the American Revolution）代表人物，1773年

我完全支持教会与政府的分离。我的观点是，这两个机构各自把我们弄得够糟了，所以两者在一起必死无疑。

乔治·卡林（George Carlin），美国喜剧演员及作家，b. 1937年

今天对美国文化的任何考察都必须面对一个基本问题：外人是否仍然有可能完全了解美国，更不必说是否有可能以解决我们都面临着的全球性问题的观点来展开建设性对话。本章将不会试图直接以"是"或"否"来回答这个问题，但是会试图解释宗教信仰如今在美国政治中所扮演的角色，并描述其中一些更不合理的、有时完全离奇

思想的锁链

诡异的势力——相当一部分可敬的美国人民以及他们的政府都被控制在这些势力手中。那些忽视这些势力的人甘冒风险这么做，至少到目前为止因为他们希望弄清楚当今美国的情形。

在第一章，我们与安东尼奥·葛兰西的文化霸权概念不期而遇。意大利马克思主义思想家使用这个术语将采取传统的、通常是公然镇压方式的权力行使，与更加微妙的、为所欲为方式的权力行使进行了对比。任何想要成为统治阶级的人都必须行使这两种类型的权力，而且必须实施既强迫又不那么明显的社会控制。但是首先他们要如何得到那个权力呢？葛兰西提供了答案。急躁和野蛮是无用的：要实现文化霸权从而获得持久的政治权力，潜在的统治者们必须服从"经过机构与制度的长征"的准则。

这些长征者们必须旅经的路可能是险峻的，但是最终的奖品是俘获电影、报纸、广播和电视、学校和大学、法院和教堂——甚至家庭和语言自身。当这些社会机构安全了，政治机构才会随之安全；甚至——或许特别是——在一个民主的国家。从这一点来看，这些政治机构、社会机构以及文化机构将会强化彼此对人口的影响。最后，就像鱼儿意识不到它们在水里游泳一样，人们甚至还未意识到这些影响，就已失去他们思想自由和行动自由的实质部分。

我害怕——希望我是错的——尽管民主党在2006年竞选获胜，美国已经到了这一步。美国右翼已经以伟大的坚持和勇气进行了这样一个"葛兰西式"的攻击，并且正在收获成果。现在的美国世纪已经见证了右翼的胜利，因为它已经大量渗入文化，以致哪个政党掌权几乎都无关紧要。

保守派学者凯文·菲利普斯（Kevin Phillips）将目前的霸权定义为"华尔街、大能源、跨国公司、军工复合体、宗教右翼、市场极端

第三章　美国宗教右翼及其经过机构与制度的长征

主义智库以及拉什·林博（Rush Limbaugh）轴心"*的联合。这里我们将设法理解宗教右翼，并论证就是这个联合的合伙人在"长征"过程中招募了最坚决且适应力最强的步兵，逐渐深入地改变了美国社会。

谁信奉宗教？有多少信徒？

从最早期开始，美国人就已经是一个信奉宗教的民族。今天他们在西方人中如此独特，相较于欧洲人当然更是如此，欧洲人在过去的百年间经历了快速且非常壮观的"去基督教化"，并且放弃了他们的教堂。北美大陆主要由宗教异见人士定居。在有时会被英格兰国王拿出来解决他的债务问题的南方"拥有所有权的"殖民地，殖民者往往仍然是已建立的（英国国教）教派的信徒，且有一些是天主教徒；但是大部分早期的美国人都脱离出来了，成为持异见的 WASPs——白人盎格鲁-撒克逊新教徒（White Anglo-Saxon Protestants）。在马萨诸塞州，他们建立了一个清教徒神权政体（Puritan theocracy）；**在别处，他们或多或少地追随加尔文教徒（Calvinist）、卫斯理公会教徒（Wesleyan），或虔诚派（Pietistic）的教义，如公理宗教徒（Congregationalists）、长老会成员（Presbyterians）、循道宗信徒（Methodists）和贵格会教徒（Quakers）。后来出现了路德会教徒（Lutherans）和其他北欧新教徒。现在这些各种各样的教派，与主教派（Episcopalians）（英国国教或在美国的英国教派）一起，被统称为"主流"新教徒教派（虽

---

*　拉什·林博持续近 20 年担任一个反动的、非常受欢迎的电台谈话节目的主持人，这个节目一星期吸引了 1,300 万以上的听众。

**　然而，这个神权政体并非完全不民主。我自己的一些祖先于 1632 年到达并定居在马萨诸塞州海湾殖民地，在那里，每一个圣会都被认为能够选举出自己的两位部长。当其中一位去世的时候，健在的那位部长想要不经选举地任命继任者，遭到了强烈反抗，22 个家庭——包括我的——套上四轮马车，穿过仍旧狼群遍布的森林，到达康涅狄格州。

思想的锁链

然贵格会教徒自己可能并不接受这个标签)。

这些早期殖民者通常领先于大部分在欧洲的其他人;他们在许多情况下是启蒙的先驱,而且包括对于凭良心行事的自由和社会正义的拥护者。由英国国教徒转化而来的浸信会教友罗杰·威廉姆斯(Roger Williams)与马萨诸塞州海湾殖民地当局发生了争执,因为他们不付钱便没收了印第安人的土地。威廉姆斯从教堂会众中脱离了出来,朝南前进,从印第安人那里购买了现在被称为罗德岛的土地,并以政教分离的原则在那里建立了他的殖民地。*

贵格会教徒威廉·佩恩(William Penn)曾以自己的名字命名宾夕法尼亚州,他公平地对待印第安人,支持妇女的平等权利,并宣布"在宗教问题上没有人有力量和权威来统治人们的良知"。天主教主教卡尔弗特(Calvert),第二任巴尔的摩男爵,曾获国王奖赏的整个马里兰殖民地,也颁布了一项《宽容法》(Law of Toleration),要求新教徒与天主教徒和平共处。不幸的是,这项法律还特别指出,任何拒绝宣称信奉圣三一(Holy Trinity)的人将被处以死刑。人无完人。

纵观美国历史,宗教频繁地激发政治斗争。诸如艾萨克·巴克斯等爱国牧师——见本章开始时的引文——为美国独立战争获得民众支持发挥了重要作用。热烈的布道——包括著名的约翰·布朗(John Brown)的那些布道——促进了废奴运动的兴起,使这个国家摆脱了奴隶制。内战中,士兵们踏着激动人心的赞美诗节拍前进。为了妇女选举权、监狱改革以及酒精禁令展开的斗争经常被写进宗教

---

* 罗德岛后来也是美洲第一个犹太教堂的所在地(1763年)。

第三章　美国宗教右翼及其经过机构与制度的长征

条款。*

虽然最早的天主教到达者是马里兰州人，但是大量天主教人口在19世纪移居国外，首先从爱尔兰，然后从意大利移民。许多来到美国的犹太人，大部分来自中欧和东欧，也笃信宗教。所谓的"福音派教徒"（evangelicals）或"重生派"基督徒，包括南方浸信会教友，直到相对近期才主要集居在美国人所谓的"圣经带"（Bible Belt），绵延阿帕拉契和南方大部。

这幅图景如今更加复杂无比，但这里有一个定义今天的美国谁是或不是"信奉宗教的"切实依据。这一定义以人口普查局的《统计摘要》（Statistical Abstract）公布的最新官方数据为基础。**

2001年，美国总的成人人口数量为2.08亿。在这些成人中，有1.59亿即76.4%的人称自己是基督徒，2,750万人称自己没有宗教信仰（13.2%）；1,100万人拒绝回答这个问题（5%）；770万人称自己是犹太教徒（3.7%），还有280万人是穆斯林（1.3%）。其余的——仅占0.4%——属于其他类别，如佛教徒、印度教徒和德鲁伊教徒（Druids）等。

在这1.59亿自称基督徒的人中，有将近三分之一（31.9%）的人称自己是罗马天主教徒，并且有21%是浸信会教友。将统计表中的诸种新教徒与主流教派成员的数量相加，并把他们和罗马天主教徒一起从总的基督徒人口中减去，这样获得的"其他"基督徒的粗略总数，约有7,000万人，他们可以被定义为福音派教徒或"重生派"基督徒——他们之中包括乔治·布什及其政府的许多成员、民主党人和共

---

* 禁令在1919年被《宪法第十八修正案》采用，并于1933年被《第二十一修正案》废止。

** 由于法律禁止人们被要求回答宗教信仰问题，从人口普查局得来的关于宗教倾向的数据都是在"自愿的基础"上取得的。

思想的锁链

和党人、众议院前发言人,以及2004年在国会选出的参议院多数党领袖。这个粗略但可行的算法给出的得数偏低,因为它排除了所有自称天主教徒的人,而他们中的许多人在文化上与最反动的"重生派"基督徒一样,对一些道德问题是不妥协的。

记者比尔·莫耶斯(Bill Moyers)——我将在下文引用其关于这些信徒与环境之间关系的令人不寒而栗的文章[2]——也把福音派基督徒的人数估计为7,000万左右。原教旨主义牧师、"道德多数派"(Moral Majority)创始人、已故的杰里·福尔韦尔(Jerry Falwell)也这么认为,他曾断然声称"我们有7,000万人"。另一个权威源头,皮尤宗教信仰与公共生活论坛称"白人福音派基督徒占人口的24%",他们的人数将在7,000万到7,500万之间。[3]

已故作家兼政策分析师阿瑟·施莱辛格(Arthur Schlesinger)进一步认为,"或许三分之一的美国人都是重生福音派基督徒"。这些人在地理上分布广泛,并且不再集中于"遭鄙视的圣经带少数派"(施莱辛格语)。施莱辛格相信他们至少占选民的40%。如果这个数据是正确的,这些信徒的数量就远远超过7,000万,实际人数将会在8,200万到9,000万之间。[*4] 所以7,000万这个数据似乎是可靠的、保守的,而且如果有什么错误的话,也是因为谨慎所致。

《统计摘要》中另一张表格给出了宗教礼拜定期参与者的数量,这个数字不是由上述相关的个人而是由他们出席的教堂和其他礼拜地

---

[*] 定义美国"选民"的难度超乎想象。2006年,适龄投票人数(voting-age population,简称VAP)为2.26亿,但是非公民(non-citizens)、居住在国外的公民以及超过700万涉及刑事司法案件的人都是不合格选民——因此合格投票人数(voting eligible population,简称VEP)为2.6亿。因此,依据他所运用的统计结果,施莱辛格的"40%"大概在8,200万到9,000万人之间。参见乔治·梅森大学(George Mason University)公共和国际事务系的迈克尔·麦克唐纳(Michael McDonald)教授关于适龄投票人数和合格投票人数的多篇文章,例如 http://elections.gmu.edu/voter_turnout.htm。

第三章　美国宗教右翼及其经过机构与制度的长征

点报告的。被调查的教堂、寺庙、犹太教堂、清真寺等场所声称，1.33亿美国人是"定期宗教活动参与者"。这意味着全体成年人口中，几乎有三分之二（64%）的人——包括"不信教"和"不相关"的群体——会实践宗教活动。如果报告机构的数据可信，那些声称自己为信徒的人几乎有79%会定期去他们的礼拜地点。美国所有的50个州中，有一半报告称定期参与人数为州内总人口的50%或以上；11个州的定期参与人数在40%到50%之间；15个州（主要是那些人口规模很小的州）的教堂报告称定期的宗教活动参与人数低于40%。

然而无论这些数据有多么不完美，它们为估计宗教右翼力量提供了一个合理的基础。这些人有很高的参与率——宗教的确经常处于他们生活的中心——而且他们是好战的基督徒，经常密切地参与自己的教会生活，而且还加入了许多与教会相关的组织，如爱家协会（Focus on the Family）、基督徒联盟（Christian Coalition），或美国女性关怀协会（Concerned Women of America）等，都带有明显的政治目的。

正因为共和党的右倾转变已经将民主党人也拽向右翼，所以在政治上，这个宗教右翼已经将主流新教徒教派以及罗马天主教的重心转向右翼。此外，宗教右翼与不久将探讨的犹太社区中的大部分社区之间的新联盟，是宗教右翼统治的政治气候的另一部分。

宗教与统治：在通往神权政治的路上？

无疑，美国的许多政客和官员——更不必说数百万普通的美国人——仍然是头脑冷静、脚踏实地的现实主义者，他们向理性的观点敞开胸怀，显然未受信仰问题的影响——起码在工作日是这样。但对于许多他们选出的代表而言，就未必如此了。政客发现他们必须越来越注意宗教右翼的声音——他们自己其实也属于这个群体——，否则

思想的锁链

将有竞选失败的风险。根据皮尤中心的调查，甚至连无神论者也不想为其他无神论者投票。布什政府为它的雇员赞助了一个《圣经》研究小组，那些希望提升的人被积极建议参加进去。也许政府的"真正政治家"仍然有待在外交政策专家行列中发现，但甚至在这个行列中（尤其在针对以色列和中东的政策领域），基督教右翼也根本不容忽视。国务卿康多莉扎·赖斯自己就是一位牧师的女儿，尽管这个事实可能与她的行为无关。

2004年的选举将美国国会彻底转变成共和党的势力范围。2006年中期选举的钟摆摇回民主党人之前，参议院人数为55名共和党人对45位民主党人——自1929年以来最强的共和党多数派。参议院的7名共和党新人都赞成宗教右翼的关键政治要求；像许多其他人一样，他们的任期至少持续到2010年。

2004年，众议院自诩为自1949年以来最大的共和党多数派。此院每隔两年就会彻底更新，而在2006年，这个平衡改变了。民主党获得30个席位，将两名佛教徒和第一个穆斯林代表与其他新人一起送到了华盛顿，从而获得了1974年以来最大的人数胜利。媒体将这次转变主要归因于伊拉克的困境。事实上，人们对这次战争的厌恶或厌倦是共和党落败的一个重要因素。然而，在投票后的民调中，被调查的人里有42%认为道德问题对他们投票影响很大。共和党的几次挫败可以直接追溯于腐败，特别是被击败的国会议员与已被判刑的游说者杰克·阿布拉莫夫（Jack Abramoff）之间的密切关系。

就在2006年中期选举之前，拥有3,000万之众的福音派全国协会（National Association of Evangelicals）主席、著名的超大型教会牧师及共和党支持者特德·哈格德（Ted Haggard），被发现使用过壮阳药物并且召过一名男妓。一名在2006年被解雇的国会代表马克·福利

第三章　美国宗教右翼及其经过机构与制度的长征

（Mark Foley），愚蠢到主动发送色情电子邮件给一个未成年国会门童，这一嗜好在共和党文化中一点也不受欢迎。在维基百科提供的关于这些胜利和失败的简要概括中，我数出了13名因涉及个人行为（包括一个殴打妻子的案例）或金钱的丑闻而一败涂地的共和党人。许多选民绝对排斥丑闻。

或许来自2006年中期选举的最好消息是宾夕法尼亚州的里克·桑托勒姆（Rick Santorum），一位狂热的宗教右翼参议员的落败。最糟糕的新闻是只有36.8%的选民花时间参加民意调查。*在2008年的选举中，民主党人将比共和党人处于一个更好的位置，因为他们只须为再次竞选守住12个参议院席位，而共和党人要守住22个席位。

剩下的共和党人及其民主支持者们将会为怎样的政策而投票——也就是说，他们的宗教右翼选民们想要什么？"基督教重建派"，是乔治·布什认为很亲近的人，他们有一个公开的政治纲领。在意识形态上，右翼宗教群英中的一部分人宣称"自由主义者"（liberals）和"世俗人文主义者"（secular humanists）破坏了社会基础，同时也使得女权主义者、同性恋者和无神论者损害了家庭、国家以及他们珍视的价值观的基础。这些不信神的人要求堕胎、干细胞研究、同性恋和妇女权利，以及同性婚姻，同时又拒绝上帝的普遍意愿和基于圣经的特别法律。

福音派与在这些问题上同样固执的传统主义天主教派建立了显著的友好关系。从历史上说，这个联盟是最近才建立的：譬如，1960年，核心问题是新教徒们是否会为约翰·F. 肯尼迪（John F. Kennedy）这个罗

---

* 这里是记分牌：2004年众议院，202名民主党人，232名共和党人；2006年这些数字恰好倒转过来：232名民主党人对202名共和党人。2004年参议院：44名民主党人，55名共和党人，1名无党派人士；2006年，49名民主党人，49名共和党人，以及2名无党派人士。仅仅是三分之一多一点的合格选民改变了这个平衡。

思想的锁链

马天主教徒投票。2004 年,约翰·克里(John Kerry)的天主教教义几乎没有像之前那样被提及了,除了主教说只要克里支持堕胎他就拒绝发给克里圣餐。

尽管基督教广播和电视具有广泛影响以及存在大量的反面证据,福音派基督徒及其来自其他教派的保守主义盟友,都将媒体视为或假装视为属于自由-世俗人文主义阵营的,在这个阵营里,不信神的记者和广播员与左翼民主党人一样,都在推进同样的邪恶议程。法庭被认为布满了坚定的左翼法官,他们通过支持各种各样令人厌恶的事物来进行统治。福音派教徒的一个主要目标就是把自己的人推上法官的位置。基督教右翼感到愤怒,譬如,一项最近的法庭判决以政教分离的名义禁止在法院和法庭张贴《十诫》。

宗教右翼成员还想要减少税收,尤其是家庭税收,并限制联邦政府的规模和权力,及其干预民众事务的能力。他们中的大多数都进一步认为,为健康、教育和福利负责的应该是教会,而不是政府。政府的作用应该被限制于为家庭提供学校教育券,人们可以使用这些教育券为自己选择的宗教学校付费。政府不应该管理工商业,更不会通过保护工人权益或环境的法律。

宗教右翼的方案并不是幻想,他们的要求也绝非遥不可及的目标。在州和联邦的公共基金中,每年已经有 400 亿美元被输送到了宗教慈善机构,布什政府领导下的世俗慈善机构却遭受到了相对的资金削减。教会与政府之间的界限变得日益模糊。*

的确,天主教学者、历史学家、西北大学教授加里·威尔斯

---

* 美国宪法没有出现在基督教右翼所珍视的制度中。虽然《第一修正案》的字里行间没有提及"政教分离",但它总被解释为表达的就是这个意思,这始于托马斯·杰斐逊(Thomas Jefferson),他曾宣称,该宪法修正案建立了一堵"教会与政府之间的隔离墙"。最高法院的判例也一贯支持这项原则。

第三章 美国宗教右翼及其经过机构与制度的长征

(Garry Wills) 发表的证据表明，这种政教合并进展顺利。右翼已经在追求更高级别的联邦政府官员了，尤其是在健康、教育和社会服务领域，而不仅仅瞄准政客们。他们确切知道在每一个政府部门——甚至在布什掌权之前——自己想要摆脱谁，以及让谁来代替那些被驱逐的人。尽管游说者帮助起草经济或监管立法是常识，威尔斯称"更鲜为人知的是，在社会服务方面，福音派组织被赋予了相同的权利，他们可以起草法案和任命实施这些法案的官员"。[5]

政府更高级别的位置上充满了重生派官员，这种情况由于一名福音派教徒被任命为白宫人事部（该部对人事的权力远超白宫）部长而得到进一步强化。疾病控制中心（Centers for Disease Control）、食品和药物管理局（Food and Drug Administration），以及健康与人类服务局（Health and Human Services administrations）等机构尤其受这些清洗异己的影响。

重生派基督教牧师个人或代理机构也收到了大量的政府补助，用于"基于信仰的"社会服务，比如基于"唯禁欲"原则对青少年进行性教育。这些由公共资金提供的补助被认为合理的依据是，教育是一个世俗问题——尽管只有宗教组织才会推进唯禁欲路线。

路易斯·科尔特斯（Luis Cortes）等西班牙裔黑人牧师被相信为布什阵营带来了许多西班牙裔人群，他们也受到了有针对性的支持。2004年，一位有影响力的黑人牧师给黑人选民发了一条讯息，督促他们为布什投票，因为他"共享了我们的价值观"。这位曾经一直支持民主党人的牧师没有选择告知这些黑人选民，布什不仅共享了他的价值观，而且共享了纳税人的150万美元，用来为这位牧师"基于信仰的倡议"买单。[6]

重生神学与原教旨主义

美国的基督教右翼无疑与穆斯林国家的伊斯兰教右翼一样复杂，在穆斯林国家，对于外来者来说，逊尼派与什叶派、世俗的民族主义者与宗教人士、塞拉菲派（革命或不革命）、穆斯林兄弟会、瓦哈比教派等之间的不同难以理解——实际上，在西方，这个领域只向专家们开放。这种复杂性以及由此产生的对细微差别的了解的缺乏，使美国的领导者们更容易将所有的穆斯林归并在一起。我们可以放心地假设，一个类似的困难正困扰着试图理解当代美国宗教势力的其他文化的人们（更不必提美国人自己）。

让我们来明确一下，虽然所有的原教旨主义者都是福音派教徒（或"重生的"）基督徒，但反之不成立。2000年和2004年，几百万福音派教徒投票给阿尔·戈尔或约翰·克里，而不是乔治·布什。2006年，根据投票后的民意调查，整整三分之一的福音派教徒为民主党投了票。他们中的许多人都试图将社会司法问题纳入福音派政治议程。一些牧师宣扬称，反对堕胎、同性婚姻以及干细胞研究是远远不够的——他们教区的教徒还应该努力表现得更像对待穷人的耶稣本人一样。他们最近对环境问题表现出更大的兴趣，他们将自己的使命设想成对地球的一种"看管"而不是"统治"。我们并不是在解决一个拥有7,000万成员的单一庞大组织的问题。

所谓的"原教旨主义者"，这个基督教右翼内部的极端保守的核心力量，对于普通的旁观者而言仍然是最神秘的，需要详细加以解释。就"原教旨主义者"这个术语本身而言，几乎没人知道它的来源。20世纪早期，美国基督教"复兴派"运动，连同其大型帐篷会议和煽动叛乱的牧师一起，逐渐丢失阵地。圣经的学术性批判对广大受众的缓

第三章　美国宗教右翼及其经过机构与制度的长征

慢涓滴,以及达尔文理论的影响,逐渐削弱了人们对作为一种文献的《圣经》的信仰。

保守主义教会人士反应激烈,他们广泛出版和分发一系列名为"基本原理:事实的证言"的小册子。1920年,一位名叫柯蒂斯·李·劳斯（Curtis Lee Laws）的浸信会记者发明了"原教旨主义者"一词,用来定义某些为了圣经基本原理随时出去进行战斗的人。这个词变得流行,并且现在适用于任何拘泥于字义者,无论他或她的宗教信仰或意识形态是什么。原教旨主义者基督徒相信,因为是福音（the Word of God）,所以《圣经》的每个词都一定是真理,并且他们认为自己在地球上担当着这个真理的卫士和宣传员。

基督教基原教旨主义者有许多名称,而且这些名称之间有许多细微差别:他们大多被草率地归类为福音派,但是他们也可以是重建派、灵恩派、五旬节派、千禧年派、统治派等。而且这些教派之间有联合,每个派别又分为不同种类。[7]

他们不一定信仰相同的事物或以相同的方式做礼拜。举例说来,有一些人——但绝非全部——"用方言说话"或实践信仰医治。他们确实拥有一个共同的信念,认为圣经中的旧约和新约都是福音,但一些人的方式比其他人更为隐喻。他们全都相信基督教教义是唯一真实的宗教。上帝对每一个人都有个计划,而那些没有完成计划的人会在地狱遭受永恒的折磨,而那些顺从上帝意志的人将会被祝福并在来世获得丰厚的奖励。教义的底线是,耶稣是世上每个人的上帝和救世主,无论那个人出生于什么样的宗教里。在人生中接受耶稣个人和当前的角色——往往通过一种明确无误的使命感或一次神秘体验——标志着重生。

耶稣实际上想从他的追随者那里得到什么,是重生派信徒之间热

思想的锁链

烈争论的另一个问题。更极端的原教旨主义神学者呼吁将死刑延伸至现在尚未适用的罪行。他们要求通过一个宪法修正案（只要我们必须保留宪法），禁止同性婚姻；布什也曾经呼吁过一次。一小部分人想要建立男性对女性的完全统治，这意味着妇女将不具备投票权、公职或其他公民权利。一旦最高法院判决逆转1973年里程碑式的罗诉韦德案，堕胎就会被宣布为不合法，随之会出现另一部宪法修正案。他们将否认（如他们所定义的）"上帝的敌人"的宗教自由，并完全根据（如他们所解释的）《圣经》来建立一种社会、政治和宗教秩序。

重建主义的解释

所谓"苛刻的重建主义者"也指"统治主义者"，根据《创世记》的记载，上帝命令人应该掌握"全部土地"的"统治权"（《创世记》1：26—30）。在圣经文本里，上帝赋予了人类对海里的鱼、空中的飞禽和地上的野兽的统治权——换句话说，即对自然生物的统治权。尽管如此，现今的美国"统治主义者"却比《创世记》的作者更了解上帝实际上想要做什么。

据他们所说，上帝的命令意欲涵盖所有世俗机构，或他们所称的"非宗教结构"。虔诚之人必须迁入并占据这些结构直到基督重返地球，这就像是他们的工作，在等待的同时"为耶稣回收土地（且不仅只有美国）"。他们非常清楚地表示，他们并不仅仅想在决定国家和世界事务过程中有一个"声音"，或更大的影响力，或与世俗论者同等的时间。他们并不是在谈论游说，而是在谈论通过政治或其他方式完全进行接管以实施上帝的计划。

或许最令人恐怖的"重建派"是已故牧师R.J. 拉什杜尼（R.J. Rushdoony）的追随者们，拉什杜尼是黎巴嫩移民后代，其父转

第三章 美国宗教右翼及其经过机构与制度的长征

变成聚集在卡尔西顿（Chalcedon，发音为 kalCEEdun）基金会周围的约翰·加尔文（John Calvin，1509—1564）的坚定跟随者。卡尔西顿的格言是"历史从未被大多数人支配，而仅仅被无条件坚持信仰的专心致志的少数人所支配。"拉什杜尼的女婿加里·诺思（Gary North）甚至更可怕。他拥有加利福尼亚大学（河滨分校）的历史博士学位，管理着基督教经济学研究社，并且是重建派的政治领袖。他在1981年发表于《基督教重建杂志》(The Journal of Christian Reconstruction)的文章中说，"基督徒们必须开始从政治上在目前的政党结构内部进行组织，而且必须开始渗入现有的机构秩序。"[8]

渗入的方法是利用美国的低投票率——尤其是地方选举和初级选举——，从而使得那些参加每一次会议、待到最后一把椅子被折叠起来并在每次选举中都投票（或竞选）的人进入政党体制内部。一旦成为内部人员，他们便可以招募其他保守主义基督徒来填充空缺席位。关键是，"你保留你的个人观点，直到这个基督教团体准备揭竿而起……"秘密行动是命令，直到伟大的接管日来临。

那么，什么是政治教义？拉什杜尼虽然在2001年去世了，却继续越过坟墓通过"卡尔西顿协会立场文件"发声，继续解释其于1973年出版的主要著作《圣经法律机构》(Institutes of Biblical Law)中首次详尽阐述的教义。圣经法律必须代替非宗教法律，并且"没有什么可以豁免于基督的统治"，这就是为何"政府、学校、艺术和科学、法律、经济学以及其他每一个领域都将处于基督国王统治之下"。

拉什杜尼尤其是日益增长的家庭学校运动之父，这个运动我们将在下一个章节进行更全面的探讨。此时此刻，让我们回顾一下16世纪早期的思想。下面的引语出自于论文"卡尔西顿相信什么"（"What Chalcedon Believes"）或拉什杜尼较早期的作品。"圣经法律应该管理

思想的锁链

人们生活和思想的每个领域。"上帝给与摩西的这部法律,除了一些饮食和健康的处方之外,仍然是有效的——记录在《摩西五经》(Pentateuch)里的所有 613 条规定,也就是《圣经》的前五本书。"基督教国家应该加强圣经民法,为上帝的荣耀实践地球上的统治权是基督徒的责任。"拉什杜尼在另一处特别援引了哈耶克的话,有一个人听见他反复说着"卡尔西顿所相信的:根据《圣经》的规定,政府的角色是镇压外部的邪恶:谋杀、盗窃、强奸等。它的作用不是重新分配财富、提供医疗服务或教育其公民的孩子们……因此在支持基督教的政治参与过程中,我们的目标是缩小西方民主国家的大规模政府,缩减至《圣经》规定的范围……政府是一种固有的宗教机构。"(他的讲话重点)。

这与女婿诺思这样的重建派立场相比算是温和的,诺思提倡应对堕过胎的妇女和建议她们这么做的人都处以示众死刑。他热衷于死刑。"当人们诅咒他们的父母时,这毫无疑问是一条死罪。家庭的完整必须通过死亡的威胁来维持。"因为《利未记》(Leviticus)24:16 说过,亵渎者是正当的攻击对象(fair game)。"因为他亵渎上帝的名字;他必将被处死并且所有的会众都定然将向他扔石块。"

回想起诺思管理的基督教经济学研究社。"为什么是石刑呢?"他问。因为"这种死刑的执行每个人都可以参与而不用花费任何成本"。它不仅是免费的,而且没有什么事情可以像一场精彩的石刑一样创造一种相聚的温馨感。"死刑是社区项目——不是和观看专业刽子手行使'他的'职责的旁观者一起,而是和实际的参与者一起。"其他应该获其石刑的人有同性恋、异教徒、"婚前不贞"的女性以及通奸者,更不用说杀人犯和强奸犯。[9] 重建派最伟大之处就是他们让其他每个人感觉温和。

第三章　美国宗教右翼及其经过机构与制度的长征

如果皮尤调查可以作为一种指南，调查显示，美国人对他们关于所有这一切的观点感到极为困惑。一方面，他们似乎对教会和政府的融合感觉良好：他们中69%的人称"自由主义者在试图防止宗教进入学校和政府方面已经走得太远"。另一方面，他们对于过度敬虔表现出某种程度的小心谨慎：将近一半的人反映"保守主义基督徒们在设法将他们的宗教价值观强加给这个国家方面走得太远了"。

当提及法律制定时，福音派基督徒队伍中有60%的人毫无疑问地认为，"与美国人民的意愿相比，《圣经》应该对美国法律有更多的影响。"更令人心寒的仍然是，在皮尤调查的全部美国人中，无论是否有宗教信仰，有32%的人同意福音派基督徒的上述观点。如果事实上全国有三分之一的人认为，对于制定法律而言，《圣经》比民主政府和《宪法》更重要的话，我们就不应该因美国总人口中67%的人断言"美国是一个基督教国家"而感到惊讶。整整71%的人呼吁对美国人的生活和/或美国政府施加"更多的宗教影响"。[10]

尽管民意调查实际上可能受到提问方式的强烈影响，而且人们常常回答他们认为调查者想要听到的东西，许多民意调查往往证实了相同的结论。对于局外人而言，愚弄这些信徒或许很容易，但并不明智。他们应该被认真对待。为了理解他们针对美国和世界的议程，我们需要更进一步地观察他们的教义是如何实行的，并且是由谁来实行的。

关于宗教右翼各种人的情况

同世俗右翼一样，美国的宗教右翼也有属于它的资助人（有时与我们在第一章所遇见的人一样）、魅力人物和"有主意"的人、智库和大众传播者、出版物和媒体、受欢迎的大众运动以及法律捍卫者。在宗教右翼和世俗右翼之间存在多方面的重叠，而且任何简单地将他

思想的锁链

们分开的尝试都只能是人为且武断的。2005年初，《时代杂志》公布了自己评选出的在这次运动中最具影响力的个人的名单。局外人从来没有听过他们中的大多数人——比利·格雷厄姆（Billy Graham）与他的儿子及继任者富兰克林（Franklin）无疑是最著名的。在此，我们不会顺着《时代杂志》的引导列举出前25名人物，而是着眼于右翼基督徒星群中的一些主要明星，这个星群帮助策划了如此众多的选举胜利，包括乔治·布什的胜利。

让我们从国家政策委员会（Council for National Policy, CNP）开始，这个委员会是一个听起来没有恶意实际上秘密且有效的网络，它将颇具影响力的人与其余的极端右翼——包括基金赞助者、智库、社团和大型传媒集团——紧密联结在一起。我们刚刚在前一章节中可能已经描述了国家政策委员会，因为它并没有认定自己具有特别宗教性，而仅仅提及自己的成员"包括许多我们国家的政府、商业、媒体、宗教及各个行业的领导人"。

国家政策委员会创立于1981年，具体是为了抵制外交关系委员会（Council on Foreign Relations，国家政策委员会成员认为这是一匹"共产主义特洛伊木马"）的影响，它不是一个社会团体。它只有五六百名成员，通常是些有钱人，必须付费才能加入。这个委员会在右翼圈很有"声望"，并传达着近似属于一个排外俱乐部的社会地位。它还享有免税待遇，这意味着它的捐赠者可以根据他们捐献给这个委员会的总钱款要求税收减免。

会员名单是严格保密的，而且记者不会被邀请参加它的活动。执行委员会的一名成员直言，"媒体不应该知道我们在何时何地会面，或在会议前后知道谁参加了我们的计划。"尽管如此，《纽约时报》仍获得了至少一次进入的机会，它报道称国家政策委员会是由"几百名

第三章 美国宗教右翼及其经过机构与制度的长征

国内最有影响力的保守主义者"组成的。[11]

这个委员会刻意平淡且不及详情的网站称：

> 我们的成员相信一个自由的企业体系和一个强大的国家防卫并且支持传统的西方价值观，我们出于这个信念联合在一起。成员的会面是为了分享可获得的有关国家和世界问题的最佳资讯，是为了在个人的基础上了解彼此，并为实现共同的目标而进行合作。

换句话说，他们做了许多的联络交流。有时他们也会公布一些受邀演讲者发表的言论，这是对一致认可的智慧的一种有益汇编，同时也为右翼在世界政治（共产主义和伊斯兰是不好的）及环境（上帝会处理它所以别担心）等领域想要听到什么、从谁那里听到，提供了一个指南。

国家政策委员会的政治纲领是反堕胎、反同性恋、反公共教育、反税收以及反公司监管。它的伟大成就是将宗教右翼的议程与低税收、小政府、自由论和半世俗的共和党议程融合了起来。在2004年8月的会议上，它授予时任参议院多数党领袖（亦为宗教右翼的重要人物）的比尔·弗里斯特（Bill Frist）一个特别奖项。国家政策委员会集会上的其他特别演讲者包括唐纳德·拉姆斯菲尔德，他是在入侵伊拉克之后该委员会举行的第一次会议上作主旨发言的人（迪克·切尼也参加了此次会议）。会员们还听到了两位最保守的最高法院法官［托马斯（Thomas）和斯卡利亚（Scalia）］、前美国常驻联合国大使约翰·博尔顿以及两位前布什政府司法部长约翰·阿什克罗夫特（John Ashcroft）和艾伯特·冈萨雷斯（Alberto Gonzales）的发言。

思想的锁链

2000年竞选活动期间,布什本人出席了国家政策委员会会议。据说这个还没当选的总统曾承诺国家政策委员会成员,如果他当选了,他会只任命反堕胎的法官。福音派基督教国会议员迈克·彭斯(Mike Pence)非常了解国家政策委员会,并称其为"美国最有影响力的保守主义者集会"。反对者称该委员会成员为"共和党真正的领导人"。

基督教原教旨主义右翼社会团体的领导人定期出席国家政策委员会的活动。这些人是领导地面部队的将军,他们将从星期天美国教堂讲坛上听到的讯息出发,去执行他们的命令。在我们可以找到的这些将军中,譬如雷夫·帕特·罗伯逊(Rev. Pat Robertson),曾是一名总统候选人,一位著名电视布道者,也是基督教联盟前任会长,他在1998年告诉他的众多追随者,"我们已经在这辆公交车后面待了20年,在我们历史的这个决定性阶段,现在是时候利用你们对政党的影响力了。"[12]

现在基督教右翼正乘坐在这辆公交车的前部——如果不是坐在配有专门司机的轿车里的话。一则好消息是,罗伯逊从曾经自诩拥有40万成员的基督教联盟离开,似乎导致了该联盟成员的快速下滑。一则报道称它甚至不再缴付其账单。然而罗伯逊本人仍然活跃,还提议美国应该暗杀乌戈·查韦斯。

与基督教联盟相反,尊敬的詹姆斯·多布森(James Dobson)牧师领导的"爱家协会"的状况非常健康,还帮助密谋策划了过去十年里通过宗教力量对共和党近乎完全的接管。当多布森于1998年在国家政策委员会演讲时,他告诉他们,有80%的美国民众声称这个国家处于一种"严重的道德危机"中;这些人根本没有与"精英和文化新潮倡导者"产生共鸣。共和党犯了一个大错,根据多布森所说,在1996

第三章　美国宗教右翼及其经过机构与制度的长征

年的总统大选中,当他们的候选人鲍勃·多尔(Bob Dole)与比尔·克林顿竞选时,"做了他能做的一切来侮辱这些好人"。多尔最大的过失在于仅谈论经济和金钱,而没有提及道德价值。

有一个"支持道德的社会在那里",多布森说,但它仍然缺少选票以通过立法来支持学校祷告、学校选择以及对青少年的"唯禁欲"性教育。它也还不能宣布色情书刊为非法,或摧毁计划生育联合会(the Planned Parenthood Federation)及国家艺术基金会(National Endowment for the Arts)。当比尔·克林顿为一个同性恋权利团体发表演讲时,多布森问道,"能站出来说这是无法容忍的共和党领导人在哪里?"1998年以后,多布森和他的朋友们发现了那些声音和那些选票,于是布什在2000年当选,并在2004年获得国会两院的绝大多数席位。

爱家协会是一个资产达数百万美元的经营组织,据说在其位于科罗拉多的总部有多达1,700名员工(这一信息在它的网站上无法获取)。许多评论员认为它是所有基督教右翼组织中最有影响力的一个组织:它发行七种定期杂志、几十种图书、盒式磁带、唱片,并向它的成员供应其他产品,这些材料大部分都与婚姻、生活问题以及抚养子女有关(原本是一名儿科医师的多布森,似乎痴迷于顺从和控制,尤其热衷于驯服那些"意志坚强的孩子")。对该网站的访问显示,爱家协会也有其他关注的问题,而且已经展现出令公民社会朝着其选定的方向转变的能力。协会成功组织过一次针对大众消费品公司宝洁公司的大规模的联合抵制,以迫使该公司改变其"支持同性恋"的政策(宝洁公司对一些同性恋组织提供过资金支持)。

爱家协会还在2006年1月8日组织了"司法星期日"活动,同时向全美数百座教堂进行广播,向经常去做礼拜的人解释司法制度的重要性,并鼓励他们支持布什总统在最高法院和其他联邦法院任命极端保守主义者的司法安排。司法领域是基督教右翼已经取得巨大且可衡量的成功的领域（还应归因于我们在第一章描述过的世俗联邦主义者协会）。截至2006年年底，乔治·W.布什已经不仅有机会任命两位保守派最高法院法官，而且还作出了对超过250名下级联邦法院法官的终身任命。布什任命的法官人数现在已经独占了联邦司法部门所有法官人数的四分之一以上，而且他们的影响将持续几十年。

另一个针对司法制度展开布局的基督教右翼组织是传统价值联盟（Traditional Values Coalition），成立于1980年，它为4:3万座教堂及其教区居民的游说努力进行了协调并提供帮助。它的网站宣称"我们的战斗计划是从反上帝的左翼手中收回我们的法院"。联盟创始人、尊敬的路易斯·谢尔登（Louis Sheldon）牧师，努力对2006年的选举结果强装笑脸，他告诉媒体"我们知道在美国，人民是和我们在一起的。他们只是感到困惑而已"。

困惑与否，选举的挫折对传统价值联盟而言是坏消息，因为在新的立法机关中，众议院和参议院司法委员会将由民主党人领导，他们很可能会偏向传统价值联盟的左翼，而且可能采取阻挠总统的联邦法院法官提名的立场。这个联盟喜欢引用它的英雄布什的话，"我们需要懂得我们的权利来自上帝这一常识的法官。那些法官是我想要换上替补的法官类型。"那恰好是他曾经做过的事情。

尊敬的谢尔登牧师在2006年中期选举之后还坚称，"问题是伊拉克和一些共和党当选官员中的腐败文化。尽管如此，我们显然会继续留在这里。我们因此而经历漫长的旅程。对婚姻、性侵犯和堕胎的抨击不会消失。所以，我们将继续。"[13]

投资于剧变

宗教右翼最重要的资助者之一是国家政策委员会一位名叫霍华

第三章　美国宗教右翼及其经过机构与制度的长征

德·阿曼森（Howard Ahmanson）的成员，他是一大笔银行财产的继承人，并在一段时期内与 R. J. 拉什杜尼的坚定重建主义卡尔西顿协会关系密切，后来他渐渐疏远了这个协会。他和妻子罗伯塔（Roberta）是宗教与民主协会（Institute for Religion and Democracy, IRD）的主要投资者，这个协会还从我们的老朋友布拉德利、奥林、斯凯夫和史密斯·理查森基金会收到资助。阿曼森没有说自己出了多少钱，但是这些基金会已经在过去 20 年里给宗教与民主协会资助了超过 400 万美元，用于促进其公开宣布的使命，即"在国外推广民主和宗教自由的同时，改革美国教会的社会和政治见证"。翻译过来，这个陈述意味着宗教与民主协会的专长是把主流基督教教派进一步推向右翼，并将它们转变为福音派堡垒。美国新教圣公会（Protestant Episcopal Church），通常被视为最具社会性的高端市场以及白人盎格鲁－撒克逊主流教派的极端主义者，它已经为宗教与民主协会提供了一个完美的目标和测试案例。还必须承认的是，新教圣公会自己对这样的抨击是持开放态度的。

华盛顿特区圣公会主教教区的传播总监，在一篇标题贴切的、名为"跟着钱走"的报道中，解释了宗教与民主协会及其附属团体将如何开展保守主义资助者以数百万美元资助的"改革"任务。[14]圣公会首席主教现在是一名女性——对右翼来说已经很可恶了——但是随着新罕布什尔州一名公开的同性恋者、长期与男性伴侣同居的非独身男人成为主教，圣公会已经进一步圣化。这一行动使得宗教与民主协会深深楔入教会的心脏，根据人口普查局的记录，这个教会在 2001 年共有 340 万名成员。

宗教与民主协会已经在与圣公会"改革"相关的宣传上花费了将近 50 万美元。其目标是将美国圣公会逐出世界圣公会，代之以较小的、与"美国圣公会委员会"有关联的、保守得多的教会分支。这个委员会是阿曼森的另一个宠物组织,成立于1996年,旨在反对圣公会神职人员中的同性恋,并为以传统主义方法解释圣经。

裂痕很严重,而且远超宗教与民主协会所能产生的怨恨。世界圣公会负责人坎特伯雷大主教不得不参与其中,并适时地建立了一个发行"温莎报告"的委员会。这份报告呼吁美国圣公会不要为非独身的同性恋者投票使其担任圣职,叫停祝福同性的联合组织,并为世界圣公会"组织的分裂"致歉。

并发的问题是,新当选的圣公会主教长凯瑟琳·杰弗茨-斯科莉(Katherine Jefferts-Schori),明确属于赞成同性恋的激进派。许多人控告杰弗茨-斯科莉几乎没有牧师经验并加剧了裂痕。这场持续的戏剧性事件正在创建分离主义者堂区,甚至分离主义者教区,它的首部法令便是宣布效忠于保守主义的美国圣公会委员会派。所有这一切使宗教与民主协会及阿曼森家族感到高兴。

宗教与民主协会还瞄准主流的长老会和卫理公会派,在这些教会内部建立子团体来煽动类似的"改革"竞选活动。他们替自己辩护,宣称主线教会只能责备他们自己,因为他们"拥护左翼和世俗的社会及政治议程,还拥护过时的自由主义神学"。宗教与民主协会还反对由美国教会全国委员会(American National Council of Churches)或位于日内瓦的世界基督教会联合会(World Council of Churches)发出的任何事情。

为我们救赎的大众组织

复杂的组织、传播和筹款战略是基督教右翼的一个特点,正如它的右翼世俗兄弟一样。诸如国家基督教行动联盟以及道德多数派等大

第三章　美国宗教右翼及其经过机构与制度的长征

众组织可以依赖一个由至少 1,600 家基督教广播电台和 250 家基督教电视台组成的覆盖整个美洲大陆的强大网络。他们的媒体机器还包括出版社、杂志发行网络、校园报刊以及发送了数百万份个人诉求给支持者的直邮组织；它们全都在无情地推动着对财政捐款的有效需求。许多教会领导人和较大教会的牧师们都极其富裕；他们居住并游历于奢华的环境里，显然没有激起他们教区居民的责难。*

但詹姆斯·多布森和路易斯·谢尔登是正确的——是有一个"支持道德的社会在那里"，它跟随着自己的道德指南。基督教右翼领导阶层尽管力量强大，但不可能在任何情况下都可以说服这个社会为基督教右翼政治家们投票。想一想帅气的电影明星、基督教联盟前任领导人拉尔夫·里德（Ralph Reed）的长篇故事，他的面庞曾出现在 1995 年《时代杂志》标题为"上帝之右手"的封面上。几年来，里德担任了布什和切尼的高级政治战略家。他经常被认为通过分发 7,500 万份"选民指南"给选民，使得 2000 年总统大选倒向了布什。2004 年，他鼓励庞大的南方浸信会——估计有 1,600 万名以上的成员——支持布什－切尼。浸信会教友在他的要求下，赞助并主办了一次成功的"选民登记公民资格星期日"活动。[15]

里德似乎不可阻挡——的确如他的母亲所说，"我过去常常告诉人们，他将来要么成为美国的总统，要么成为阿尔·卡彭（Al Capone**。他无论做什么，都很擅长。"因此特别让一些人感到高兴的是，里德以更接近于阿尔·卡彭的方式告终。2006 年，他自己的基督教选民以非常老式的贪婪之罪惩罚了他。里德被卷入了与已被判刑的

---

* 我的来自纽约的富裕朋友曾经乘坐协和式客机去巴黎。他们询问飞机上另一对夫妻的工作时，发现他们管理着一个大型福音派教会。这位牧师和他的妻子承认他们的教区居民是"一群乐于奉献的人"。

** 美国非西西里裔的黑手党教父。——译注

思想的锁链

游说者杰克·阿布拉莫夫的肮脏商业交易中，也因此输掉了他曾经参与的唯一一次竞选，即 2006 年 7 月乔治亚州副州长的共和党初选。他的挫败可以被解读为对那一年稍后举行的全国选举的一种预警信号。《时代杂志》的头条不再是"上帝之右手"，而是"拉尔夫·里德的起和落"。

20 世纪 70 年代的牧师、道德多数派创始人杰里·福尔韦尔于 2007 年 5 月去世，他的政教合一的选举信条可以概括为："让他们获救、让他们受洗礼以及让他们登记。"确实，这些合格的基督教选民已经成群结队地登记了，投票了，并在很大程度上接管了共和党。相较于美国在一个总统选举年 50% 的平均参与率，这些基督教选民在全国选举中的参与率，虽然按欧洲标准来看是低的，估计达到 56% 至 58%。

俄勒冈州共和党前任主席解释了这些坚决的党派信徒如何决定谁将去全国共和党大会、谁将书写其政治平台以及谁将提名总统候选人。"在一个像俄勒冈州这样拥有 60 万名注册共和党员的州，让 2,000 或 3,000 人控制州政党机器是可能的。"[16] 在美国政治制度内，各州通过"递交"他们的选票选举总统。这些遵守纪律的具有准列宁主义策略的军队，通过公开攻击那些被他们称为里诺（RINOs）或名义共和党人（Republicans in Name Only，RINOs）的人，也有助于将整个政党拽向右翼。

天主教怎么样？

正如本章开端注解的一样，一大片美国人口都是罗马天主教徒。根据人口普查局和《统计摘要》的数据，在所有那些宣称自己是一种或另一种基督徒的人当中，天主教徒占 32%，共计超过 5,000 万人，

第三章 美国宗教右翼及其经过机构与制度的长征

占美国总人口的六分之一以上。很难说这些天主教徒的哪些部分可以被归类为"传统主义者",或用更简单的话说,政治上的右翼。

我们所知道的是,美国天主教会正处于麻烦之中,而且在许多方面,这件麻烦事对于教会中最保守的派别而言是天赐良机。持续被怀疑的虐童牧师丑闻最终于2002年在波士顿爆发,并且从那时起危机如滚雪球般越来越大。许多儿童时期被虐待的人现在已是成人,并且选择说出来,把自己的故事公开,这经常带来惊人的结果。可敬的、被称作受牧师虐待的幸存者网络(Survivors Network for those Abused by Priests, SNAP)的协会,有来自全国各地的8,000名成员,不仅充当了一个支持网络,还充当了一个警报系统。

作为爱尔兰天主教的大本营,波士顿在美国很出名。2002年,《波士顿环球报》(Boston Globe)的几名记者开始对波士顿大主教区以及其牧师性虐儿童的内幕进行开创性的调查。随着越来越多的细节被揭露,枢机主教伯纳德·劳(Bernard Law)的压力增加,一封由他辖下58名牧师联名呼吁其辞职的信使其压力达至顶点。劳不仅为恋童癖者掩饰,有时还提拔他们或将他们调往其他教区,绝口不提他们的历史,在那些地方他们又开始虐待儿童。正如马萨诸塞州司法部长后来所说,大主教区倾力于"一个煞费苦心的计划"来掩盖丑闻。通过私了,一些受害者被劝说不去法院,并且被迫为这些赔款保密。枢机主教劳最终把他的辞职书递交给了教皇约翰·保罗二世(John Paul II),教皇接受了辞职书,然后在梵蒂冈给了他一个闲职。*

《波士顿环球报》凭借这项调查当之无愧地荣获普利策奖,这次波士顿事件在全国范围内引发了一系列受害者的"爆料"。截至本书

---

* 当教皇于2005年4月去世时,枢机主教劳不顾很多美国天主教徒的抗议,为他的恩人举行了大规模的哀悼。

思想的锁链

写作时，最近的系列爆料发生在洛杉矶——美国最大的大主教区，拥有430万教徒。洛杉矶的枢机主教罗杰·马奥尼（Roger Mahoney）比他的波士顿兄弟更狡猾。首先，马奥尼采用了拖延策略，用尽了一切法律程序，并拒绝传达教会文件，直到美国最高法院最后接管了这个案子，并裁定他必须交出洛杉矶地区检察官之前已经要求了整整四年的文件。马奥尼的律师提出"宗教迫害"和"政教分离"的辩解理由，以避免移交这些与牧师相关的记录。他们最终被挫败；这些文件反过来为个人受害者或要求损害赔偿的受害者群体提起的诉讼案件打开了大门。

马奥尼之后用整整6,000万美元与45名受害者进行了庭外和解，每人平均可得130万美元。这笔赔偿意味着那些案件将永远不会再受审，而且相关牧师将不会被关进监狱（然而至少有两名波士顿牧师因为强奸罪现在正在监狱服刑）。在洛杉矶区域，还有多达500个被虐待的人正在等待中。大主教区可以继续它的庭外和解战略而不破产吗？显然它可以。根据美联社的报道，它在洛杉矶区域拥有1,600处产业，价值40亿美元。"尽管其中大部分产业被捐献给了教会和学校，大主教区仍拥有油井、农场、停车场以及商业大厦。"[17]

与波士顿等地一样，每当一个地方出现虐待的投诉，施虐的洛杉矶牧师就会被调往其他教区。其中奥利弗·奥格雷迪（Oliver O'Grady）格外臭名昭著，甚至有一部关于他的名为"救我们脱离罪恶"的电影，这部电影的制作得到了他充分且确实的合作。电影制作者称他没有表现出丝毫悔恨。教会是否也没有丝毫悔恨不完全确定。受牧师虐待的幸存者网络发布了一份新的针对恋童癖牧师的国际运动的预告。由于在美国国内调动施虐牧师已经变得较为困难，越来越多的牧师正在进行国际调动，目的地经常是墨西哥或加拿大。据说奥格

第三章　美国宗教右翼及其经过机构与制度的长征

雷迪不是在加拿大就是在法国。[18]

罗马天主教廷现在会解除偶然的恋童癖者的圣职（2006年解除了4名圣路易斯恋童癖者的圣职），但是美国天主教主教会议（US Conference of Catholic Bishops）似乎仍然没有过度关注这个问题。在其2006年11月的会议上，婚姻、避孕、圣餐仪式以及同性恋问题都在议程中，但是没有涉及牧师的性虐待问题。保护儿童和青少年的主教会议委员会决定，将已知的性侵害者的名字揭露给公众是"不合适的"，而且不应该成为国家教会政策（虽然一些教区已经选择这么做）。

美国天主教教会内部的性侵犯问题有多么广泛？在美国——甚至可能在全世界——理查德·赛普（Richard Sipe）比其他任何人都更了解这个主题，他做了18年的牧师和本笃会僧人。他辞去神职并且与一位前修女结婚，至今已35年，目前仍然深入从事教会事务。赛普是一名研究员，也是一名认证的治疗专家；他在医学院和研讨班讲课，并且一生致力于罗马天主教牧师和主教的性、独身实践，以及关于被他们虐待的受害者的研究。他还在各种诉讼案件中担任专家证人，包括在马萨诸塞州的美国地区法院审理的波士顿案件。[19]

经过长达25年对美国天主教圣职的性和独身生活的研究，赛普总结认为，在过去的半个世纪里，估计有10万名未成年人——既有儿童也有青少年，其中大多数是男孩，但也有数千名女孩——曾经被牧师性虐待。仍然根据赛普的研究，在任何一段时间，罗马天主教神职人员有一半在性方面是活跃的，有一些与女性在一起；然而20%到30%的人员有同性恋倾向，并且6%到10%的人员已经涉及未成年人。这些施虐者中的大多数人都是天主教牧师，但也有大量的案件涉及拉比和新教牧师。

官方教会的反应曾经是，而且依然是保密、伪善和损害控制，将

思想的锁链

问题搁置一边或掩盖起来,允许牧师自由行动。他们的受害者——赛普对他们很熟悉,并且在漫长职业生涯中对他们提出过建议——遭受的往往是永久性伤害。他们有罪恶感,经常发生性功能紊乱,甚至与他们的伴侣在一起时也这样,他们对自己的判断缺乏信心,无法信任其他人,而且表现出许多其他的心理和临床症状。[20]

我们无法说出教会荣誉的污点及其公信力遭遇的挑战与这些丑闻的政治影响之间显著的因果联系,但是后者似乎已经将教会进一步转向右翼。皮尤中心的调查表明,所有天主教徒中有四分之一(像62%的福音派新教徒那样)对《圣经》予以字面上的解释。教会最突出的保守主义知识分子已经变得更加突出。如今的美国,最有影响力的天主教徒不存在于已经失去了部分权威的等级上层,而像约瑟夫·费西欧神父(Joseph Fessio)和理查德·约翰·纽豪斯神父(Richard John Neuhaus)的传统主义神学似乎让许多信徒觉得可慰和可信。这些人也已经具有更大的全国影响力,既然本笃十六世(Benedict XVI)登上了圣彼得(Saint Peter)的宝座。

耶稣会会士费西欧神父是伊格内修斯出版社的创建者兼主管,该出版社是美国最重要的天主教出版社,致力于"上帝更伟大的荣誉"。它同时出版教皇约翰·保罗二世和枢机主教拉青格(Ratzinger)的著作——现在拉青格作为本笃十六世更出名。枢机主教拉青格是费西欧神父的教授并指导了后者的论文。拉青格甚至在升至教皇之前,就被认为毫无疑问是现代最保守的天主教神学家。费西欧有理由提及"我的朋友教皇本笃",而且他确实是本笃在美国的左右手。他的伊格内修斯出版社也出版创造论者的智创论文本*,并宣称"我们的目标是

---

* 见下一章节关于这个神学启发"科学"的讨论。

第三章　美国宗教右翼及其经过机构与制度的长征

支持教会的教义"，此处他意指对那些教义的最狭义的可能性的解释。

费西欧还担任佛罗里达州那不勒斯新成立的万福玛丽亚大学的教务长，该校由极端保守主义天主教一般信徒托马斯·莫纳汉（Thomas Monaghan）捐赠的 2.5 亿美元建立——莫纳汉靠多米诺披萨发家，这是美国的一家大型企业。费西欧的另一项计划是通过其奥莱姆斯研究院（Oremus Institute）的影响力让礼拜仪式的时钟逆转。如果费西欧的计划得以实现，弥撒将再次专门用拉丁语进行，牧师将背对信众，格列高利圣咏将因此成为唯一的音乐回响于这个国家的教堂正厅。

曾经的路德教牧师、理查德·约翰·纽豪斯神父是天主教月刊《首要事务》（*First Things*）的领导者，该月刊是一本拥有大约 4 万名订户的杂志，提倡在政治上更多的宗教参与。他在乔治·W. 布什成为总统之前就已经接近后者，是白宫的频繁拜访者，定期就干细胞研究等"生命议题"向总统提供咨询意见。布什谈到纽豪斯时说，"理查德神父帮助我弄清楚这些宗教上的事情"。要注意的是，40 年前美国新教徒可能已经被一位天主教牧师能在"他们的"总统那里说得上话，或者与"他们的"政府有任何关联这种事激怒了。罗马天主教对政策可能产生的影响是约翰·F. 肯尼迪于 1960 年竞选总统时的一个主要竞选议题。

纽豪斯为改变此种情景做出了极大贡献，并且使保守主义天主教徒开始了一个在他之前无法想象的进程。纽豪斯与（因在水门事件中的作用而入狱的）尼克松总统前助手查尔斯·"查克"·科尔森（Charles "Chuck" Colson）一起做事，他是一个叫作"福音派教徒与天主教徒在一起"运动或简称 ECT 运动的发起人。第一份 ECT 运动文本由 20 名卓越的福音派教徒和 20 名同样杰出的天主教徒签名，于 1994 年发布在《首要事务》杂志上，随后他们又发布了三份关于教义和政治协议要点的进一步联合声明。

在他们的共同清单上,排在首位的是堕胎:ECT 运动想要逆转 1973 年最高法院罗诉韦德案的判决结果,即使将近三分之二的一般美国公众都反对这样的行动。福音派教徒和天主教徒还集合在一起推广梅尔·吉布森(Mel Gibson)的电影《耶稣受难记》(*The Passion of the Christ*)(在一些天主教教区和福音派圣会中要求观看)。布什的前首席战略家卡尔·罗夫(Karl Rove)喜爱 ECT 的人,因为他们有助于加里·威尔斯所谓的"从外围统治",而不是从一个宽广的中间道路达成共识——中间道路共识过去一直是美国人的生活规范。[21]

与此同时,在极端保守的、也相信从外围统治的罗马教廷的支持和鼓励下,美国神学院逐渐变得越来越严格,拒绝在不同意教皇所有教义的牧师中接纳任何候选人。自此,如同加里·威尔斯所注解的,"少于 5% 左右的 30 岁以下的人同意关于避孕的教义,神学院新生人数已经严重缩减",而且美国教会现在似乎注定难以吸引创造性或批判性的思想家。[22] 教皇似乎并不担心,并承认教会为了保持真我,从总体上看可能不得不缩减规模。

冲突的文明

基督教原教旨主义者与伊斯兰教原教旨主义者至少有一个共同特点:两个群体都相信自己的宗教要么必须占统治地位,要么就是被世俗主义有害势力统治或者——更糟糕的是——被另一个宗教统治。只有他们自己的宗教是"真理"。由于文化原因和历史原因,基督徒和狂热穆斯林以不同的方式表达他们自己,但结果相似。尽管基督教原教旨主义者几乎不参与大规模恐怖主义活动(虽然他们还是会攻击或

第三章 美国宗教右翼及其经过机构与制度的长征

封锁堕胎诊所,并射击临时医生)*,但他们的宗教信仰的结果却与狂热穆斯林的行动一样,对文明、社会和无数个人具有破坏性。[23]而且基督教右翼对政界支配越多,就越不需要进行低级恐吓——可以越来越多地指望政客们为自己做事,而且范围更大。

原教旨主义基督徒对穆斯林感觉如何?爱家协会在其网站上刊载的一篇匿名文章总结了他们的态度。[24]作者宣称,教会被呼吁"通过向他们宣讲基督教义并为他们的宗教自由开展运动的方式去爱穆斯林"。

以上陈述与一些原教旨主义牧师向信徒发表演讲时所宣告的内容相比是谦恭温和的。以下是牧师加里·弗雷泽(Gary Frazier)在佛罗里达州德斯坦一个巨大的"浸礼会教派村"的全天宗教集会上的宣讲,《多伦多星报》(*Toronto Star*)记者汤姆·哈珀(Tom Harpur)是这样叙述的:

> 但(弗雷泽一开始富于攻击性的言辞)与随后对伊斯兰教的憎恶相比不算什么。这里是一些对其原话直接的引用:"真主和耶和华不是同一个上帝……他们一定会进攻以色列……"他补充说,左翼、反以色列的媒体——"譬如美国有线电视新闻网(CNN)"——将永远不会对全世界说出伊斯兰教的真相。这三个[注意:关于埃德·欣德森(Ed Hindson)和蒂姆·拉哈伊(Tim LaHaye)一会儿会有更多叙述,他们当时也在传教]……"在这个地区一场可怕的终极战争是不可避免的"。[25]

---

* 2001 年出现了 795 起有记录的攻击或封锁堕胎诊所事件,参看加里·威尔斯的"一个由信仰统治的国家"("A Country Ruled by Faith"),《纽约书评》(*New York Review of Books*),2006 年 11 月 16 日。

思想的锁链

很多基督教右翼分子发现，要证明男女美国士兵在阿布格莱布监狱对穆斯林使用酷刑的合法性是容易的。毕竟，他们自己的总统定下了基调。记得迪克·切尼的得力助手戴维·阿丁顿吗？他和他的白宫及司法部的谄媚律师团起草了总统有权定义和批准酷刑并使施刑者免责的法律措辞。2002年8月，布什的法律顾问办公室给他提供了一份备忘录，其中包括一项骇人的提议，即总统在行使总司令权力的情况下如要求施行酷刑，国会无权禁止。*

正如哥伦比亚大学法律教授迈克尔·多尔夫（Michael Dorf）所强调的，"2002年8月备忘录关于总统战时权力的观点着实令人恐惧。"在阿布格莱布酷刑丑闻爆发几个月之后，2004年12月，法律顾问办公室发布了缓和但非否定前一份备忘录的另一份备忘录。多尔夫教授说，对于"着实令人恐惧的"总统权力，"应该明确无误地加以否定"，但是到目前为止它们仍未改变。[26]

某些宗教原教旨主义军人如上将杰里·博伊金（Jerry Boykin）也给总统提供了一个完全反穆斯林的辩护。他反问一个教会集会"为什么是这个男人在白宫里？大多数美国人没有给他投票。他在白宫里是因为上帝把他放在那里一段时期，就像现在这样。"这段"时期"确切指什么？根据博伊金的说法，美国作为一个基督教国家，参与了一场针对盲目崇拜的穆斯林的战斗。像奥萨马·本·拉登和萨达姆·侯赛因这样的敌人，"只有我们以耶稣的名义反对他们时才会被打败"。

在随后发生的骚动中——幸运的是在美国仍然有一些依旧愤怒的控告的世俗论者——，基督教联盟发起了一场支持博伊金的请愿活动。爱家协会的詹姆斯·多布森明确地同意博伊金的观点：

---

* 时任法律顾问办公室负责人的杰伊·拜比（Jay Bybee）签署了这份备忘录，后来得到了联邦法官职位的回报，但是对于内行而言，这份文件本身似乎布满了阿丁顿的痕迹。

第三章 美国宗教右翼及其经过机构与制度的长征

每一个保守主义基督徒都会理解博伊金上将用以描述精神战争的话语。他的话与主流福音派的信仰是一致的……"[27]

除了有辱人格的可恶的身体酷刑，对穆斯林信仰的故意冒渎已变得频繁。各种各样的诉讼——譬如由"人权第一"组织代表前阿富汗和伊拉克的被拘押者提起的诉讼案——列举了美国人员亵渎《古兰经》的副本，把这本神圣的书扔在地上或厕所里，脚踩在上面，还让一条狗用嘴衔起来，强迫囚犯食用猪肉和酒等等。

可理解的是，接近美国军方的学者对首先由塞缪尔·亨廷顿（Samuel Huntington）教授重点提出的"文明的冲突"议题极其感兴趣。譬如，一名美国军官[28]和一名英国军人[29]曾对穆斯林作过描述。

这些描述是否是对穆斯林真实态度的现实描述，并不关键——它们可能是，也可能不是——关键是美国军队选择在其同行评审的学术期刊《规范》（*Parameters*）上公开表达这些观点，而且福音派基督徒广泛持有相同观点。

数百万美国福音派教徒接受那些维护自己同时反对任何伊玛目（imam）的牧师的教义。既然军事原教旨主义穆斯林以同样的力量坚持他们的信仰，那么两个文化阵营很难不会成为敌人了，特别是在他们也掌控着政治和政客的情况下。每一边都将自己的使命视为不折不扣的对人类的最终救赎。每一边都将自己的介入视作神圣计划的一部分。两边都不允许自己失败或将自己的上帝为对方阵营的上帝作祭献。这是本章开头所引用的 18 世纪的牧师艾萨克·巴克斯所谓的"危害"（"mischiefs"）的完美体现——一个在他的时代比在我们的时代更有力的用来描述因政教混合而导致的恐惧经历的词。

越来越奇妙*

这一节将描述极为古怪的现象，这一切绝非编造。请系好你的安全带，因为我们将从耶稣阵营移至地狱之家，再与准备狂喜（Rapture Ready）的人群一起从那里前往大决战之地——善恶之间终结时代的最后战役。

小孩们在地上哭泣、打滚，显然被吓到了。他们的脸上戴着伪装，模拟战斗场景，犹如操练中的上帝的军队，同时祈祷上帝把"公正的法官"放在最高法院。一位牧师以图表的形式详述死在堕胎主义者之手的孩子们的情况，令听众大惊失色，他们承诺要成为使堕胎非法化的一代人。他们把手放在剪成布什总统模样的硬纸板上，同时他呼喊祈祷文。他们正在参加北达科他州魔鬼湖这个命名不当的城镇的"火孩子"夏令营。影片《基督营》（*Jesus Camp*）展示了所有这些，它不是虚构的，而是一部87分钟的纪录片，由两位年轻的来自纽约的获奖制作人制作，即海迪·尤因（Heidi Ewing）和雷切尔·格雷迪（Rachel Grady）。

尊敬的费希尔牧师直率地承认她在向孩子们灌输教义（其中许多孩子都是由父母或其他成人陪伴的），但她确信自己在做正确的事情，上帝的工作。一位母亲解释道，"我们的孩子是上帝借给我们的，而他会根据我们如何养育他们来评判我们。"被采访的孩子们正在训练成为"儿童牧师"，这在美国是一个逐渐增长的现象，公平地说，对于九岁或十岁的孩子来说，他们似乎显得非常自制和自信。他们似乎也确信他们正走在上帝所选的去往天堂的路上。电影制作人的处理手法很恰当；然而一个外部观察者很可能认为，恐吓孩子们并刺激他们

---

* "越来越奇妙，"爱丽丝（Alice）（在仙境）呼喊道。她是如此惊讶以致这一刻她完全忘了如何说规范的英语。

第三章 美国宗教右翼及其经过机构与制度的长征

做出疯狂的举动将会留下永久的创伤。

地狱之家是福音派风景的另一个特色。首个地狱之家似乎发明于20世纪70年代末,在20世纪90年代开始流行,现在已有数百个。它们似乎还为它们的所有者赚了很多钱,因为人们准备好付钱下地狱,被折腾一番,然后被吓得魂不附体。许多客户认为这不过是一件在万圣节做的有趣的事,并没有意识到地狱之家实际上是一个让他们在瞬间得到救赎从而归附宗教的工具。活动设置是一种鬼屋——只要把正确的设备和音效放在里面,任何房子都可以。参观者——客户——将经历一系列令人毛骨悚然的被设计来创造恐怖和震撼的场景。

典型场景包括一个宣称信仰上帝、被邪恶的无神论者谋杀的妇女或一个在恶魔崇拜仪式上被祭献的人。有血腥的、伴随大量尖叫的晚期堕胎,地上全是血,有正在地狱里经受永远折磨的男女同性恋者,有婚前性行为导致的青少年自杀,有促使学生去谋杀同学的女巫——你明白了吧。

尽管如此,最后一个场景却喜气洋洋,极为不同。这是一个典型的天堂里的样子。参观者被要求忏悔他的罪过,接受救赎,并信任基督作为他的上帝和救世主。许多时候,这似乎是奏效的。你可以从位于科罗拉多州阿瓦达的"丰盛的生命教会"购买一整套地狱之家的设备,以及一份如何为恐怖秀选择铸件、在哪里购买道具血之类的说明书。这位牧师表示,"我们做这个不是为了比赛谁更受欢迎。我们在说,看,罪恶正在伤害我们的国家,而耶稣·基督就是你所经历的事情的答案。"他报告了他自己的地狱之家的参观者35%左右的谈话,其入场费为7美元。他还宣称,在14个国家有超过500个教会现在正在使用他的地狱之家成套设备。[30]

下面来谈一谈所有古怪现象中最诡异且无疑规模最大的"狂喜"

思想的锁链

以及它所必需的一切。背景如下：较早的时候被描述为右翼领导者秘密社团的国家政策委员会，其首任会长是蒂姆·拉哈伊。尽管《滚石》杂志称他为"过去25年中最有影响力的美国福音派信徒"，非福音派教徒几乎未曾听说过他。[31]拉哈伊是自1995年以来取得了现象级成功且已经出版了超过12种的"遗留"系列丛书的合作者〔与杰里·B.詹金斯（Jerry B. Jenkins）一起〕。如果你像多数人一样，也从未听说过这些书的话，你就不理解如同在世俗世界取得成功的《哈利·波特》一般的宗教界的现象级作品。凭借超过7,000万册销量——这一纪录仍在继续攀升——，"遗留"系列丛书进入了亚马逊永久的名誉殿堂。我们马上来看看对这个系列丛书有影响的奇异神学；首先我们需要会一会这位在政治化身里也已具有非凡影响力的拉哈伊。他的书（不算"遗留"系列丛书）已经售出将近1.2亿册。在宗教文学的较量中，拉哈伊是《圣经》唯一的竞争者。

作为一名政治行动者，现年80岁的拉哈伊数十年来一直是反对同性恋权利和堕胎运动的领导者，尤其是通过他所建立的美国传统价值联盟，该联盟现已发展成一个致力于让基督徒候选者当选要职的拥有11万个教会的网络。他的妻子贝弗莉（Beverly）是美国女性关怀协会会长，该协会是一个拥有大约50万名妇女的庞大的成员组织，她们通过全国1,200个地方分会开展工作，以影响反同性恋、反堕胎以及支持家庭的立法。

尽管如此，拉哈伊的议程比这走得更远。他的长期目标是废除《美国宪法第一修正案》。* 根据他的观点，美国应该由一种官方宗教统治并成为一个神权政治国家。在这样的政府领导下，宗教学校将由

---

* "《第一修正案》（1791年）关于宗教、言论、新闻、集会、请愿的规定"：国会不应制定有关宗教建立或由此禁止宗教自由活动；或限制言论和新闻自由，或限制人们和平集会以及为申冤而向政府请愿的权利。

第三章　美国宗教右翼及其经过机构与制度的长征

公众资助,《圣经》将成为这个国家的最高法律,而不是《宪法》。真正的基督徒应由上帝授权来担任以前所有世俗机构的职位。

根据我们之前对"统治主义者"这个术语的探讨,读者可以认识到蒂姆·拉哈伊就是一名"统治主义者"。精确地说,他是一个"千禧年前论统治主义者"("pre-millennialist dominionist")。他也是一个"时代论者"(dispensationalist)。迷惑了?你可能不会马上感到迷惑,我将设法解释一下这个教义。该教义认为,世界总是生活在一系列上帝的"制度"或圣约之下,这些制度或圣约在不同的历史阶段一直有效;它们是上帝处置人类的连续方式。时代论神学者通常将这些制度划分为族长的、摩西的和基督的;其他人则将其划分为无罪的、治理的、法律的、天恩的以及最终王国的。无论怎样分类,关键是上帝不会一下子揭示全部真相。

对《圣经》教义的这种添加,是在19世纪早期由一位名叫约翰·纳尔逊·达比(John Nelson Darby)的英国福音派教徒传到美国。达比是由爱尔兰教会授予圣职的牧师,他放弃了牧师职位,创立了普利茅斯兄弟会(Plymouth Brethren)。普利茅斯兄弟会反对神职人员,并密切关注《圣经》里的预言,尤其是关于基督的第二次到来的预言,以及在预言实现之前他们期待发生的事件。

这些信仰的宣扬是由另一位福音派教徒德怀特·穆迪(Dwight Moody)在后内战时期的美国进行的,穆迪制作了修订版的《圣经》,这是一个巨大成功,但是几乎不如随后的《斯科菲尔德参考圣经》(*Scofield Reference Bible*)成功。作为一个曾经的失败律师、酗酒者以及离婚者,赛勒斯·斯科菲尔德(Cyrus Scofield)转而信仰基督教,接管了穆迪的一个教会,并将余生花在了《圣经》研究上。他的神学研究成果在1909年由牛津大学出版社首次出版,《斯科菲尔德圣经》

思想的锁链

持续销售超过 200 万册。

斯科菲尔德的《圣经》不是普通的《圣经》,它包括一个连续的注解和一个将各种预言诗相互联结起来、进行互相参照的体系。通过斯科菲尔德的注释,美国原教旨主义者第一次意外发现了厄谢尔(Ussher,1581—1656)主教的神学,他计算出创世的精确日期为公元前 4004 年。沉寂了一段时期之后,20 世纪 70 年代,这个教义诸如杰里·福尔韦尔等的电视福音传道者强力回归,从此变得非常受欢迎,部分是因为拉哈伊的小说。

拉哈伊将最后的时代称为终结时期。人类历史与社会正无法改变地恶化,并且正朝着同样不可避免的结局发展。首先,当基督来带走正生活在这个世界之外、"像黑夜里的窃贼"一样的教会成员时,"狂喜"就会到来。这种大规模的消失行动之后,苦难将来临,那些留在人间的人将经受七年可怕的苦难。最后,"正式的"第二次到来将会出现,基督随后将统治 1,000 年。这就是拉哈伊的信仰。*

尽管如此,在任何一种预言可以成为现实之前,仍有一些先期的政治要求。直到以色列国占领了"圣经土地",也就是所熟知的中东大部分地区,耶稣才会现身,之后

> 在现在被圆顶清真寺和阿克萨清真寺占领的地方,第三圣殿得以重建。大批反对基督者将因此被部署以对抗以色列,他们将在世界末日的善恶大决战之谷进行最后的决战。犹太教徒将要么战死要么皈依基督教,而救世主基督将重返人间。[32]

---

* 大致以圣保罗的《帖撒罗尼迦前书》(First Epistle to the Thessalonians)为基础,尤其是第四章的结尾。

第三章　美国宗教右翼及其经过机构与制度的长征

现在让我们回溯至狂喜自身：在圣保罗的教义中，"首先死去的基督徒将复活，然后依然活着的我们将加入他们，在云中赶上他们，在天上见到上帝。"在拉哈伊的虚构作品中，狂喜显现在明星女主角——一位空姐——的眼前，她回到机舱，发现许多乘客都已消失，他们将衣服整齐地叠好留在了座位上。这些搭乘飞机的虔诚的基督徒已经很方便地进入云中，"赶上了"或"得到了狂喜"，进入天堂。

美国小说家兼评论家琼·迪迪翁（Joan Didion），在《纽约书评》上评论拉哈伊的系列丛书，总结了"狂喜"的副效应：

> "遗留"系列丛书中所有的真实信徒都已消失……之后那些仍然在场的人最初感到困惑。奥黑尔（芝加哥机场）的航道上散落着飞行员消失时坠落的飞机。高速公路因为司机消失导致车辆碰撞，发生堵塞。美国有线电视新闻网播放的录像带展现了从一个分娩妇女身体里出来的胎儿的消失，还展现了一个新郎正把戒指滑到新娘的手指上时消失不见。停尸房和殡仪馆报告了尸体的消失。[33]

但是狂喜发生时真正重要的不是认真开车以避免"撞得血肉横飞"；这也是非基督徒集体从上帝那里获得可怕惩罚的方式。耶稣不是在开玩笑；在这些系列中他

> 举起一只手，然后地面张开了一个巨大的裂缝，延伸得足够远足够宽以吞没他们所有人。他们跌进裂缝、咆哮并尖叫，但他们的哀号很快平息了，当地面再次闭合时，一切归于沉寂。

思想的锁链

当你已获得狂喜时，你还可以在高处从前排座位上观看其他每个人的苦难遭遇，而且瘟疫、大屠杀和彻底荒芜的可怕景象会很值得观看。被"遗留"的人们没法像他们得到拯救的同胞一样，"在一只眼睛的闪烁中"（狂喜的徽标是一只眼睛）直接被送上天堂，这些罪人将以难以忍受的肮脏的方式死去，但是有先见之明的人——那些"准备狂喜"的人——正在位于上帝右手边的高位上观看。

接下来这些系列展示了苦难的细节以及与反基督者展开斗争的细节，一位被拉哈伊描述为"世界上最性感男人"的政治领袖*通过支持联合国和世界裁军证明了自己如何令人畏惧。当我们等待耶稣的决定性回归时，人间有许多混乱和困惑，但这是好消息，因为这是注定的，并加速了上帝的到来。拉哈伊系列丛书的第13部出版于2007年3月，看起来像是最后一部，因为这一部被命名为《王国的到来：最后的胜利》（*Kingdom Come: The Final Victory*）。拉哈伊2006年已经80岁，他可能想确保丛书能够完成。

狂喜本身的关键在于，不具备某些条件的话，它就无法出现——不仅仅是关于以色列人和犹太人皈依的条件。终结时期的迹象是不断变化的，而且它们就发生在我们身边，此时此刻。你完全可能有兴趣观察它。狂喜即将来临，而且必定在40年之内发生，你和你的朋友们在谷歌查询"狂喜指数"时会发现你们距离消失或恐怖的折磨有多近——"狂喜指数"是一种由几十个加速或阻碍狂喜发生的因素得出的神学道琼斯平均指数，该指数2008年1月达到了163。任何高于145的指数都被认为是耶稣立刻重返的确定迹象。

尽管如此，在这些迹象中，中东地区的事件对于上帝计划的完成

---

* 比（两次获得"世界上最性感男人"头衔的）乔治·克鲁尼（George Clooney）还要性感。

第三章　美国宗教右翼及其经过机构与制度的长征

尤其必要，根据时代论者的观点，该计划在任何一个《圣经》文本中都有所描述。在拉哈伊的系列丛书中，这些迹象被作者戏剧化了，并在基督教电台和电视台的不断播报中得以宣传。琼·迪迪翁引用了其中一位宗教广播员的话，此人正在谈论乔治·布什：

> 看起来他似乎正在关注来自上帝的一项议程……《圣经》说上帝是任命领袖的人。如果他真的见过上帝，那将会给他一种特别的圣油……在我们国家特定的某一时某一刻，上帝已经让一个特定的人来倾听上帝的证词。

信仰具有外交政策结果

布什总统实际上曾努力重制中东，到目前为止没有成功——除非目标是让事情越发糟糕。他输掉了2006年中期选举，部分原因就是这个问题。宗教原教旨主义者把为基督教征服中东视为布什的使命，而且他们对伊拉克战争的指挥方式感到非常失望。布什的选举可能主要是根据一项"简单的商业议程"进行的，但是，如同琼·迪迪翁所总结的，白宫还必须应付"基督教原教旨主义各神职机构和他自己的行政机构中那些理论家的一致幻想"。

犹太人和以色列人在右翼意识形态的位置是特殊的，然而也是模糊不清的。布什的前白宫战略奇才卡尔·罗夫利用了这一点，并将大量注意力投入于吸引那些曾经几乎是坚定的民主党选民的犹太人的选票。2000年，布什获得了这个群体17%的选票，但是在2004年，他将这个数据增长到了约30%。如同罗夫在全国广播公司电视台所宣称的，"美国政治中没有永远的多数派。"显然他是正确的——犹太人的选票在2006年非常坚定地一下子转向了民主党人。

思想的锁链

罗夫尤其利用了在美国不断增长的、被称为基督教犹太复国主义的现象。这个犹太复国主义的信仰是，为了实现上帝的计划，犹太教徒必须占领整个巴勒斯坦——基督教犹太复国主义者称这个地区为犹地亚和撒玛利亚（Judea and Samaria）。以色列国是上帝与亚伯拉罕的圣约［宗主教制度（the Patriarchal Dispensation）］的完成：这就是为何基督教犹太复国主义者反对向巴勒斯坦人作出任何让步，譬如以土地交换和平，这推迟了他们的宗教议程。

如今，得益于基督教犹太复国主义者，全部的145个位于"犹地亚"、"撒玛利亚"和以前的加沙的犹太人定居点，有三分之一都已经收到直接来自于"以色列社区基督教朋友"（the Christian Friends of Israeli Communities，CFOIC）的资金。为什么？因为上帝在4,000年前把这片土地给了犹太教徒。[34]以色列社区基督教朋友成立于1995年，在奥斯陆进程之后，而且每当以色列看起来要放弃土地时，它的成员们都会深感不安。为了强化以色列的决心，他们还资助犹太人从美国、俄罗斯和其他国家迁移至以色列。

如同支持以色列的牧师杰里·福尔韦尔谈到福音派人口时所说，"我们有7,000万人"，而且他没有选择隐藏他和其他宗教领导人可以带领那几千万人进行抗议，只要"我们察觉政府有反以色列的苗头"。这是合乎逻辑的，因为基督的第二次到来必须发生于耶路撒冷（无需赘言，不包括阿克萨清真寺）。

"以色列社区基督教朋友"仅仅是几个资助此类行动的原教旨主义者组织之一。约翰·哈吉（John Hagee）牧师的庞大神职机构管理着得克萨斯州圣安东尼奥1.8万名教区居民，以及8家可覆盖9,900万个家庭的电视网，还赞助了一个帮助人们移民至以色列从而"使它更强大"的项目。为哈吉的"大迁徙二"（Exodus II）项目提供一笔

第三章 美国宗教右翼及其经过机构与制度的长征

300美元的捐款,将会给以色列多带来一位移民;他的另一项目"为了以色列联合起来的基督徒"(CUI)的大众宴会,将3,500人带到华盛顿参加食物与友谊之夜活动,然后第二天展开激烈的国会游说活动。有许多国会代表出席这些"为支持以色列联合起来的基督徒"宴会。为何对以色列予以特别关注呢?哈吉解释道:"其他所有国家都是人类创造的,只有以色列是上帝创造的。"[35]

我无法证实以下的内容,我是在一个叫作"逆流"的机构的网站上发现的,该网站我也无法担保,但上面一直重复的内容极为可怕且可信:"约翰·哈吉等人——一些人戏称其为奇爱牧师(Pastor Strangelove)——相信美国针对伊朗的核攻击将在中东引发一场世界末日大决战;他和他的支持者确实在催促布什政府以此为理由发动进攻。"[36]

这使他们成为也想炸掉伊朗的新保守派的同盟,但我们应该注意到,狂喜群众对以色列的主要兴趣在于其耶稣归来的触发器的角色。美国犹太人领袖、反诽谤联盟(Anti-Defamation League)的亚伯拉罕·福克斯曼(Abraham Foxman)抓住了这一点。如同他在2005年底所说的,"如果以色列对准备狂喜的福音派教徒没有用处,它也可以不存在。"在狂喜神学中,以色列的确是上帝的一种降落场。福克斯曼还列举了各种各样公然试图"使美国基督化"的福音派组织,如爱家协会。然而,由于福克斯曼拒绝与其他犹太人领袖视为同盟的基督徒有所关联,其他犹太人领袖为此批评了他。[37]

在以色列,对基督教原教指主义者与犹太教徒之间的合作进行监督的一个人是拉比·叶契尔·埃克斯坦(Rabbi Yechiel Eckstein),他离开福克斯曼的反诽谤联盟之后,建立了基督徒与犹太教徒国际联谊会(International Fellowship of Christians and Jews)。为了支付苏联犹太教徒移民到以色列的费用,他根据《以赛亚书》(Isaiah)49:22做了

思想的锁链

一个电视广告,"我将向非犹太教徒招手示意"。非犹太教徒获得了这条讯息。他们提供了大笔资金,拉比·埃克斯坦和他的组织得以创立。

埃克斯坦现在每年向他所选的以色列境内的慈善组织捐赠数百万美元,其中,国际联谊会是以色列第二大慈善基金会,也是政府的一个非官方顾问。亚伯拉罕·福克斯曼将这些活动称作"迎合基督徒",但是相关的犹太教徒或基督徒是否在听就很难说了。[38]

或许他们应该在听,尤其是犹太教徒。基督教福音派千禧年前时代论者"知道",只有14.4万名犹太教徒将最终得到拯救并在与反基督徒的世界末日大决战中得以幸存。* 其余的将被处罚至地狱——这意味着在这些福音派教徒看来,750万独自留在美国的犹太教徒注定遭受永远的折磨。这些原教旨主义者似乎并没有为他们被假定的命运掉多少眼泪。

为什么任何人——特别是美国之外的任何人——都应该在意数百万美国人的这些难以置信的信仰?主要有两个原因——除了神权政治与民主政治不相容这个明显的原因之外。首先,无论哪个政党掌权,这个神学将继续对美国针对以色列、中东和许多其他问题的政策产生相当大的影响。其次,它对美国的生态政策、或此类政策的缺位具有直接且有害的影响。

基督教右翼,特别是我们已经投入了最多注意的那一部分,对于环境的态度是极其可怕的。比尔·莫耶斯(Bill Moyers),一位公共广播系统知名制作人兼记者,撰写了一篇冗长且令人恐惧的文章,文章的标题恰如其分,叫作"欢迎来到世界末日"("Welcome to Doomsday")。[39]

---

* 我还看到一个数据是15.5万名犹太教徒得到拯救,但是14.4万与从12个以色列部落中各拯救1.2万名的数据更吻合。不管在哪种情况下,都不是很多。

第三章 美国宗教右翼及其经过机构与制度的长征

这一右翼神学不仅疯狂，而且极具破坏性，它对环境的威胁与其对明智的外交政策的威胁一样巨大。数百万信徒确信环境灾难实际上是好消息，因为它们预示着基督的回归。别指望他们的众多国会代表会控制新奥尔良的洪水，禁止砍伐森林，或不准许在阿拉斯加钻探石油。

在狂喜或时代论神学里，生态危机甚至无法被正确认识。正如在中东与伊斯兰教的一场战争并没有被担心而是受欢迎一样，生态系统的崩塌及其后果——譬如卡特里娜飓风——成为世界正在毁灭的肯定迹象。莫耶斯引用了芭芭拉·罗辛（Barbara Rossing）在《暴露的狂喜》(The Rapture Exposed) 一书中所指出的，基本的狂喜信条是最终："世界无法得到拯救。"信徒们因此被免去了对于"环境、暴力和除了个人救赎之外的所有其他事情"的全部责任。"人间经受了与没被拯救的人相同的命运。一切都毁灭了。"一个更加卑鄙、吝啬且最终非基督的宗教将是难以想象的。

与此同时，上帝将会在他准备好时提供人间所需。全球变暖无论如何是一个神话。宣称能源有限是异端邪说；上帝为每个人都提供了足够的东西。他的慷慨还在于授予对地球的无限开采权，因为他起初已将对地球的统治权交给了人类。

一些总结：并非失去所有

阅读这个章节似乎与撰写它一样令人感到压抑。疯狂的神学、大众的错觉以及平常的自私结合在一起，可以使民主看上去不可能，并使今天之挑战的解决办法难以获得。"经过机构与制度的长征"似乎正要抵达其最后几英里。尽管如此，让我们仍然努力去识别一些有希望的迹象，尤其因为存在一些这样的迹象。

思想的锁链

如我们已经注解过的,并非所有宗教人士,也并非所有的福音派教徒,都持有相同的统治主义或重建主义的观点。一些福音派教徒正开始变绿。他们的重要联盟之一、全国福音派协会(失势的特德·哈格德牧师担任其会长)已采纳了《福音派呼唤公民责任》(*Evangelical Call to Civic Responsibility*)的观点,断言"上帝赋予的统治权是管理人间的一种神圣职责,而非滥用我们作为其中一部分的世界的一张许可证。"一项"制度"经常被解释为治理或管理事务的一种方式,但是对许多福音派教徒而言,这个词也暗示着"管理",而且它是上帝让我们负有责任的一种方式。

对布什的战争及其中东政策的支持总体而言已经垂直下落。大规模杀伤性武器是纯粹的编造——即使人们相信它们,而伊拉克是一个邪恶混乱之地。布什的可信度和支持率已跌至谷底,不论他是否有资格作为重生的基督徒。最近由戴维·郭(David Kuo)所著的一本书说出了全部真相,作者数年的时间是在白宫"以信仰为基础的提议"部度过的,该书揭露了政府机构高层的人——据说是基督徒——如何在布什背后嘲笑他对基督教信仰的真诚。当人们看到这本书的时候就可以识别伪善。

或许美国的物质和文化变革将会到来,尤其因为民众并没有得到服务这一简单理由。人们可以理解中西部地区的妇女可能因为丈夫的原因欢迎宗教信仰,因为这使得他们远离传统的男性嗜好,譬如喝酒、嫖娼和赌博。美国福音派教徒大部分都不富裕;许多人非常贫穷。由于他们也通常未受过教育,可能暂时将"道德"政策——关于堕胎、同性恋等等——排在首位,但大概不会永远如此。

美国的基础设施正在崩溃。公立交通实际上是不存在的。公立学校正在分解并且有时候很危险;这也是为何如此众多支持基督教右翼

第三章 美国宗教右翼及其经过机构与制度的长征

的人已经选择在家教育。体面的卫生保健如同高质量的教育一样，对于普通低收入家庭而言要么贵得吓人，要么难以获得，即使他们有工作。上帝的回归非常好，并且宗教可能为处于困难时期感到无助的人们提供一些慰藉，但是普通的美国人必须——甚至当他们等待狂喜时——活在此处和当下。

那些生活在美国国内或国外的人的政治任务是帮助理性的回归，并孤立那些屈服于神学和宗教右翼压力而非臣服于民主和法律的政客。

第四章　消灭启蒙运动：对知识的攻击

通过永恒不变的不朽法则/伟大的造物主在自然身上留下痕迹/神啊！有机形式如何从元素纷争中升起/又如何被赋予了生命……，因此没有父母而自发诞生/第一片有生机的大地出现了/从自然的子宫里植物或昆虫游了出来/然后发芽或呼吸，带着微小的四肢……

伊拉斯谟·达尔文［查尔斯·达尔文（Charles Darwin）的祖父，1731—1802］,《自然的殿堂》（Erasmus Darwin, *The Temple of Nature*）

如果一位有才智的设计师凭借他的技巧、熟练和手艺造出了所有这一切，那么它们中的大多数已经灭绝则是一个令人感到难堪的事实。如果他如此具有才智的话，为什么它们都灭绝了呢？

肯尼斯·米勒（Kenneth Miller），罗德岛普罗维登斯布朗大学生物学教授

在过去 20 年的某些时刻，"弱智化"（"dumbing down"）这个表达进入了标准英语词汇中，尤其是美国英语的词汇中，现在它已经成

思想的锁链

为一个约定俗成并得到充分认可的英语词，尽管我的电脑固执地坚持将"dumbing"标为红色。我未能搜索到这个短语的起源［我甚至向《纽约时报》的语言专家威廉·萨菲尔（William Safire）写信，他没有答复］，但是在新保守主义代表人物菲莉丝·施拉夫利（Phyllis Schlafly）于1996年批判美国的教育标准时使用这个短语之前，这种用法肯定已经很普遍了。在许多方面，这个短语仅仅是将自柏拉图时代以来所听到的抱怨压缩在了一起。此概念"包含了对文化、教育和思想进行简化的一种主张，创造性和创新性的一种衰退，艺术标准、文化标准和智力标准的一种退化，或者对制定标准这一想法的破坏，以及使得文化、艺术和学术创新平凡化。"[1]

尽管我同意这种情况确实正在发生，但是在此我不打算对美国的这种衰退以及推动这种情况发生的机构（学校、媒体等等）进行全面的探究。此类批评在过去几十年里已经被比我更有资历的文化学者们娴熟而反复地提及。而我在本章节的目标是描述美国右翼突击部队针对科学、教育以及过去几个世纪里人类精神的微弱进步发起战争的一些方式。他们的目标就是"弱智化"人类获得的任何不符合他们信条的智慧的部分。

科学和宗教：世界分离

宗教右翼深切关注地球上生命的意义以及有关人类的终极真理。科学也是如此。科学探究与宗教活动之间的相似之处不复存在。这两种世界观互不相容。如果你让一位科学家来描述地球在宇宙中的位置以及人类在这个大框架下的位置，她可能会说一些类似于这样的话："我们在这里，被困在一个微小的、不完美的球体上，并以接近每秒钟30公里的速度围着一颗我们称为太阳的微不足道的恒星转动。我们

第四章 消灭启蒙运动：对知识的攻击

的星球是处在我们甚至无法看到尽头的宇宙的一个遥远角落的数千亿星系中的一个星系里的一颗无穷小的微粒——而我们都知道的这个宇宙可能只是数十亿个其他宇宙中的一个。"

让我们试着做一个日常的比较。如果宇宙——这个我们只有一些有限知识的宇宙——与我们的微小行星的规模相同的话，那么地球在其中的位置就可以被比喻成，堪萨斯城或斯温顿一个不知名郊区的一家汽车修理厂工作台的抽屉底部的一把工具手柄上的细菌的一个单一细胞。这样一种观点当然没有排斥宗教，宗教与科学一样（有时比科学更加）努力挑战终极问题。这个宇宙或任何其他宇宙是从哪里起源的？时间是什么？光是什么？重力是什么？生命如何以及从哪里开始？而我们从哪里来？为什么宇宙是有秩序的？为什么自然现象可以预测？我们的头脑可以发现自然规律，有时还能发明数学公式，而这些公式之后在自然中又得到了应用，这又是怎么回事？科学没有否定宗教，而是将我们以及我们周围的环境放在了一个接近客观性的角度。

没有人喜欢感觉自己不重要，无论从局部还是从宇宙的角度。宗教权威一直不懈地斗争以反对对人类地位的任何蔑视，或是将人类栖息地地球确定为与宇宙相比不那么重要的观点。罗马天主教会经过几个世纪才承认哥白尼革命的正确，接受了地球围绕太阳运动的真理，而不是反过来。伽利略被迫跪在宗教法庭上接受宣判时自言自语说出的那句著名的"但它确实在动"，仍然回响在理性的人们聚集的每一个地方。* 作为一名虔诚的天主教徒，伽利略说，"《圣经》展示了去往天堂的方式，但没有展示天堂运行的方式。"[2] 他们还是焚烧了他的书，将他终生监禁在家里。直到教皇约翰·保罗二世（Pope John-Paul

---

* "但它确实在动"（地球在围绕着一个静止的太阳的轨道上转动）。

Ⅱ）（"真理无法反驳真理"）时代，伽利略的名誉才得以恢复。

因此在美国，无数相信创世记故事的人们所信奉的"创造论"教义——六天，亚当和夏娃，毒蛇，苹果，一切——没什么新奇之处。这是从历史上流传下来的，这种如诗般的、创造神话的宗教已经在长达几个世纪的时间内得到传播、捍卫，并且——在可能的情况下——作为实实在在的真理被接受。由于有宗教信仰的人大体上首先关注的是上帝对他们个人是什么态度，所以他们自然首先会被一个自称可以解释他们为何在这里、在这个独特的地球上的故事所吸引。

对于基督徒来说，《圣经》——以或多或少取决于读者智力水平的象征性的表达方式——讲述了上帝如何将他创造的这个世界与站在自然秩序顶端的人联系在一起。在创世故事中，蛇引诱夏娃违背上帝去吃知识之树上的果实，这个故事解释了罪恶是如何来到世上的。人——这个"包括女人"（正如一本法国词典出于偶然的机智阐释的一样）的字眼——是有罪的；因为这个"原"罪是任何人都无法逃脱的一个邪恶污点，世代相传。在《圣经》中，时机成熟之时，上帝认为人应该有一次赎罪的机会，于是派他的"独生子"用其鲜血洗刷世间的罪恶并将记录罪恶的石板擦干净——但前提必须是你相信上帝的儿子耶稣基督。

顺序很重要：如果夏娃没有违反上帝的规矩，就没有原罪；没有原罪和人性所产生的负罪感，就不需要一位救世主；没有这样的需要，就没有作为人类精神贫乏之解决办法的耶稣基督。《新约》和《旧约》是不可分割的，《先知书》开辟道路，随后由神书写的事件就一个接一个地发生了。因此，对于许多基督教信徒而言，《旧约》确实是真理——不过，谁知道呢？——，而《新约》及其讲述的基督的生平、钉死在十字架上以及重生则令人质疑，甚至与

第四章 消灭启蒙运动：对知识的攻击

人类的生存没有关系。

根据《圣经》的观点，地球上的各种物理特征以及上帝创世中的生物也是上帝意志的证明；上帝过去一直并将继续为我们提供物质所需；同时他为每一个独立的个人都安排了一个计划。正如古老的复兴运动倡导者的赞美诗所写，"他已经将整个世界掌握在手中"。上帝的心中有着对人类最终的拯救，而《圣经》则是指导人类踏上笔直而狭窄道路的旅行指南。跟随它你可以永生；偏离它你就完蛋了。

如果你知道如何去读这些神圣的文本，就会明白地球上过去或现在存在的每个生命、发生的每个事件都传达着上帝的意志。上帝最初的意图都放置在《圣经》里，但上帝会继续在整个人类历史中将其意图解释清楚。他的话与他的行动是相同的；这也是《圣约翰福音》为何以这句著名的断言开篇："在太初有道"。在上帝的语法里，所有的动词都用了"表述行为的"时态，他只需要"讲出词"，正如同《圣经》中的这节文字一样，"上帝说，'要有光'，于是就有了光"。最重要的是，从受苦的人类的角度来说，上帝的决定会受到祷告的影响。对于信徒来说，事件发生了，发生在我们身上的事情由于种种原因，我们无法总能彻底了解，但是我们有时可以谦卑地恳求上帝来改变结果。

这是一个残酷的总结，我们可以用更为简洁的陈述来表达其主要观点：宗教信仰与建立在检验自然原因、被实验证实的假说以及证明这些假说错误的可能性之上的科学方法之间没有任何相同之处，除了有时候两者都产生一种美丽和奇妙的感觉。

因此，科学与宗教注定要为一场无止境的竞赛进行斗争和辩论也就不足为奇了。每一个记分员都不得不承认，在我们微小星球有记载的文明史上，大部分情况是宗教取得了胜利。更准确地说，一神论宗

158

149

思想的锁链

教在西方或犹太教和基督教文明中取得了胜利，而这也是我们在此最为关注的。*希腊人是高度折衷主义的拜神者，他们为每个场合都准备了合适的神或女神，在被灵巧的、成功的、同样信奉多神教的工程师所建立的帝国取代世界领袖地位之前，他们曾取得过显著的科学进步，至少在西方世界是如此。尽管如此，当一神论取代了那个帝国时，枷具却上来了。科学探求和观测自由很快被禁止。亚里士多德是唯一作为荣誉神学家在西方得到认可的异教徒权威，这片正统冰盖的融化直到大概四个世纪以前才开始——仅仅是我们独有文明存在的一小部分。

信奉一神论的人们不知何故，似乎从不满足于仅仅信奉、赞颂、崇拜、恳求他们的上帝，以及有时候为上帝做出牺牲；他们执着于证明上帝的存在，解读上帝的意志，让其他人服从于上帝宣称的法则，无论他们是否愿意。就一神论自身而言，它在历史上似乎注定成为无数战争、政治迫害、血腥的十字军东征和谋杀的借口。信徒们对于上帝以地球为中心的关注永远感兴趣；对上帝应该在遥远年代已经发出的命令或者留下来的众多意义非凡的手工制品之类的痕迹永远感兴趣。这些通常表现为像《圣经》故事那样的文学作品。信徒们作为人类，急切需要通过得到上帝的同意来为自己的偏见和欲望进行辩护；他们还需要上帝来谴责令人厌烦的、"离经叛道"的行为，尤其是在涉及性的时候。方便的是，上帝永远不用回应。

然而，在一神论宗教里，上帝被认为已经制定了极为严格的法则，规定谁可以和谁享受肉体上的欢愉、在多大年纪、依据何种法律体系，以及如果有的话，会有什么生殖后果。为了帮助人们遵守他的计划，

---

*是的，信奉多神的印度教徒、信奉一神的穆斯林和其他教派也会让他们的邻居感到不悦，但是我正在努力紧扣本章节的主题。

第四章 消灭启蒙运动：对知识的攻击

上帝通过自我任命的代言人（在基督教里是牧师和神父）来发挥作用，这些人相比于其他人而言与神之间有一种更为直接的联系，而且他们的工作就是陈述和重申什么是合法和非法的。

也许另一个事实是，大多数人都被预设为偏爱确信胜过怀疑，偏爱清晰的指示胜过个人寻求解决方案，以及偏爱上帝的启示胜过依赖于缓慢的推理过程。其他人的信仰和他们"不正常的"（解读为不同的）行为会造成焦虑。民主也是令人苦恼的，因为它将权力赋予了普通的凡人，而不是无所不知、无所不能的上帝或者至少是上帝在地球上的享有神权的授权代表。

面对这种不仅来自上帝，而且来自诸如性和生育、自我保护和化解恐惧的万能解药的竞争，科学到目前为止已经取得了如此快速的发展令人感到震惊。太远且太快，至少对于上帝在美国的冲锋队而言是这样。甚至科学家——人们总忍不住要特别提及科学家——也不是总能理解这些人要做什么、为何要这么做。他们太过频繁地认为宗教狂热者为人所不齿，不值得认真关注。尽管如此，宗教破坏事业才刚刚起步，并借着技巧和狡猾向前驱动。其驱动者不仅包括了美国人以及过于草率地称之为"神创论者"或"基督迷"的人，还包括一些受过高等教育且口才良好、衣冠楚楚的体面人物。实际上，宗教计划正迅速地向前发展，甚至在西方，科学所取得的显著胜利也受到了威胁，而且可能比我们想象的要脆弱得多。

轻信的鸿沟

呼唤所有的人类学家：我们需要你，不是在南美洲，而是在南达科他州；不是在大洋洲，而是在俄克拉荷马州。我们需要对这个国家的居民中的部落文化进行认真的科学研究，这种文化至少就目前来看，

思想的锁链

是地球上最有影响力的文化,而我指的并不是美洲原住民的文化。尽管美国是各种形式的富裕国家组织和国际机构的成员;尽管它自诩拥有众多世界上最好的大学;尽管在它的国土上有40万名欧洲裔科学家(他们中的大多数人没有返回欧洲的意愿);然而,无论是科学这个单词还是其精神都没有触及大多数美国人民。

著名机构美国广播公司新闻网于2004年2月进行的"黄金时段民意调查"的结果可能很难令人信服,但还是要重提。这次民意调查的误差幅度被控制在上下不超过3%,调查显示61%的美国人充分相信《创世记》中有关创世的记载是"完全真实的,意味着它按照记载一字一句地发生了"(源自民意调查的提问文本)。有60%的人相信全球大洪水和诺亚方舟的故事;甚至有更多的人——64%——一致认为摩西分开了红海从而拯救了被法老的战车紧追不舍的犹太人。

在新教徒中,有四分之三的人相信——或者至少告诉民意调查专家他们相信——创世故事,并且高达79%的人认为分开红海的叙述是事实。那些自称为福音派新教徒的人中有90%的人相信《创世记》中上帝用六天时间(星期天休息了一天)创造世界的描述,相信其描述的每一个字。在被调查的人中只有十分之三的人说了不,认为这些故事"意味着一个教训,不应按照字面意思来理解"。其余的人——取决于所提及的故事(摩西获得了可信性的最高分),介于6%和10%之间——没回答或者回答不知道。

相比而言,轻信这些故事的美国天主教徒人数略少一些,有一半的人完全相信六天创世和摩西分开红海的故事。或许最让人感到惊讶的是,在那些自称"没有宗教信仰"的人当中,仍有四分之一的人相信六天创世的故事,并有三分之一的人相信红海传奇。在受调查者当

第四章 消灭启蒙运动：对知识的攻击

中，去教堂越频繁的人，就越相信《圣经》。* [3]

另一项由哈里斯民意调查组织进行的调查显示，93%的美国基督徒相信神迹（并且95%的人相信有天堂）。回想一下，美国至少有四分之三的人自称是"基督徒"，那么简单计算一下75%中的93%就可以得到这样的结论，10个美国人中有7个人认为神迹是一种现实的可能性。这样的数字摆在你面前，对于有如此众多的美国人准备相信存在"大规模杀伤性武器"，或萨达姆·侯赛因及伊拉克与"9·11"恐怖袭击之间的直接联系，你可能就不那么惊讶了。他们对乔治·W.布什相对失去信心是一个积极的信号，但是我们必须假设，对无论何种虚构的轻信因素和盲目信任都可能通过被视为权威的名人（或演讲）得以实现，这种情况至今仍然存在。

赞美主（和亚当·斯密）

在全球范围内，整体而言，宗教在与科学和理性展开的竞赛中也赢得了胜利，其中一条重磅消息是神恩复兴派的壮大（从作为发源地和建立在美国的基地，还有其他地方？），神恩复兴派是对集体狂热和痴迷的宗教复兴运动倡导者的统称。《经济学人》相信这场运动在全球范围内至少已有5亿追随者，根据其发布的一份报告，这场运动"不仅燃烧到'无产者的城市'……（而且）还消耗了发展中国家的商业和职业精英"。[4]

《经济学人》非反常地将这场如野火般的宗教运动视为我们自己

---

* 美国广播公司新闻网的民意调查中唯一鼓舞人心的一点是，再被问及另一个问题时，只有8%的被调查者（和12%的福音派教徒）说，犹太人，包括生活在当今的犹太人，"应该集体为基督的死负责"。这仍然是太高的一个比例，尽管一些对于《新约》的字面解释以及在这项民意调查进行的时候，梅尔·吉布森（Mel Gibson）的电影《耶稣受难记》在美国诸多电影院取得高上座率，大多数人都能做出正确的判断。

思想的锁链

版本的一个现代化标志,并用亚当·斯密的理论来阐释宗教复兴运动所取得的惊人成功。宗教复兴运动倡导者不是——像天主教会长期表现的那样——垄断者,他们是典型的小资本主义企业家。

起先,教会之间存在许多吸引教徒的良性竞争。教会利用巨额奖励来胜过其他的救赎提供者,因为如果你给不了你的精神客户所要的东西,他们可以并且也将转身离开去往别处。这个领域的门槛很低,因为你实际上不需要任何资本;只要有感召力,你就能开办一个教会。神恩复兴派教会不像天主教等坚持对神职进行长期严格训练的宗教那样拥有严格的等级制度,它不需要任何条件就可以大声清晰地赞美主,并向所有人施予救赎。神恩复兴派充分利用了男女信徒的才能,因而有诸多的创新。*

神恩复兴派是一种新形式的加尔文主义(认为世俗的成功显示了神的恩惠),它鼓励商业上的自信和成功。隶属于这种特大教会的书店里充满了大家能预见到的基督教文学作品,但也有许多管理方面的巨著。这样的教会也能够提供不菲的回报,而且你无需等到来世就能得到。如果你是这些不断发展的教会里最有影响力的牧师,宗教彩票可能会带给你丰厚的物质奖励。这些极具魅力的奇迹男孩——也有越来越多的女孩——其中一些在当地的声望也可能引领他们步入政界。简而言之,神恩复兴派就是一个变成现实的资本主义梦想。

欧洲(还有中国以及亚洲其他一些可能的地区)在世界上一直以来都是作为一个理性岛屿而著称,在这些地方宗教正逐渐获得制高点。仍是美国广播公司的民意调查显示,在完全相信《圣经》中每个字的

---

* 一位法国朋友叙述了在巴西累西腓一个贫穷街区的经历,他的哥哥是那里的一位天主教神父:在中央广场有不下三座神恩复兴派教堂,都配备了强大的播音系统,同时向广场大声播放着他们的竞争性服务。喧闹声非常大,不可能明白任何事情,但是毫无疑问,资本主义的自由且不受阻碍的竞争理念得到了很好的践行。

第四章 消灭启蒙运动：对知识的攻击

信徒中绝大部分更有可能是"新教徒（尤其是福音派）、南方人、黑人、收入较低和学历较低的美国人"，而这正是对世界范围内宗教崛起的一个相当好的总结，即大多数人是非白人、穷人和没有受过教育的人。如果我们希望在世界大部分地区继续颂扬理性和对于生活的理性态度的话，让南半球保持其现有的命运、保持现有的贫穷和愚昧则肯定不是一条正确的道路。我们应该注意到，生活和教育标准在欧洲还没有受到损害，但在那里同样的原因可能会导致同样的结果。

你称之为科学？

现在让我们回到美国的创世论者。几乎每个人都听说过他们。是的，在阿肯色州甚至有这样一家博物馆，其展品"证明"了恐龙和人曾在地球上共存。它吸引了一车又一车游客来到奥索卡山城尤里卡斯普林斯，这里拥有一个以巨大的基督教主题公园为中心的蓬勃发展的旅游业。

这家博物馆将向你展示亚当和夏娃像雷克斯霸王龙一样生活在伊甸园。雷克斯霸王龙做得尚好，没有将他们吃掉，但这是正常的，因为我们仍然处于罪恶降临世界之前的和平共处时期，因而死亡尚不为人知。所以为何现在没有恐龙了呢？因为它们被大洪水冲走了，你个笨蛋。如果你在尤里卡斯普林斯待上一晚，你可以去观看耶稣受难复活剧——有超过700万观众观看过——里面有数百名临时演员和大量罗马军团。

尤里卡斯普林斯博物馆的商业成功在其他宗教企业家身上也有体现，譬如辛辛那提和达拉斯拥有的类似创世博物馆早在2007年就开始建造了。如果你向辛辛那提的那家博物馆捐款，作为回礼你会收到一本皮革面装订的主教厄舍（Bishop Ussher）所著的限量版《世界编年

思想的锁链

史》(*The Annuals of the World*,最早是在 1650 年以拉丁文出版,作者去世后发行的英文版最早出版于 1658 年)。读者可能会回想起,根据厄舍的推测,创世发生在公元前 4004 年。博物馆许诺将"反对进化论自然历史博物馆,因为它们使得无数人的思想转而反对基督和《圣经》"。

当然,确实有学区将创世论与关于地球形成以及随后的生物进化的科学描述并行教授,或者直接取代科学描述。据一位专家证实,截至 2005 年,反进化论思想在美国 30 个州的 82 个学区进行讲授。[5] 将并非必然属于原教旨主义的教义强加于他人的盲信者在福音派中被称为"青年地球创世论者"。尤里卡斯普林斯的福音派教徒是可论证的反科学、亲上帝的队伍中危险性最小的一类教徒。反驳他们的咆哮太容易,而不去笑话他们则太难。这并不意味着这些人完全无害,除非——如同我们所看到的——他们人数众多,并且在文化上习惯于相信任何事情。

更大的威胁是所谓智慧设计论的支持者。我在此本不应该谈及他们,因为他们的部分策略是在人们思想中种下争议的种子并鼓励潜在的疑惑。他们永远不会错过任何机会指出他们的思想正在被讨论,就像我在此将要做的一样,因而他们的思想在某种意义上正在得到重视。

蓄意的狡猾

尽管如此,还是让我们对他们进行一番探讨,首先从世界的创造这个开端开始说起。有人创造了世界吗?有的话又是谁?"青年地球"创世论者在这一点上毫无疑问会大声宣称是上帝用六天时间完成了这一杰作,或者对于智慧设计论者(ID)来说,他们永远不会认为是上帝创造了世界,上帝的名字也不会出现在他们的辩论之中,尽管他们

第四章 消灭启蒙运动：对知识的攻击

的最终意图可能很明显。

他们最知名的智库叫作发现研究所，成立于 1996 年。它拥有一个分支机构科学与文化复兴中心（the Center for the Renewal of Science and Culture，CRSC），一直将斗争矛头指向"科学唯物主义"。这个研究所及其分支机构都位于西雅图郊区（靠近微软公司），实践其所谓的"楔子策略"。1999 年，他们的目标被世人所知是通过一份以该目标命名的、从科学与文化复兴中心泄露的文件，文件中设立了一项计划，"用有神论关于自然和人类都由上帝创造的理解来代替唯物主义解释"。

就像你将用一块锋利的楔子敲入木头将其劈开一样，他们希望用"锋利"策略从科学大树树干的最薄弱点将其劈开。发现研究所最有名的一位员工是威廉·德姆斯基（William Dembski），他说科学破坏信仰，而且"将阻止信仰"。尽管他是一位虔诚的福音派教徒，但从不在公共场合提及上帝，只强调"文化参与"，并断言"科学隐藏了一些东西"。[6]

这些新的宗教战士就像他们在世俗右翼机构中的兄弟一样，没有任何财务问题。他们的资金来自一些通常有右翼嫌疑的基金会（参见第一章）以及像重建主义者霍华德·阿曼森（Howard Ahmanson）这样的私人捐助者，阿曼森对楔子策略略知一二。就像我们在前一章中看到的，他将这种策略付诸实践，分裂了主流教会，并将他们硬拖入极端保守主义阵营。

智慧设计论者一点也不笨；实际上他们格外聪明，也接受过良好教育：威廉·德姆斯基拥有芝加哥大学数学博士学位，还有伊利诺斯大学哲学博士学位，此前他还读了几个科学类博士后学位，并在普林斯顿大学取得了神学硕士学位。发现研究所并没有提及德姆斯基在贝勒大学（即使这是一所以浸信会为主的学校）担任教职期间被开除在很大程度上缘于全体教员的抗议。这并不是针对他的教学活动或者他在南方浸信会神学院（以及后来在西南浸信会神学院）科学与神学中心的主任地位。

与德姆斯基共同编辑了发现研究所的集体著作《达尔文主义、设计与公共教育》(Darwinism, Design and Public Education) 的斯蒂芬·迈耶（Stephen Meyer）则拥有剑桥大学科学哲学历史博士学位。他们共同编辑的这本书由著名的密歇根州立大学出版社出版。发现研究所其他拥有高学历的研究员包括法学博士菲利普·约翰逊（Phillip Johnson）——他在伯克利大学教授法律长达25年——以及获得诸多成就的唐纳德·肯尼迪，他拥有哈佛大学生物学博士学位，还是美国科学院成员。另一位领军人物迈克尔·贝赫（Michael Behe）在业内的声望和信念在于生命的"无法简化的复杂性"，他拥有宾夕法尼亚大学生物化学博士学位，同时在利哈伊大学这样一家世俗机构教授生物学。换句话说，不要凭借学术造诣与发现研究所进行争论。

除非你对自己非常非常自信，否则也不要尝试通过辩论普遍原理来打击他们。熟练掌握语言的能力和相当出色的公关能力是宗教右翼的一个标志，他们经过实践的修辞也很可能比你的更加熟练。实际上，他们聘用了几位在修辞、演讲和传播研究领域拥有博士学位的专家加入了他们的团队。智慧设计论者的目标往往包含在语言措辞中，使它们听起来非常合理；譬如，他们想要"一个在科学上更具包容性且以争议为基础的方法来教授生物进化论"。

研究所的网站强调了他们对于"民主机构、宗教和公共生活以及法律改革的未来"的关注。他们相信"上帝赐予的理性"（开国元勋们可能已经说了许多这样的话），"人性的永恒"以及"国内和国际的

第四章 消灭启蒙运动：对知识的攻击

自由市场经济"。就像那些正直、理性、有公德心的——尽管或许有点保守的——典型美国人，但要比大多数人受过更良好的智力培训，是吗？再看看。

他们的终极目标是否定科学方法本身，这样上帝自己就成为自然现象的一个成因。除非他们在这个层面上受到了挑战并被击败，否则他们可以就任何其他指责为自己开脱。我不是科学家，但是我将试着来解释有关达尔文主义的斗争是什么。这场争论的一方是数量众多的科学家和受过教育的人，另一方则是这些老练的创世论者。第一个群体将进化论视为生物在多种环境下与自然选择相结合的、随机变异的长期过程；第二个群体声称这个过程无法随机发生，需要一个针对特定结果的智力意图的干预，也就是我们。

与祖先有关的反进化论：斯科普斯审判案

发现研究所属于美国长期反科学传统的最近鼎盛时期。自达尔文出版于1859年的《物种起源》（the Origin of Species）的结论传到美国之后，在发达国家当中，唯独美国人一直在对进化论进行实质性的争辩。*

在这场持续的争论中最著名的历史案件发生在1925年夏天的田纳西州：斯科普斯审判案（一般被称为"猴子审判案"）。一名高中生物教师约翰·斯科普斯（John Scopes），因在美国公民自由联盟的支持下违反田纳西州的法律教授进化论而受到审判。

起诉方和辩护方的律师都是全国最著名的。起诉方律师威廉·詹

---

* 书名全称：On the Origin of Species by Means of Natural Selection, 或 the Preservation of Favoured Races in the Struggle for Life, John Murray, Albemarle Street, London, 1859. 随后又迅速出版了许多修订版本，在这些修订版中达尔文做了有益的补充，并驳斥了批评者的观点。

思想的锁链

宁斯·布赖恩（William Jennings Bryan）曾经三届作为未获成功的民主党总统候选人（1896年、1904年、1908年），被许多人认为是全国最好的演说家。辩护方律师克拉伦斯·达罗（Clarence Darrow）则是从芝加哥赶来的全国顶尖的刑事律师，他为斯科普斯进行无偿辩护。

布赖恩是一个独特的美国混合体，具有他所处时代和地方的、生根于19世纪平民主义政治和伊利诺伊州南部的典型特征。他是美国渐进运动中的重要人物，也是劳动人民的捍卫者。他组织了反对大型掠夺性公司——尤其像银行和铁路——的运动，还为争取女性的选举权而斗争。他在那个时代的每个争取社会公正的运动中都是一位杰出的活动家，但他也是禁酒主义者（支持取缔酒精饮料）和基督教原教旨主义者。

这场审判吸引了大量关注。这是全国第一次通过无线电台直播审判，上百位记者涌入了田纳西州代顿小镇进行报道。审判的高潮出现在布赖恩和达罗在法庭外草坪上的辩论——这样做是为了容纳法庭外的大批观众。达罗将布赖恩称作见证人，以盘问他《创世记》中有关上帝创世的描述以及地球的年龄。以下是著名记者、睿智的 H. L. 门肯（H. L. Mencken）对其现场所见进行的描述，发表在《巴尔的摩太阳晚报》（*Baltimore Evening Sun*）：

> 年轻的司法部长斯图尔特（Stewart）竭力想将这场庭辩控制在法律范围内，他问道："这种高谈阔论有什么意义？""为了展现原教旨主义，"达罗先生吼道……在一个为数不多的愤怒时刻他表示，"为了阻止盲信者和不学无术者控制美国的教育系统。"布赖恩先生站了起来，脸色发紫，并一边在达罗先生面前挥舞拳头一边喊道："为了保护上帝的话免遭美国最大的无神论者和不

第四章 消灭启蒙运动：对知识的攻击

可知论者的伤害。"*

每当布赖恩无法回答一个问题时，他会搬出《圣经》的权威。法官不允许专业的科学证人出庭作证以支持生物老师，于是在 11 天之后，斯科普斯被认定为有罪并被判处 100 美元的罚金。这次审判之后启发了书籍、戏剧和电影，但是它对于我们今天最主要的教训是，在美国同样的战斗路线仍在绘制。不同之处在于反进化论者吸取了经验，他们的立场已经转变，对达尔文的攻击也比过去变得更加复杂巧妙、对外行更具说服力。

达尔文经受住时间的考验了吗？

发现研究所如今毫无疑问是这些反科学的、更加狡猾的对手中的领导者。他们积极否认人类引发的气候变化或臭氧层破坏，并成为引发大多数干细胞研究的联邦禁令的主要推动者（民主党人已经承诺会撤销这一禁令）；他们仍然保留了大部分能量来对付他们主要敌人查尔斯·达尔文。尽管他们雇用了宇宙学家、天文学家、气象学家，但生物学家是在第一线的。

达尔文主义对于进化论和自然选择的阐释是目前提出的科学理论中最坚实的理论之一；在将近一个半世纪里，这位大师提出的基础理论得到了精炼和补充（尤其是通过遗传学），但从未被驳倒。我们几乎可以对智慧设计论者抱以崇敬之情，在本可以选择一个弱一点的目标的情况下，他们却试图证明一个有如此压倒性证据支持的理论是错误的。他们为何决定围攻这座科学丰碑仍是一个谜——其他人可能更

---

* 1925 年 7 月 21 日，在审判结束后的第五天，仍然身处田纳西州代顿的布赖恩在睡梦中去世。

思想的锁链

容易被击败或者至少产生分歧。他们必定相信上帝在生物学细节中比其他地方更容易展现他自己。他们必须反驳的科学是什么？

达尔文的进化论从古至今都依赖于三个基本论点：

——在一个特定的种群中，不同的个体之间有一些特征存在变异；

——这种变异具有遗传性；也就是说，基因可以从父母传递给后代；

——携带一种特征的不同变体的个体之间，取决于携带者所处的环境而存在不同的存活和繁衍率。[7]

达尔文根本没有谈及特征选择可能走的方向，并且向某个特定目标"进化"的概念对于他而言也是陌生的，尽管他确实在后来出版的著作《人类的起源》（*The Descent of Man*，1970年）中明确表示，人类是从"较低的"生命形式演化而来的。尽管如此，人类作为一个物种仍然准确地遵循与以上提及的规则相同的规则，并伴随新的特征，例如有助于人类繁衍成功的推理能力和语言能力。无论什么物种，进化的实质是比相同种群中其他个体拥有更多、更强壮、更具适应性的后代，但这根本不是一个目的论过程（例如，驱向一些既定目标），而是一个神学过程。

大多数物种是不"成功的"，或者至少没有科学测量的"存活时长"那么长寿。所有曾经存在过的物种中，有99%事实上已经灭绝了。尽管在我们自己看来，我们的物种似乎是一成不变的，但我们缺乏洞察力。像其他任何哺乳动物一样，我们必然仍在进化过程中，但是大自然在大约1,000万年里无情地消灭了典型的哺乳动物物种，而如果我们允许大自然任其发展，灭绝也将会轮到我们。这些观点可能

第四章 消灭启蒙运动：对知识的攻击

为"智人"（homo sapiens）的定义赋予了灵感，即"在一个更短的时期内唯一能够自我毁灭的物种"，但这就另当别论了。

智慧设计论如何一次又一次地希望从根基破坏一个已经显现其坚固性的理论？问题在于，尽管这些智慧设计论者肯定无法说服受过训练的科学家，但是他们将世俗和宗教机构作为宣传工具，并通过大众媒体将大众作为目标。根据 1999 年泄露的"楔子"文件，智慧设计论创始人、主席布鲁斯·查普曼（Bruce Chapman）拥有一本了不起的地址簿，里面记满了媒体的联系方式。

智慧设计论者经常由类比展开争论，如同任何一位科学家都能轻易断定的那样，类比意味着根本没有任何证据，尽管一个未受过训练的观察者想用类比来做证明。如果 A 在某些方面"像"B，这并不意味着 A 等同于 B 或者举止像 B。以发现研究所的迈克尔·贝赫为例，他喜欢用老鼠夹的例子作为谈话的开始。如果老鼠夹缺少其组件的任何一件，它将不会起作用；它具有"无法简化的复杂性"，而且它是由一位智者为了一个目的而设计的，这个目的就是抓老鼠。贝赫的深入研究显示，低等生物的每一个极为简单的组成部分，例如细菌鞭毛，都"像"老鼠夹一样，具有无法简化的复杂性。

根据贝赫及其智慧设计论的同事的观点，通过进化使各个组成部分结合在一起是绝不可能的，因为这在数学上是不可能的。这恐怕需要比整个宇宙历史还要长的时间才能进化到结合在一起；而且由于这是不可能的，唯一的替代解释就是它们一定是经过设计才结合在一起的。

但是达尔文并没有谈及这些。对于贝赫的论点，不幸的是，不仅不太复杂的老鼠夹事实上已经发明出来了，而且不那么复杂却能实现同样功能的生物事实上已经被发现——无法简化的复杂性这一原则在

思想的锁链

科学上毫无意义。

正如达尔文在1870年所写的,"当一部分得到改进时,其他部分通过关联原则也会随之改变"。进化论生物学家 H·艾伦·奥尔(H. Allen Orr)对贝赫的著作《达尔文的黑盒子:对进化论的生化挑战》(*Darwin's Black Box: The Biochemical Challenge to Evolution*)的评论用更为现代的语言表达了这一观点:[8]

> 贝赫的巨大错误在于,仅凭对这些(进化论)可能性的否认,就总结认为达尔文主义的解决方案都不成立。但是有一个解决方案是成立的。它就是:一个无法简化的复杂系统可以通过逐渐添加组成部分得以建造,这些添加部分最初只是有益的,却由于后来的变化变得必不可少。逻辑十分简单。某个部分(A)最初做着某项工作(或许做得不太好)。另一个部分(B)后来被加入进来,因为它有助于 A。这个新的部分不是必不可少的,它只是改善情况。但是后来,A(或者其他部分)可能以这样一种方式发生了改变,以至于 B 现在变成不可或缺。随着其他部分加入这个系统,这个过程继续着。直至最后,许多部分都可能成为必要的。[9]

尽管复杂结构缺少其所有的组成部分将无法发挥作用可能是完全正确的,但所有这些组成部分同时出现以使生物体可以正常运转的可能性低到几乎为零,当然这并不是达尔文的论点。智慧设计论的"巨大错误"是陷入了逻辑陷阱,科学家称之为"回顾性谬误",即从一个目前正在被观察的结果开始。然后他们事先要求那个特定结果;这与一个截然不同却具有相同功能的结果相反,他们因此极大地增加了可

第四章 消灭启蒙运动：对知识的攻击

能性。

我在本章开头引用了布朗大学生物学教授肯尼思·米勒的话以达到这样一个效果，即如果"设计者"如此聪明的话，为何他所设计的生物几乎全部灭绝了？这是多么尴尬的一件事！米勒在驳斥智慧设计论者的观点时还提供了一个生动的对比。他解释说，一位扑克玩家注定会抽到两张黑桃十、两张红桃 Q 和黑桃 A 的概率可能确实很小，但是对于进化论来说，你只需要抽到"一个对子"就行了——自然选择会在接下来的时间里做剩余的事情，此时概率就会无限增大。不仅如此，选择可以采取众多方式中的任意一种，而对于所有生物体来说并不会采取相同的方式。例如，存在于不同物种中的蛋白质可能有 90%的差异，但仍然具有相同的功能。

智慧设计论者也无法摆脱这种几乎令人无法接受的逻辑谬误："一些复杂的物理现象或生物现象还没有得到科学（显然）的解释；因此这种或那种迄今为止未得到解释的现象必须被视为一种证据，证明超自然力量导致了这种现象的产生（这令人无法接受）。"这种表述可以显得更学术一些，但是这和将下雨解释为部落向雨神祈祷所致不相上下。这是通往科学的瓦解和最终灭亡的道路。

法律学者罗纳德·德沃金（Ronald Dworkin）对此中肯地评价道：

> 将神的干预当作一种对非常充分的传统解释的对立解释，的确是可行的。为何我们宁愿相信一位气候学家关于全球变暖的描述，认为变暖过程将持续下去除非减少对大气的碳污染水平，而不相信神为了自己的目的使地球逐渐变暖、并在愿意的时候让地球再度冷却这样一种对立的描述呢？[10]

思想的锁链

由于这正是诸多宗教信徒所相信的全球变暖的原因，我们可以合理地推断，由宗教引发的针对科学和知识的攻击不仅威胁到了启蒙运动，还威胁到了地球上的生命。

并不是所有宗教信徒都试图利用神的力量击败达尔文。无知的乔治·W. 布什总统曾说过这样一句名言，"陪审团对进化论的理解仍然是错误的"，前参议院多数党领袖比尔·弗里斯特（Bill Frist）（他本身是一位医学博士）想让"两者"都在公立中学教授；但这与教皇约翰·保罗二世所说的"进化论不再仅仅是一种假说"的观点是不同的。梵蒂冈天文台台长、天文学家乔治·V. 科因（George V. Coyne）神父更加明确地阐释了教皇的观点，他认为智慧设计论"贬低了上帝"；还说"科学和宗教是完全不同的追求"；相信《圣经》可以或者应该作为一种"科学知识的来源"，这种想法是错误的。

科因也曾公开训斥维也纳红衣主教克里斯托夫·舍恩伯格（Christoph Schoenberg），因其广泛宣传反达尔文主义、支持智慧设计论的观点。舍恩伯格在《纽约时报》——通常情况下并不是发布天主教教义新进展的第一平台——撰文认为，进化论不可以被简化为"偶然性和必然性"的问题；而是存在一个"内在结局"和神圣计划。科因神父解释说，这绝对不是教会教义，主教"至少在五个基本问题上是错误的"。[11] 让我们希望科因的观点将取得胜利：众所周知，舍恩伯格与教皇本笃十六世关系密切，人们不禁想知道，他在《纽约时报》的言论是否预示着天主教教义将重返进化论。

正在逐步发展的智慧设计论

讽刺的是，无论智慧设计论对达尔文持怎样的观点，其本身也像其他生物体、机构或教义一样，随着周围环境的变化而不断发展。智

第四章 消灭启蒙运动：对知识的攻击

慧设计论者是一群油滑之人。像进化论一样，他们将偶然性和必然性发挥到了极致。他们从未声称智慧设计无处不在，所以当他们面临一些无法反驳的证据，比如说这种或那种生物体或生物体的组成部分体现不出设计的迹象，却可以用自然选择来解释时，他们就会简单地转移话题。

智慧设计论并不像真正的科学，它从不提出任何可试验的预测——换句话说，其论点是不"可以被检验的"——对一个科学假说来说这是一个严峻考验。你必须至少能够想象出可以反驳假说的证据，但是没有任何可以想象的证据能够驳倒智慧设计论狂热支持者的论点。他们可以避免被试验，首先，当谈及"设计者"应该在何时且如何进行干预时，他们就会故意模糊其词。其次，他们从来不说"自然界的每个结构都是被设计过的"，而是说"科学应该能够找到自然界中设计的证据"——两个截然不同的命题。

《新科学家》（New Scientist）杂志将智慧设计论者最新的诡计称为"上帝实验室"。由于发现研究所及科学与文化复兴中心在可信性方面只能给出这么多，这个有着充足资金的小团体已经在西雅图郊区设立了一家新的叫作"生物研究所"（Biologic Institute）的秘密研究机构。当《新科学家》杂志的记者登门拜访的时候，只有一个人愿意开门，并且开门之后立刻一言不发。但是不久他无意中泄露了秘密。[12]

这个倒霉的消息提供人名叫乔治·韦伯（George Weber），他向《新科学家》杂志的记者叙述了日常课程内容。生物体的某些特征过于复杂，以至于没有干预就无法得以进化，而这家新的研究所就是为了探测这一点——于是生物研究所主任道格拉斯·阿克斯（Douglas Axe）博士就将他解雇了。他说，韦伯"被发现严重误解了生物研究所的目的并歪曲了它"。相反，任何熟悉发现研究所或者熟悉贝赫和

思想的锁链

德姆斯基等该所研究员的著作的人会说,韦伯完全理解了这个目的。生物研究院试图通过实验室科学来寻找"设计者"的作品,而拥有分子生物学博士学位并在英国剑桥大学实验室完成了博士后研究的阿克斯将领导这项工作。

从田纳西州的代顿到宾夕法尼亚州的多佛:受审的达尔文

显然,建立生物研究所的一个原因就是智慧设计论者在2005年12月判决的一次标志性法律诉讼中遭遇的痛苦挫折。自斯科普斯审判案之后,这类案件一直都通过美国的各个法庭审理,而在《基茨米勒(Kitzmiller)等人诉多佛地区学区案》中,联邦法官约翰·E.琼斯三世(John E. Jones Ⅲ)传达了一长篇消极观点。一群宾夕法尼亚州多佛市的家长将学校董事会告上了法庭,因为后者坚让生物老师读一段声明以确认达尔文主义只是一个理论,而且其本身并未得到证实;同时提议推行另一种以智慧设计论为核心概念的课本。家长赢得了诉讼。

尽管琼斯法官是由布什总统任命的,并且自称是一名共和党人,但他拒绝允许在公立学校宣读这样一份声明或者教授智慧设计论教义,因为这不过是有着华丽外表的创世论,因此与《宪法第一修正案》相违背。琼斯法官写道:

> 案件审理中已经确认的压倒性证据表明,智慧设计论是一种宗教观点,不过是一种重新贴了标签的创世论,并不是一种科学理论。[13]

案件审理过程持续了三个月,诉讼费用超过了100万美元——对

第四章 消灭启蒙运动：对知识的攻击

于作为有罪一方当事人的区学校董事会来说，这是他们预计要支付的一笔巨额款项。结果是，有四个州显然担心面临类似的诉讼，因而将智慧设计论从学校课程中去除了，这对于理性来说是一次非凡的胜利。另一项这样的胜利甚至在案件审判结束之前就发生了。在2005年11月的当地选举中，选举者将多佛学校董事会中支持智慧设计论声明的所有成员全部逐出了董事会。

这样的胜利通常得到了一些机构的行动援助，譬如1920年成立的、令人尊敬的美国公民自由联盟。在斯科普斯进化论审判案中它就已经出现，得益于其50万名成员的支持，现在每年超过6,000起庭审案件得以受理。一个更专业的组织是美国政教分离联合会，它拥有7.5万名会员，60年来一直致力于诉讼和教育。它的目标就是捍卫《宪法第一修正案》，"避免让美国建立一个国家教会并且避免成为一个教会国家"。仍然有许多美国人准备捍卫宪法，反对任何世俗和宗教的来犯者。

然而，现在仍处于欢欣鼓舞的初级阶段。在地方层面，许多高中生物老师都承认，他们只是简单地跳过进化论的主题，以避免与原教旨主义家长之间产生冲突。一些老师选择了委婉的说法，更喜欢对学生们说"随着时间改变"而不是宣告那个可怕的"以字母e开头的词"［现在一些圈子里已经默认将"进化"（evolution）一词称为"e-word"］。自多佛诉讼案判决以来，发现研究所坚持不懈的成员们一直在努力的征途中，利用他们乐于助人的媒体联系人试图证明琼斯法官是错误的。在琼斯长达139页的观点中，其中一个观点是智慧设计论"尚未形成任何得到同行评审的出版物"。如今，生物研究所所长道格拉斯·阿克斯已经在一家知名的分子生物学期刊上发表了两篇得到同行评审的论文，威廉·德姆斯基将此援引为智慧设计

思想的锁链

论案件的证据。

除非学术期刊的编辑们特别警惕，否则将可能有更多的这类措辞严谨的论文偷偷通过同行评审流程。智慧设计论者正在争取科学名望与合法性，而为了这个目标他们每走一步都会逐步完善他们的策略。正如另一位《新科学家》记者针对当前形势的报道所说：

> 在过去几年的某些时候，那些质疑主流科学发现的人不再是可笑的勒德分子，对于许多人而言，他们成了有关科学的公共辩论中一种被接受的声音。并且当这种声音的观点不仅被接受而且符合选民的偏见时，德姆斯基的工作就完成了。[14]

智慧设计论者逐步取得一些进展，因为他们正在一个富于想象力且乐于接受的领域工作。在美国，进化论和达尔文主义仍然是时下的重大问题——对一些人来说的确是人身侮辱。在富裕的、可能接受了更好教育的国民中，唯独美国人厌恶接受在科学上已经成立的事实，举例来说，他们与其他所有人一样，有98%的基因与大猩猩相同——实际上，三分之二的美国人愤怒地驳斥了他们可能有一半基因与大猩猩相同的观点。

启蒙运动战士：冲破障碍！

畅销书作家、生物学家理查德·道金斯〔Richard Dawkins，著有《上帝错觉》（*The God Delusion*）〕对于正在进行的宗教运动及其践踏科学的企图保持着高度警觉。诸多诺贝尔奖得主和其他杰出科学家也是如此，他们于2006年11月聚集在加利福尼亚州拉荷亚的索尔克研

第四章 消灭启蒙运动：对知识的攻击

究所，召开了首届"超越信仰"会议。*与会者和一个处于起步期的电视项目——"科学网络"进行了合作，他们承认宗教逐渐战胜了大众心目中的理性，并自问能为此做些什么。他们说，想要避免"启蒙运动计划的衰退和一个非理性时代的开始"，我们就最好着手创造一个"新的理性叙事，就像那些在传统上维持社会的叙事一样，富有诗意和力量"。[15]

他们似乎尚未面对的问题是"富有诗意和力量"是否可以与"理性"并行，或者更简单地说，个人——甚至与这些科学家一样坚决而有天赋的那些个人——是否可以无中生有地创造出新的神话结构。"神话"在这个意义上并不意味着真或假，而是概括了超越信仰支持者的既定目标——创造出一个"富有诗意和力量的叙事"，有足够的吸引力去俘获并占据大众的想象。毋庸置疑，科学有一个美妙且令人敬畏的故事可以讲述——但如果《圣经》的典故在这个背景下可以为人接受的话，科学就很有可能掩藏其自身的光芒。然而，这几乎不足以影响大众舆论。如同我们在前几章所看到的，文化霸权依靠的不仅仅是几个孤立的科学家，无论他们可能有多么聪明。

尽管超越信仰支持者已经定义了第一个重要的 M，即使命（Mission），但他们还需要控制好其他四个脚踏实地的"M"。也就是说，如果他们想创造一个成功的终极 M——神话（Myth），他们还需要资金（Money）、管理（Management）、媒体（Media）和营销（Marketing）。不仅如此，如果他们想要靠自己来实现所有这些功能，他们将发现没有时间来照顾他们的实验室、教学、经营纽约市海登天文馆以及其他各种重要的日常工作。这令人想起拥有 1,700 名雇员的爱家协

---

* 第二届超越信仰会议于 2007 年 11 月初召开，关注重点是启蒙运动。这届会议的视频可以获得，但是截至本书写作时（2007 年 11 月中旬），仍没有书面报告可以获得。

会，或者提供"平均每个工作日 6.5 次媒体采访"的传统基金会。

这些——在乘以大约 102 倍之后——就是新启蒙运动战士必须做的。他们需要建立启蒙运动版本的发现研究所（以及该版本的传统基金会和其他相关的所有右翼思想工厂），创造一个替代科学与文化复兴中心的理性机构，并在总体上将大炮对准其他反科学舰队。这项漫长而艰难的工作甚至还没有开始。

首先，他们必须努力获得所有 M 中最基础的金钱——没有金钱其他一切都只是朦胧而遥远的希望。实际上，他们需要大约六个坦普尔顿基金会来支持科学。坦普尔顿基金会是一只装满了巨额现金、意义极为含糊的蜜罐，在过去 20 年里一直都在资助各种奖项和研究计划。没有任何理性主义者会质疑其大字标题"支持科学，投资重大问题"或者其格言"知道得有多少，就有多渴望去学习"。基金会也曾预先宣布不支持智慧设计论运动，并且与基督教右翼没有联系，自身也不是一个宗教机构。到目前为止一切尚好。

但是当涉及"核心主题"时，坦普尔顿基金会在有关科学的问题上似乎不仅仅是有点模棱两可。为了让读者进行评判，这里列出所有 31 个主题：

> 创造力、好奇心、兴起、企业家精神、进化论、宽恕、自由和自由意志、对未来感兴趣、慷慨、感恩、诚实、谦卑、人类繁荣、无尽、思想和才智、关于上帝的新概念、祈祷和沉思、进步、目的、可靠性、科学和宗教、自制、宗教资本、宗教发展、宗教转变、宗教和健康、节俭、终极现实、无条件的爱、智慧、崇拜。

科学家毫无疑问对进化论、思想和才智以及无极的可能性充满好奇；

第四章 消灭启蒙运动：对知识的攻击

经济学家则对节俭和创业精神感兴趣，而人类学家和伦理学家则与其他类别相关；牌似乎都重点堆在了支持神的方面。

查看那些奖项，这个评价就得到确认了。坦普尔顿基金会依赖于一位传奇的股市投机者——约翰·坦普尔顿（John Templeton）的财富，他现在已经九十多岁了，并且据我所知他仍然在巴哈马享受生活。他的利润丰厚的选股使得这个仍属家族事务的基金会可以颁发世界上金额最大的个人现金奖励，这个高达80万英镑（折合160万美元或120万欧元）的奖项以其高额奖金最为著名。坦普尔顿奖使诺贝尔奖得主可以得到的奖金都黯然失色。获奖者通常都是天文学家或神学家；这些人都认真地试图理顺床单以使科学和宗教可以同床共枕。理查德·道金斯将坦普尔顿奖称为"通常给予一位准备说一些宗教好话的科学家的非常大的一笔钱"。

但是坦普尔顿基金会也颁发了许多小的奖项——例如颁发给一些信奉宗教的记者或者具有宗教主题的电影。当我审视它的"自由奖"颁奖时，面纱才得以揭开，眼前的障碍得以清除，或者在真相揭开时你偏爱的任何比喻；目前看来，事实是坦普尔顿基金会正在去往右翼的道路上，而没有去其他任何地方。

这些自由奖都是由［名字明显取自艾恩·兰德（Ayn Rand）的超新自由主义小说《阿特拉斯耸耸肩》（*Atlas Shrugged*）］的阿特拉斯基金会来选择并管理的，这些奖颁发给了分布在全世界的庞大的新自由主义、哈耶克式智库网络的成员。这些智库中有26个在2006年以其"在推动自由方面的卓越表现"赢得了自由奖。不仅如此，如果采用阿特拉斯基金会网站上的数据，现在这些智库中有481家可供选择。其中涉及的"自由"是哈耶克的经济自由，以及免于政府监管、税收和公共服务等的自由。

思想的锁链

阿特拉斯基金会也精于帮助阿尔巴尼亚和赞比亚等国家有着相同思想的人建立属于他们自己的智库,使得忠实的支持者能够互相联系从而形成广泛的网络。他们手头的名册上显示在拉丁美洲有81个这样的机构(其中仅阿根廷就有24个)、亚太地区41个、中东或非洲22个、东欧和西欧149个——我数了一下,在东欧有超过50个机构,而将它们完全分开是不可能的。可以预料的是,机构最多的国家是美国,共有158个,而加拿大有21个,英国有18个。

这481个有关新自由主义或自由主义思想的中心机构的存在可能夸大了它们的实际影响——例如,在法国的11个中心机构中,我无法确定哪怕一位知名的法国知识分子,除了一位极右翼的大学经济学教授,他曾经担任过哈耶克的朝圣山学社主席。然而,这些机构的发展速度真的令人赞叹,例如已经发展到了东欧或者一些像阿根廷这样的被国际货币基金组织渗透的拉丁美洲国家。这些人被组织起来,运营着高效的网络,并且他们是以结果为导向的。

坦普尔顿-阿特拉斯联盟进一步说明进步势力需要通过向他们学习来与对手展开对抗。一个明白了这一点的人,资助了超越信仰会议,这个人就是来自圣地亚哥的商人和投资者罗伯特·泽普斯(Robert Zeps),他在《纽约时报》上的一篇文章中将这个会议确定为"反坦普尔顿"的。我追查到他,并问他"反坦普尔顿"这个说法应该怎样理解,他是否将自己视为一个先驱。罗伯特·泽普斯友好地回答了我的询问:

> 在资助科学家说一些有关宗教的坏话方面,我不是反坦普尔顿的。我(简单地认为)所有的研究都应该独立于除学习之外的任何特定议程。我所见到的一个问题是,富人……倾向于不为这

第四章 消灭启蒙运动：对知识的攻击

些问题而烦恼，他们很乐意地去资助癌症研究等工作，但是却没有任何反抗保守派的动机。大多数人所持的观点是，宗教右翼就是疯子，声音很大，但坦白说不值得回应。所以在某些方面，我发现自己是一个先驱，也希望我的许多富人朋友会在我的带领下为像科学网络这样的机构投一些资金。我将在这些方面投入相当的努力！我相信比尔·盖茨、史蒂夫·乔布斯（Steve Jobs）和许多科技时代的富人都坚定地站在科学一边，而且他们需要站出来，并用一种可以被反科学游说团感知到的方式说出他们的立场。[16]

有人希望他，可以这么说，一帆风顺；与此同时，对于启蒙运动的攻击正在热烈进行中。防御行动需要的将不只是资金，尽管资金是显而易见的第一步。当提及四个 M 时，"反动势力"要远远领先于进步势力：因为进步势力仍然不理解支持思想的必要性——这里的思想指的是人类曾经想到的最伟大的思想，关于宇宙的本质、物理现实的结构和生命的华丽繁衍。

在美国，阻止对科学的攻击可能还需要一个截然不同的方式。尽管在目前美国激进的福音派的背景下或许是不可避免的，但道金斯式富有战斗性的无神论反抗并不一定是最好的前进方式。至少对于我而言，焦点似乎不应该放在使宗教信徒与无神论者相互竞争上——不仅因为信徒人数要多得多。几个世纪的辩论——不论是在博学的教授之间还是倔强的司机之间——已经证实，关于上帝的存在和旨意的争论从来没有、将来也不会得到解决。

另一方面，在关于政教分离，以及使所有宗教信仰体系远离公共领域的必要性的辩论中，宗教信徒和无神论者都可以进行强有力的防

思想的锁链

御并取得胜利。这正是法国在长期统治的天主教会被迫将共和国事务移交给世俗的、选举出来的代表之后而最终在 1905 年设法做的事情。在法国，同样的规则也适用于其他宗教。

在我看来，托马斯·杰斐逊呼吁"隔离墙"是正确的。许多科学家都是宗教信徒；这并没有阻止他们进行高质量的研究，因为他们在进入实验室之前已经将他们的信仰留在门口了。为何如同道金斯所坚持的，无神论者必须是人类进步的先决条件？

神经科学、进化生物学和人类学很有可能会用坚实的证据向我们证明，我们的祖先中相信保护性的超自然存在的那些人因此比那些不相信的人获得了一种生存优势——这样的发现是绝对可信的。作为一个物种，我们现在可能与生俱来地相信优先于我们自身的各种力量可以帮助我们度过人生。

对整个社会的教育似乎是对抗大众轻信的唯一解药，也是将祈祷从公立学校排除出去的另一个合理理由，祈祷正是新保守派最喜爱的游说工具之一。人们必须接受批判性思维所必需的工具，而这其中就包括了关于神的批判性思维，如果有神的话，还包括他或她的全部作品。在美国，蒙昧主义宗教尤其与马克思主义修饰词"精神鸦片"非常契合，但是任何正面反击都会立刻违反《宪法第一修正案》："国会不得制定法律以建立宗教或禁止宗教信仰自由……"歌德说"历史教给我们的唯一一件事就是没有人曾经从历史中学到任何东西"，但是至少这就是我们应该已经学到的。

集体的一神教信仰（和竞争）可能已经变得机能失调并具有破坏性——我个人认为他们已是如此——但是个人对于上帝的信仰或者怀疑仍然是一个非常私人的问题，并且在民主社会里这原本应该受到保护。从我们可以观察到的每件事来判断，宗教抚慰了数以百万的人，

第四章 消灭启蒙运动：对知识的攻击

与其他方式相比，宗教可以帮助他们的生活减少痛苦。如果不接受这样的抚慰，他们应该反抗吗？也许应该，但说服他们这样做并给他们提供另一种选择，是一种与对抗宗教本身截然不同的政治斗争。只要宗教信徒不试图将自己的信仰强加于其他任何人，如同发现研究所的福音派基督徒不懈努力去做的那样，杰斐逊的"隔离墙"对于每个人而言应该足够了。然而，就现在而言，这面墙需要紧急修补，而且或许还需要在其上方装一些带刺的铁丝网。

最后，我们要如何对待有关"容忍"的辩论——你的信仰与我的信仰一样好，又如何对待其他类似的相对主义观念？在这里，我坚定地站在绝对主义阵营一边。铭刻于宪法中的宗教自由是一个来之不易的权利，为了这项权利有太多人遭遇个体或集体屠杀（"杀光他们：上帝会认识自己"），以最野蛮的方式殉难。即使为了纪念这些无数的牺牲者，信仰自由也应该得到保护，只要它不侵犯其他人的权利，包括和平生活以及不被狂热分子政治迫害的权利。

对于个人言论自由而言也是如此。如果我想要站在街角宣称月球是由绿色奶酪做成的，我应该被允许这样做，但是一位科学教师不仅有权利而且有义务教给学生足够的知识和方法论技巧来让他们理解，无论我的上述信念多么被人热切支持，它永远都是无知的、迷信的和错误的。宾夕法尼亚州多佛市的家长们对于智慧设计论的"无法容忍"是正确的，首先因为它显然是错误的，其次因为它侵犯了孩子们不可剥夺的权利，即被教授他们这个时代可以获得的最准确知识的权利。不然他们要如何学习应对未来呢？

此外，信仰的对象并不是一位住在天上的大胡子男人，而是包含所有事物、能量、意识和时间的一种宇宙智慧，它至少与道金斯的唯物主义一样合理，并且为卓越的科学留下了所有必需的空间。

思想的锁链

家庭学校运动*

在上一章里我们简要了解了 R. J. 拉什杜尼和卡尔西顿研究所的神学教育旨在遏制《宪法》，将《圣经》，尤其是《旧约》和《摩西法典》确立为国家的最高权威。拉什杜尼是一个正在不断发展壮大的运动的先驱，这个运动的目的是让美国儿童离开公立学校，在家训练他们，并采用维护原教旨主义偏见的特殊课本。这对于合众国而言是另一个明显而现实存在的危险。这是有违人类智力和理性的犯罪，不是一个可以"得到容忍"的现象，即使这场运动现在受到许多法庭判决的保护。美国许多公立学校的落后条件可能会在一定程度上引发对于家庭学校家长的同情（有一些家长是进步分子），但是这个问题的答案并不是在孩子们的头脑里塞满反科学的非理性宣传，而是向这些公立学校投资，支付给老师更多的工资等等。

让我用一段题外话来开始这一部分的论述——可能也变成不是题外话。我在美国上公立小学的时候，每天都要举行一个仪式。每天早晨在开始上课之前，我们站在课桌旁边，将右手放在胸口，注视着高高悬挂在老师讲桌上方的星条旗，背诵效忠誓言。"我宣誓效忠于美利坚合众国国旗，忠实于她所代表的合众国——一个不可分割的、人人享有自由和正义的国家。"伟大的誓言，对于孩子们来说是铭记终身的良言，如同我自己的证据显示的那样，我们确实铭记了一辈子。

20世纪50年代初的某个时候，一个叫作哥伦布骑士团的天主教

---

* 参与家庭学校运动的人总是将其拼写为一个单词，中间没有连字符。

第四章　消灭启蒙运动：对知识的攻击

组织开始大力游说，试图将"上帝"加入到誓言中去，并在1954年将誓言变为称颂"一个上帝庇佑之下的不可分割的国家……"艾森豪威尔总统批准了这一改动，他说"通过这种方式我们重申宗教信仰在美国历史和未来的至高无上；通过这种方式，我们将永久增强这些在和平及战争时期永远作为我国最强有力资源的精神武器。"*

艾森豪威尔也因此在数以百万的幼小心灵上刻下了这样的思想，即爱国主义与宗教是融为一体的，反之亦然；然而我自己的幼小心灵习惯于每天沉诵一些共和政府曾经发展的最伟大的理想，总共大约有25个词。艾森豪威尔总统搅浑了水，无视《宪法第一修正案》，但似乎没有任何人非常介意，或许因为没有孩子可以被强制背诵誓言，即使他或她每天不可避免地要听到誓言被别人背诵。最高法院在1943年确立了这个原则，即便是一个早期的版本。一个八九岁的孩子如果不和他的同学一起背诵会觉得非常奇怪并且感到孤独，但是他或她不是必须这样做。"支持生命"（意思为"反堕胎"）的宗教势力对此并不满意，现在他们想要推动另一项改变，以使得誓言这样结尾，"人人享有自由和公平，无论是出生的还是未出生的"。幸运的是，他们到目前为止尚未成功。

我为何在此介绍效忠誓言？因为这是一种习俗，就像在棒球比赛中唱国歌或者在7月4日举行游行、野餐和放烟花一样，这些习俗不仅增强了爱国主义观念，而且增强了一种共同命运的观念，以及公民聚集在一起赞美使他们成为美国人的公民美德的观念。一旦上帝介入进来，这种感觉就消失了，或者对我而言似乎如此，因为上帝必然将

---

* 一位名叫弗朗西斯·贝拉米（Francis Bellamy）的基督教社会主义者撰写了用来庆祝1892年10月哥伦布发现美洲400年纪念日的最初版本的贺词。他的孙女在誓言改动时说，其祖父将不会允许加入"在上帝的庇佑下"这样的话。

思想的锁链

会排除出一些人。

家庭学校运动将使数百万人以上被排斥在公民身份的社会之外。实际上，重点在于：他们只应学会遵从《圣经》。被送入这种特殊教育工厂的孩子们将会自视高人一等，因为他们是敬畏上帝的福音派基督徒；而不是美国公民，不是带有小写字母 r 的共和主义者和带有小写字母 d 的民主主义者。

教学还是布道？

南方浸信会教徒则不会为这种事情担心。他们拥有 1,600 万信徒，是美国最大的新教派别，他们的领导层当中有许多人现在将孩子在公立学校注册等同于"虐待儿童"。这是其中一位领导层成员的坦率之言："如果你喜欢性病、枪击事件以及居高不下的青少年怀孕率，那么请想尽一切办法将你的孩子送入公立学校。"*

为了清除这些恶魔，并且鉴于"政府学校里精神、道德和学术的腐朽"，南方浸信会教徒意图通过（从公立学校里）"退出策略"来发展基督教教学，这是由一个名称取自《旧约》、自称为"出埃及授权令"的附属机构策划的。这些浸信会教徒了解到：他们已经注意到年轻人接受的教育越世俗化，他们就越不愿意去教堂，尤其当他们到了上高中和大学的年纪时。这项运动的另一位主要支持者说：

> 基督徒家长有责任为孩子提供以基督教为中心的教育。任何

---

* 南方浸信会，其正式名称就是体现美国宗教和政治向右翼转变的一个完美实例。20 世纪 70 年代末，根据你们的观点，这个组织经历了一次"保守主义复兴"或"原教旨主义接管"。一些更加自由的派别脱离出来，组成了一系列令人困惑的较小的组织和教会。早在 1845 年曾发生过一次分裂，当时大多数人对奴隶制持支持态度。然而，在此语境中"南方"与地理位置没有丝毫关系："美方"浸信会教徒遍布整个美国。

第四章 消灭启蒙运动：对知识的攻击

人认为几个小时的青年组织和教堂活动比每周 40 到 50 小时的公立学校课程、活动和家庭作业将对孩子的信仰和世界观产生更大影响的话，他一定没有坦诚地对待自己。[17]

许多估测表明，美国的家庭学校至少已经涵盖了 250 万名从幼儿园到 12 年级的学生。这项运动也已经成为大生意：那些学生的课程必需品、课本和电脑软件等的销售额已经突破了每年 10 亿美元。如果南方浸信会家长遵从牧师和神学家的呼吁的话，那么他们可以轻易地让这些数字翻两倍或三倍。

浸信会的领导层声称，他们只能极不情愿地、悲伤地指出，他们必须在全美国呼吁家庭学校。他们说他们已经不能再等了，因为：

> （公立学校）在许多对于人们的信仰至关重要的关键问题上甚至不能保持中立。不幸的是，公共教育已经被那些在人类起源、性的应有作用以及同性恋的可容许性等方面反对圣经教义的人绑架。这些对于基督徒来说是不容妥协的问题。[18]

与往常一样，性是基督教议程中的突出问题，尤其是加利福尼亚州的基督徒，他们对于课程中"歧视"同性恋将很快变得不合法，以及这种被基督徒定义为性偏离的行为必须被"容忍"表示震惊。他们所称的对"有组织的同性恋游说"的攻击，将已经很长的邪恶清单又拉长了，这个清单已经被布鲁斯·肖特（Bruce Shortt）编入他简短的《关于公立学校的严酷事实》（*The Harsh Truth about Public Schools*）一书中。这本书由卡尔西顿基金会出版，正如我们所知，这个基金会是一个由坚定的极右翼千禧年信徒和统治主义者组成的宗教复兴运动组织的喉舌。肖特的书在许多像世界网络时报这样的网站上都得到了推广。那么"严酷事实"是什么呢？它就是：

> 任何政府学校体系不可避免的反基督的要旨和不可避免的后果：道德相对主义（没有固定标准）、学术的弱智化、极左的计划、几乎缺失的纪律以及由政府教育专家提供的持续但可怜的合理化。

另一个名为"家庭到家庭的在家教育"的附属机构则致力于鼓励每个已经实现在家教育孩子的家庭说服另一个家庭也这样做，并且给予他们在这个过程中所有需要的道德支持。这些推动者明白，许多家长担心没有完成他们的基督徒职责，但是对于实现在家教育这一信仰的飞跃感到犹豫，因为他们害怕自己无法胜任这项工作，他们的孩子也将受苦。家庭到家庭的在家教育帮助他们树立信心，为他们指明了通往广泛的支持群体网络的道路，帮助他们将在家教育的孩子们带到一起进行各种各样的课外活动和体育运动，以使他们彼此变得"社会化"。简而言之，它将新的没有经验的家长带向一个舞台，在这里他们可以轮流成为一个支持家庭。在其他语境中，这一策略可能被称作"病毒式营销"。无论它叫什么，它的目的都是增加那些不仅在星期天、而且每个工作日都接受福音派课程教育的孩子数量。

阅读本书的欧洲人现在可能已经开始高度质疑。难道政府不干预吗？你就这样将孩子从一家国营或经国家批准的学校拉出来教他们任意一些你喜欢的垃圾吗？答案是：（1）不，政府不干预；（2）是的，你可以教胡言乱语——尽管并不总是如此。教育是各个州的职责范围，而且几乎每个州过去都曾设立相关法律，尤其是有关教师资格和认证

第四章 消灭启蒙运动：对知识的攻击

的法律。

他们不再这样做在很大程度上归因于另一个福音派组织的坚持。这个名叫"家庭学校法律辩护协会"（Home School Legal Defense Association，HSLDA）的组织现在拥有超过8万个为其工作提供资金的会员家庭。两名坚持不懈的专业辩护律师迈克·史密斯（Mike Smith）和迈克尔·法里斯（Michael Farris）在20世纪80年代初成立了家庭学校法律辩护协会，自此开始系统地不断削弱法定教学要求。仅仅10年内，在一系列胜利的法庭挑战之后，他们摆脱了确立教师认证标准的州法律，并使家庭学校在50个州全部合法化。

这也正是为何这个体系中的儿童数量由1990年的30万人左右激增至如今的250万人左右的原因。在诸如弗吉尼亚等一些州，父母甚至不需要有高中文凭就可以教自己的孩子：他们声称"宗教豁免"就足够了。对于家庭学校课程，没有任何州政府法规，更不用说联邦政府法规了。对于课本也没有任何监督，其中一些课本持有"年轻地球"的创世论立场，将圣经中有关《创世记》的描述直截了当地表达为"科学"。宾夕法尼亚州的多佛审判案进一步刺激了许多对法庭拒绝允许在公立学校教授智慧设计论感到愤怒的家庭。现在家长们可以合法地教，也可以拒绝教，他们愿意的任何东西。[19]

至于课程，进化论当然是禁忌，但是一些"科学"课文被创造出来，打败了最好的科幻小说。一次快速、魔幻的神秘之旅包括如下无可争议的事实：

——地球的创造大约发生在6,000年以前——很抱歉再次重复，读者已经知道了这一点；

——声称可以展示超过6,000年历史的岩石的碳测验等放射性测

思想的锁链

量方法，都是不可靠的；

——20 岁时成为同性恋的人预期寿命至少减少 8 到 20 年，而且会极大地增加患乳腺癌的风险；

——气候变化将不会发生，因为上帝会进行"制衡"，所以"不存在发生全球变暖灾难的危险"；

——大峡谷是由大洪水冲击而成的；

——如果你听说我们现在看到的星光是在几十亿年前发出的，这是一个错觉。光在过去的传播速度要比现在快得多。

我们现在还无法宣称月亮是由绿色奶酪做成的，但是请你耐心等待，我们的科学家正在研究这个问题。

之后会发生什么？

现在我们看到这些接受了良好的家庭教育、被适当地灌输了教义的年轻人急切寻求大学层面的教育。他们接下来可以去哪里呢？有许多基督教大学，像鲍勃琼斯大学、杰里·福尔韦尔自由大学或是宗教复兴派的瑞金大学，但是有一些学生想接受更加精英的教育。难道家庭学校的毕业生肯定无法被合法的世俗学院或大学录取吗？是的，他们会被录取而且他们已经被录取了。除了非常顶尖的机构，大多数学院的招生办都依赖于标准化的计算机批卷的考试，这些考试强调实际知识，并不是为了强调或判断学生是否理解基本的科学概念而设计的。

如果这些进入世俗高等教育机构的学生为符合科学要求而学习了一年的生物、地理或天文学课程的话，他们就会感到非常震惊。为了保护他们脆弱的情感，同时为他们的未来提供全面衡量，至少有一家机构可以满足最聪明的家庭学校毕业生的需要。帕特里克·亨利学院

第四章 消灭启蒙运动：对知识的攻击

是一所小型学校（大约有 250 名学生），位于弗吉尼亚州风景秀丽的乡村，距离华盛顿特区非常近，它建立于 2000 年，目的在于满足接受家庭学校教育的福音派教徒的需要。它成功地超越了人们的期望。到目前为止，该校每个申请法学院——包括申请那些最有威望的法学院——的毕业生都被录取了，许多历史更为悠久、更有威望的教育机构都会羡慕其 100% 的录取记录。这个学校的学生在华盛顿特区的保守派圈子里受到追捧，许多人在那些圈子里找到了在国会、在包括联邦调查局在内的联邦核心机构，甚至在白宫实习或入门级的工作。[*][20]

这些难办却办成了的事情不单单是因为那些具有福音派思想的官僚或政治家想要为这些新鲜的右翼血液提供空间：帕特里克·亨利学院的毕业生在工作方面的优异程度不可否认。学校用充满逻辑学、修辞学、写作、演讲和沟通技巧的课程来帮助学生们准备成为高效的政治家、辩论家和律师（就像发现研究所一样）。他们中的许多人都以国家治理为专业，学校也有意识地培养他们从事"有影响力的职业"，就像它的前任校长所说的那样。这位前任校长正是迈克尔·法里斯——在家教育法律辩护协会努力奋斗的律师之一，他们击败了全美 50 个州阻止在家教育的州法律。

帕特里克·亨利学院曾两次赢得美国"模拟法庭"大赛的冠军，在比赛中学生们准备案情摘要并在模拟法庭中为这些案件进行辩护。伟大的英国牛津大学高傲的贝列尔学院最好还是看看其头上的桂冠再

---

[*] 帕特里克·亨利（Patrick Henry），美国历史上最著名的演说家之一，他曾与他的弗吉尼亚同胞一同恳请加入已经在马萨诸塞州爆发的革命。大多数学龄儿童过去都能背诵他在 1775 年 3 月 23 日发表的著名演讲的结尾部分："生命如此珍贵，和平如此甜蜜，以至于要用镣铐和奴役为代价来换取吗？全能的上帝啊，制止它吧！我不知道其他人会采取什么过程；但对于我而言，不自由，毋宁死！"以他的名字命名的学校校训则为"为了基督，为了自由"，但是这里宣扬的自由更多是哈耶克式的而非革命性的。阅读或收听帕特里克·亨利振奋人心的修辞和政治胜利请登录 www.history.org/media/audio.cfm。

思想的锁链

去上吊——帕特里克·亨利学院的辩论队曾经两次在辩论赛中战胜贝列尔学院，一次在美国，一次在英国。

迈克尔·法里斯将他的学院称为"福音派常春藤"的第一成员；学生们称他们的母校为"家庭学校生的哈佛大学"。这里的规则十分严厉，着装要求也很严格，政治是布什－切尼式的，必须道德纯洁，所有即将入校的学生必须签署信仰声明，其中包括有关撒旦和地狱的观点，在地狱里"所有生前不信基督的人会永久受困于有意识的折磨中"。越来越多的帕特里克·亨利大学毕业生直接进入法学院或联邦政府。他们的某位明星辩手很有可能在将来成为一名律师，成功说服最高法院撤销罗诉韦德案的判决。[21]

结语中的警示说明

对启蒙运动的攻击来源于下层社会——来源于年轻地球创世论者以及未受过教育的父母，他们抚养长大的孩子受教育程度仍将不高。这种攻击还来源于上层社会——来源于老于世故的倡导者，他们拥有博士学位，与踌躇满志的媒体结盟让他们帮助反科学思想的宣传。在这上下两个阶层之间，理性思想和民主实践可能被研磨得十分精细。不要相信能够和这些人进行"对话"，无论他们来自于文化的底层还是顶层。他们不想讨论任何事情。他们只想改变你，皈依他们的宗教，仅此而已。如果你拒绝皈依，他们一旦掌权就会采取强迫措施，而在等待的过程中，他们将采用各种诡计。

以乔·巴金特（Joe Bageant）为例，他是一位极具天赋的作家，对这类人非常熟悉。他就出生在这类人之中，他的哥哥是一位原教旨主义牧师，当他回到家中——全是善良友好并且爱他的家人，即使他们之间无法相互交谈。巴金特知道他在说什么，当他告诉我们这些人

第四章 消灭启蒙运动：对知识的攻击

生活在一个什么样的世界时，我们应该认真倾听：

> 宗教原教旨主义者经历了一种对于我们多数人而言已经长久衰落或消失的阈限意识的古老状态。（他们经历了）退化的狂喜状态，比如崇拜或欣喜若狂，……这些是现代人很少能感受到的；这些脱离了理性和逻辑的状态的确是与他们对立的。

当巴金特回去看望他的信奉原教旨主义的家人和朋友时，他不和他们一起去教堂，因为他知道这太危险了。他仍然很容易倾向于狂喜的状态，并且他意识到他也可能会屈服于哭泣的、言语含混的假象，这种假象仍然潜伏在他自身进步的政治外表之下。"那是某种原始的社交掩盖的事情，而且你不是像你想象的那么强大。"一种群体的精神紧张变得非常强烈，信徒会经历一种情感释放般的神佑之感，"美妙而急切的欢乐和幸福感，是的，还有爱"。

如果你与异教团体待在一起并参与其中的话，你可以随时吸收到这种奇妙的精神毒药。否则它会逐渐消退。大多数体验过其强大效果的人都留了下来，而我，本书的作者，也体验过这种效果，我不愿意做第一个攻击他们的人。他们有一份糟糕的工作或者没有工作，他们为了较少的工资需要工作更长时间；带孩子看一次医生就要花费掉一天的工资，他们长期过着信用卡透支的生活，而且任凭收账人摆布。现在爆发的次贷危机正将他们逐出自己的家园。宗教要比美国工人阶级甚至中产阶级的严酷现实让人感到满意得多，还提供一种其他机构无法提供的归属感。

与包裹在温暖中的成员身份带来的强烈快感相比，冰冷的理性产生的吸引力则很少。那些身处狂热崇拜之中的人可以扎堆在一起，并

思想的锁链

在一段时间内不再感到来源于外部那些和他们没有共同愿望的人的恐惧。一旦到了紧要关头,狂热崇拜者就不会在乎这个国家经过艰苦奋斗所建立起来的民主结构,因为他们不再从中受益。美国无论是由共和党还是民主党领导,几乎都没有给他们提供什么,除了当他们可以找到工作时的艰苦工作,以及找不到工作时的巨大的不安全感。一个神权政体会非常适合他们,谢谢你,非信徒没有任何权利。

我们不是在讨论有关理性的论争,甚至也不是在讨论"最好的教义获胜"这样的宗教竞争。他们的赌注更高,因为他们暗示最后要清除伴随启蒙运动诞生的世界观和人类进步,代之以原教旨主义的、确实带来安全感的《圣经》律法教义。在美国,至多接受了高中教育就辍学的工人阶级人数要比接受了大学教育的中产阶级人数多出大约三倍。

所有狂热的信仰和仪式都遵循着同样的规则。几年以前我在巴黎观看了欧仁·尤内斯库(Eugene Ionesco)的戏剧《犀牛》(*Rhinoceros*)。在这部剧中,剧作家描绘了许多角色在不断增大的压力下从普通人变为犀牛。无论如何反抗,这些非常普通的市民都经历了这一变形过程,直到变成一只犀牛。尤内斯库是做一个有关法西斯主义的比喻,而宗教原教旨主义也同样如此。

正如乔·巴金特对我们这些受过良好教育、聪明、宽容、中产阶级、民主、对话促进类型的人所说的,"醒醒吧。你的敌人比你知道的更可怕。"*

---

* 援引自乔·巴金特于 2004 年 11 月 11 日所写的"末日年代的宿醉"("Hungover in the end time"),但我强烈推荐访问他的个人网站 www.joe-bageant.com,可以从中感到当代美国不羁的风格,尤其是宗教的美国,用大胆而有趣的散文表现了出来。他的书《和耶稣一起猎鹿:从美国阶级战争发来的报道》(*Deer Hunting with Jesus:Dispatches from American's Class War*)计划由皇冠出版社于 2007 年出版。

第五章　游说团体、走廊和权力席位

我们可以让这个国家拥有民主或是将大量财富聚集在少数几个人手中，但是我们不能让这两种状况同时出现。

最高法院大法官路易斯·布兰代斯（Louis Brandeis），任职于1916年至1939年

确切地说，第一个"游说团体"是众议院特殊利益集团的代表为了伺机攻击其他成员并捍卫自身事业而设立的游说团体。美国沙文主义者可能会说，第一个具有影响力的游说团体是位于华盛顿威拉德酒店的那个，总统尤利西斯·S. 格兰特（Ulysses S. Grant）在等待白宫在一次失火之后的清理装修期间，曾在那家酒店和他的密友们喝白兰地、抽雪茄。事实上，至少从语言学的角度来讲，是英国人最先创办了游说团体，因为美国的游说实践本身与合众国的历史一样长。19世纪80年代，美国铁路的说客们明目张胆地将支票递给了众议院和参议院的所有立法者。自19世纪以来，技巧已变得更加复杂、娴熟和昂贵。

在本书第一章里，我们看到了知识分子、基金会以及智库如何改变美国的文化景观，但是我们大多数人不会提及大企业对巨大的意识

思想的锁链

形态变化的贡献。在第二章里，我们有限地看到了像美国以色列公共事务委员会（"以色列派游说团"）这样的游说团体的影响，这家机构有自己的员工来推动他们的事业。其他利益集团雇用员工，但也寻求专业机构的服务来实现自身的目的。根据一家名为"游说观察"的监察团体的说法，1998年至2004年间，美国游说行业的前十大客户付给公关公司将近10亿美元，让它们帮助自己处理和政府之间的关系。这些金额还不包括他们支付给自己员工的工资，其中一些工资开销也非常庞大。

有必要在此回顾一下，游说活动在美国是一种非常正常的活动，受到《人权法案》的保护，而且被视为"言论自由"的一种体现。如果你想知道某次游说活动花了多少钱，没有必要在背地里或者黑暗的角落里去寻找信息——这些信息都会发布在《国会季刊》以及联邦选举委员会的网站上。像游说观察这样的团体很有价值，因为他们编辑并弄清数据，但是无须像在欧洲不得不做的那样去窃取信息或者依靠泄密。

具有启发性的一点是，前十大游说团体既包括美国医疗协会，也包括美国医院协会，它们无疑都尽心尽力地开展游说活动，以使普通美国人永远不再得到政府资助的、较廉价的或者——但愿不会发生的——免费的全民医疗。出现在大额花销者名单上的还有跨国公司伞状组织，以及一些军工复合体的创始成员。*[1]

位于前100位客户清单上的其他游说力量来自于一些通常可以想到的产业——石油、汽车、通信、软件、银行、保险、军工、电子和制药产业。仅有的一些与公民依稀相关的上榜游说花销来自于（代表

---

* 排名前十的依次为美国商会、奥驰亚集团（主营食品和烟草，旗下有若干香烟品牌）、通用电气（五角大楼的第七大供应商）、美国医疗协会、诺斯罗普·格鲁门公司（五角大楼的第四大供应商）、爱迪生电器协会（核工业伞状组织）、威瑞森通信、商业圆桌会议组织、美国医院协会以及美国药品研究和制造商协会。

第五章　游说团体、走廊和权力席位

最大的农场主和农业企业的）农场联合会、（工会性质的）美国劳工联合会—产业工会联合会（AFL-CIO）、*出庭律师协会以及包括十分活跃的美国退休人员协会在内的三家老年人协会。读者可能还记得国会的三次调查结果都将美国退休人员协会列为华盛顿最高效的游说团体名单之首，与之比肩的还有枪支游说团体——美国步枪协会和美国以色列公共事务委员会。尽管如此，整体上还是大企业或者大型商业伞状集团占据了主导地位。

满怀抱负的企业伞状集团——商业圆桌会议组织，在游说观察的表单上排名第八。这个组织自称是为大型美国公司的首席行政官设立的一个协会。这些公司的年收入加在一起高达 4.5 万亿美元，2005 年给股东的分红高达 1,120 亿美元。这些公司也给慈善机构捐赠了 70 亿美元（也就是支付给股东的红利总额的 6%），从营业额来判断，它们完全可以付得起。《国会季刊》"政治资金线"的数据显示，商业圆桌会议组织仅在 2006 年下半年就花费了 500 万美元用于游说活动。

在所有游说团体中，美国商会威望最高，在将近一个世纪的时间里维护其成员的利益，位于这份大型花销者名单的榜首。1998 年至 2004 年间，美国商会在游说活动以外的服务方面花费了 2.05 亿美元。这个总金额几乎可以比得上 2006 年大选的游说活动和政治竞选活动献金的全部花费。那一年，美国商会及其附属机构法律改革研究所共花费了 7,200 万美元，平均每个月花费 600 万美元，还不包括用于内部员工的成本。美国商会列出了 56 名专业有偿游说者为其工作，以对政府行政和立法部门产生影响。

商业圆桌会议组织严格代表公司管理层的最顶尖者，而美国商会

---

　*　美国劳工联合会和产业工会联合会于 1955 年合并，组成了美国劳工联合会－产业工会联合会，现有大约 1,300 万名会员。

思想的锁链

则声称代表各种类型和规模的 300 万家企业，包括自雇人士。它的"核心使命就是在国会、白宫、监管机构和法庭面前为商业和自由企业的权利而斗争。……"为了完成这项使命，商会雇用了超过 300 名的由"顶尖政策专家、游说者、律师和联络员"组成的固定员工。

美国商会与文化战争：鲍威尔计划

这些初步行动表明，现在是我们给企业应有的东西的时候了：就像新保守派和基金会一样，公司部门也有自己相应的文化右翼议程，即使它这样做是出于迫不得已。一份名为"鲍威尔备忘录"的文件有着极大的影响力，在自由企业的世界里扮演着类似于"资本主义者宣言"的角色。[2]

1971 年 8 月，刘易斯·F. 鲍威尔（Lewis F. Powell），这位同时为 11 家公司董事会提供服务的杰出的公司律师，回应了来自他的朋友、时任美国商会会长尤金·西德诺（Eugene Sydnor）的一个请求。或许这并不是巧合，尼克松总统此后不久就任命鲍威尔为美国最高法院法官，他在那里从 1972 年工作到 1987 年。[*] 他写给西德诺的那封最终得以曝光的备忘录题为"机密备忘录：对美国自由企业制度的攻击"。根据鲍威尔的说法，在美国历史上，自由企业制度，即资本主义制度从未面临过这样的威胁。攻击者人数众多且坚决，他们在美国社会中拥有广泛基础，而且他们正在"获得动力和皈依者"。正如他所看到的，形形色色的左翼势力正在赢得这场发生在大学、媒体、学术和文学期刊、科学和艺术界，甚至法庭和教会的意识形态斗争。企业似乎没有能力保卫自己，更不用说反击了——与此相反，就像他所说的那

---

[*] 鲍威尔在最高法院任职期间，对种族和社会问题持温和态度，但是他也扩展了企业的合法权利。

第五章　游说团体、走廊和权力席位

样，自由企业制度"如果不参与的话，就是在容忍自己的毁灭"。

鲍威尔是正确的。一方面由于反越战运动，另一方面因为学生暴乱、民权和女权主义运动，1971年的新左翼正在迅速获得力量。激进的校园运动在如火如荼地进行中：鲍威尔引用的一份学生民意调查结果显示，"几乎有一半学生支持将美国基础工业社会化"。更广泛地取悦于大众观点而因此让像鲍威尔这样的人尤其感到惊慌的是拉尔夫·纳德（Ralph Nader），他对商业滥用的攻击使他成为"数百万美国人心中的偶像"。

其他一些他认定的颠覆者和破坏者正忙于谴责公司勾结造成的一切，从污染环境到食物供给，再到公司和富人的税收减免；一些反商业活动家甚至诉诸于针对公司和银行的实际攻击行动。尽管鲍威尔没有使用这些术语来表达当前形势，但他认识到，在美国一种葛兰西式的左翼势力以自由企业制度为代价建立起文化霸权，并取得了很大发展。

在鲍威尔看来，在越来越多的人想要干预企业并使其处于控制之下的非常时刻，最令人担忧的是公司领导层的无动于衷，用"安抚、无能和忽视问题"来回应那些针对其诚信和管理自己事务权利的攻击。他预言，如果企业不能或不愿反击，那么它就危在旦夕了。

以此为基础，在列宁逝世70年以后，鲍威尔谨慎列出了从资本主义角度"什么是必须要做的"。*

这里是他写给美国商会西德诺的备忘录的一个总结。首先，企业必须认识到问题，并接受其作为公司管理层关注的当务之急。企业运营仅有盈利再也不够了：商业领袖必须保护并维持制度本身免遭毁灭。

---

* 他写了题为"具体需要做些什么？"的文章，尽管他在备忘录中就各种问题提及马克思和马克思主义，但是并不确定他是否意识到了列宁主义的这个典故。

思想的锁链

公司应该任命一位像执行副总裁这样高级别的公司领导负责进行反击,监督公共关系部门,但是要做的远远不只公共关系这一方面。一旦每个企业都任命了自己的思想执行官,他们就需要相互协调。鲍威尔的列宁主义计划认识到:

> 由各家公司开展的独立且未经协调的活动是不够的。力量在于组织,在于细致的长期规划和实施,在于无限期的数年的一致行动,在于只有通过联合起来才能筹集到的大规模的资金,以及只有通过统一行动和全国性组织才能获得的政治力量。

在这场持续冲突中,美国商会受命成为五角大楼,成为自由企业制度的作战室。它掌握了战略地位,受到其众多成员的信任,还拥有数百支随时准备提供服务并发挥支撑作用的地方分会部队。战斗必须从全国高校校园开始,鲍威尔认为这里是对该制度攻击最强大的动力来源。社会科学和政治科学院系最坏,它们利用具有影响力和号召力的教师充当反公司运动的排头兵,生产了一些高效的作家,包括教科书作者,以及在年轻人中间传播邪恶的革命性教义并教他们怀疑和鄙视自由企业制度的讲师。

为了对这一切进行反击,美国商会必须集合一个由"社会科学领域确实相信这个制度的高水平学者"组成的骨干队伍;创立一支由专业演讲家组成的员工队伍和一个演讲者机构(将不仅邀请专家,还将邀请公司高管加入)。它必须建立由"独立"专家组成的座谈小组,对教科书进行评估和批判,因为如果"教科书作者、出版人和使用者知道他们将经受……那些相信这种美国制度的杰出学者的审查和评判,"他们会对其所写内容更加谨慎,那么"一个更为理性的平衡便可以预期"。

第五章 游说团体、走廊和权力席位

商界应该要求在校园里拥有与共产主义者和左翼分子"相等的时间",但是如果大学里没有社团想邀请美国商会的演说家怎么办?这种情况有可能发生,"除非美国商会积极坚持有权发表观点",并且公开谴责大学管理部门不允许"不同观点"的表达。这里最核心的元素是"有吸引力的、发音清晰且学识渊博的演讲者",尤其是"施加可能必要的无论何种——公开或私下的——压力",以确保他们能有足够的曝光度。从长远来看,商界也必须为更好地平衡各院系的教师而施加压力。大学是首要任务,但是美国商会也应该发展一些适合高中、商学研究生院和法学院的项目。

这些教育方面的努力会在较长时期内产生影响,但是媒体——尤其是电视——每天仍在向数百万观众灌输"对企业制度最阴险的批评"。这些批评可能源自"敌意或是对于经济的无知",但是无论何种动机,都必须与其进行斗争,因为它正在侵蚀对于这个制度的信心。电视是主要目标,但是广播电台和出版社也同样值得注意。美国商会采用的方法必须和在大学里采用的那些方法一样——将专家、压力和意识形态产品混合在一起,招募"杰出的学者、作家和演说家这些做思想、分析、写作和演讲工作的员工",还需要有能力的通信支持人员的增援。鲍威尔也理解,美国商会的学者骨干必须要在知名期刊上发表文章,而且"可以用一些刺激来诱导那些相信这个制度的独立学者'发表'更多的文章",比如说钱?

鲍威尔想要看到针对整个文化变革的意识形态行动——在一些受欢迎且更加理智的出版物上,在报摊上,在机场出售的平装书上;他想要付费广告,并指出如果"美国商界仅将其年度广告预算的10%投入这项总体目标,这就是一笔政治家风格的花费"。

鉴于我们在21世纪面临的完全改变的场景,或许很难相信校园和

208 电视曾经是激进主义的温床，也很难相信像鲍威尔这样认真的人会在1971年提出，"如今的美国社会很少有像美国商人一样对政府影响力甚微的元素了。"他说，这个"被遗忘的群体"在华盛顿遭到忽视，政客们却"争相支持几乎任何一项与'消费主义'或'环境'有关的立法"——因为他们认为那是公众想要的。公众必须受教育，但是政客自身也同样如此。解决这一问题的方法就是建立起商界的政治权力，并且抓住媒体和公众的注意力，而不是躲避它。

> 这种权力必须得到坚持不懈的培养，并且在必要的时候，得到积极果敢的使用，不应尴尬，也不应带有美国商界一直以来具有的勉强的特征。无论商会可能多么不欢迎它，也应该考虑在政治领域扮演一种更广泛、更积极的角色。

鲍威尔看到了推动自由企业制度事业的其他机会。为了应对判决越来越限制企业自由的司法制度，美国商会也必须拥有一批高水平的律师来对抗美国公民自由联盟和工会在法庭上的主张。它也可以对2,000万美国普通股东产生影响，这些人在增强企业方面有经济利益。但是无论在哪里发动文化进攻，这种攻势都必须以"一种更积极的态度"展开。

所有这一切都将花费大量资金，并且需要高级管理层的参与。演说家、学者、律师组成的骨干队伍以及美国商会自己的员工必须挣到具有竞争力的薪水，而且商会本身也必须发展壮大，变得更加专业，
209 管理层也需要进行重组。但是这些资金和时间的投入都将是值得的：文化攻势是唯一的解决办法，因为如同鲍威尔总结的，"商业和企业制度深陷困境，并且为时已晚。"

第五章　游说团体、走廊和权力席位

我们只需要呼吸当今 21 世纪的空气就可以承认鲍威尔计划所取得的巨大成功。美国商会不仅成为他想要的那种更庞大、更专业（且积极）的组织，而且企业也慷慨解囊。它帮助建立了像传统基金会、美国企业研究所这样的智库，以及属于自己的各类思想游说组织和运动。这些努力在 20 世纪 80 年代结出了果实，当时它与里根政府的"（让你）不介入企业"的要求完美合作。在乔治·W. 布什的任期，公司主导地位达到了意想不到的高度，而且未来的民主党总统也不可能以显著方式挑战目前状况。[3]

在鲍威尔实施其休克疗法的 35 年之后，美国商会在 2006 年所取得的成就列表里包括"成功阻止了提高最低工资的尝试……这会使最低工资在两年内上升到每小时 7.25 美元"。幸运的是，新选举出的、民主党人占多数席位的国会在 2007 年初投票表决，将工资提升至这个水平。美国商会对此表示失望，数年来一直停滞在每小时 5.15 美元（按 2007 年 11 月的汇率计算，相当于 3.50 欧元或 2.50 英镑）的最低工资没有保持下去。尽管最低工资增长拖延了很久，但是最低工资的主题还是值得做一些详细阐述，因为它展现了美国在劳工问题上的立场。我们很快将回到现在讨论的美国商会和其他游说团体的主题上。

靠鞋带生活——那么鞋在哪儿？

富兰克林·罗斯福的新政实施以后，于 1938 年通过的一项法律首次确立了联邦最低工资制度。"联邦"意味着没有任何一个州可以支付低于这个水平的工资。美国有一半以上的州还设立了最低工资法，并且在这种情况下，工人们有权获得高于州立标准的工资。2007 年，在国会投票表决最近一次提高最低工资标准之前，最低标准已停留在每小时 5.15 美元长达十年。按不变美元价值计算，这样的水平低于一

思想的锁链

个工人在 1950 年挣得的每小时 6.28 美元,而且与 1968 年 9.28 美元的最低工资购买力水平相比也大幅下降。每小时 5.15 美元的工资不可能体面地生活,这也是如此众多的美国人"刷爆"信用卡的一个原因。如果没有家庭团结或者接近食物银行等其他慈善机构,汽车维修或者孩子发高烧之类的轻微闪失都会变成一个悲剧。

以每小时 5.15 美元计算,你可以挣得可怜的、低于贫困标准的年薪是 10,712 美元,但是在这种情况下,你必须每周工作 40 个小时,一年工作 52 周。这样你就可以得到相当于在欧洲大陆或爱尔兰的 7,284 欧元;相当于在英国一年 5,248 英镑;也就是每个月 607 欧元或 437 英镑。2009 年,当新的一轮工资上涨全面生效的时候,工人们可以期待的最低工资可以达到每年 15,080 美元,但是仍然只有在每周工作 40 个小时、一年工作 52 周的情况下才可以。与欧洲和英国相比,现在的数字就变成了每年 10,254 欧元和 7,389 英镑;或者每月 854 欧元和 615 英镑。好了一些,但是并未达到欢天喜地的程度,仍然低于 1968 年美国的购买力水平。值得注意的是,名字显得有些讽刺的"公平劳动标准法案"没有规定节假日或病假期间可以获得工资。对于美国工人和雇员来说,经验法则很简单:"未工作的时间没有报酬"。那就避免生病或休假。在每周 40 个小时之外的加班可以获得一倍半的报酬。

劳动者的真实状况究竟有多糟糕?与那些原始数据相比,真实状况既比它好也比它糟。尽管 7.25 美元每小时的最低工资标准并不让人感到称心如意,最新发布的美国劳工部数据显示,2005 年的平均小时工资仅仅为 17 美元多一点,或者比 11.86 欧元/8.33 英镑多一点。在裁员就像秋天树上的落叶一样的制造业领域,专业工人的小时工资可以非常高,甚至达到二十几美元。美国的中等工资(许多工人高于这

第五章 游说团体、走廊和权力席位

个标准，也有许多工人低于这个标准）在2005年是一年46,326美元，中等的每周工资是638美元。尽管如此，与2000年相比，中等年薪仍下降了1,273美元。在布什政府实施"温情保守主义"的五年里，也就是2000年至2005年间，官方统计的贫困人口增加了400万，总数达到3,700万，占总人口的12.6%。官方贫困线的定义低估了生活在极其不利条件下的人口数量。

劳工部计算的实际工资等于或低于最低标准工资水平的人数只占获得工资的劳动人数的2.5%。与25年前相比，这是一个明显的改善；1980年，有15%的工薪阶层被列为此类（尽管在购买力方面当时的工资要高一些）。然而，歧视现象依然明显：在全部所得工资等于或低于最低标准工资水平的人当中，妇女占了足足三分之二。

尽管生活在社会底层的将近200万人面临显著的困难，对于大多数工人来说，真正的问题在于别的地方。所有工作的美国人中有60%挣的是小时工资，而不是月薪，并且自20世纪70年代以来这个比例就几乎没有变过。很抱歉说了这么多数字，但是我们需要这些数字来理解数百万有工作的美国人面临的困境。

严格来说，尽管美国的失业率确实低于5%，但这个数字并未将超过200万的庞大监狱人口计算在内，而且特别剔除了大量非自愿的兼职工人。2005年，超过7,500万工人赚小时工资，其中一些人工资不低，但是其中有21%的人，也就是1,580万人每周工作少于34小时，而他们中的大多数人更愿意有全职工作。另外还有600万按时计薪的工薪阶层每周工作45至60小时以上——劳工统计局对工时超过60小时的工人不作统计。如果你一周工作五个12小时（或者六个10小时），那么你也不在统计之内。尽管统计局没有这么说，但整体而言，这些人是保持两份兼职工作的人，而不是赚取可观加班费的人。

思想的锁链

薪水低廉的工人绝大部分集中在现今占美国经济总量五分之四的"服务行业"。其中待遇最差的——大部分是妇女——受雇于"食品加工和服务相关行业"以及零售业。[4] 由于收入不菲的制造业工作逐渐转向了中国以及其他低薪国家,失去工作的人们不得不在低薪服务行业寻找新的工作,在这里他们的工资甚至可能会低于最低工资标准。法律规定,餐馆服务生之类的岗位底薪是——做好心理准备——每小时2.13美元。餐饮服务生被期待靠小费生存。在美国餐馆吃饭的外国人不理解这种原始习俗,经常留下令人失望的很少的零钱,而留下相当于账单金额20%的小费是比较合适的。女服务生都尽量争取不为外国人服务,尤其是英国人……*

我知道这些是因为我读了芭芭拉·埃伦赖希(Barbara Ehrenreich)著名的《美国底层生活实录》(*Nickel and Dimed*)一书,她在书中记录了一个从事这类职业的妇女——作者本人——的生活。拿她来说,工作是自愿的。她从佛罗里达州搬到缅因州,再搬到明尼苏达州,做过服务生、宾馆女佣、清洁工、养老院护理以及沃尔玛的收银员。她从中了解到,即便最低微的工作也需要耗费极大的脑力和体力,并且做一份工作是不够的。如果你坚持住在室内而不是车里或者街头,你至少需要做两份工作。如果你来自城镇以外的地方,并且没有家庭可以依靠,你将永远不可能攒够钱来支付一个房间或一套公寓三个月的预付租金,这样的话你就不得不住在汽车旅馆里。即便低端汽车旅馆也是昂贵的。

埃伦赖希是一名职业作家,做这种工作是作为一种社会实验——

---

* 要了解为何小费的确是一种原始习俗,尤其在美国,参见丹尼尔·阿奇布吉(Daniele Archibugi)的经济学、社会学以及伦理学分析:"小费与民主"(Tips and Democracy),载于 *Dissent*,2004年春季刊第51卷第2期,第59–64页,或者访问他的网站 www.danielearchibugi.org。

第五章 游说团体、走廊和权力席位

一旦她收集到了想要的材料并掌握了讲述这个故事的技巧，她就凭借其教育和社会地位逃离了。总而言之，她知道这种状态是暂时的，她可以在任何时候离开，比如说如果她生病了。而大多数陷在这些工作里的人难以自拔，而且他们的状况也不会得到改善。正如霍利·斯格拉（Holly Sklar）所指出的，食品加工者和服务生常常必须依靠食物银行来养活家人；医疗保健助理无法负担健康保险，儿童护理工无法攒够钱让自己的孩子接受教育。[5]

美国经济从劳动人民那里抽取越来越多的财富给那些已经是最富裕的人，而不是用来满足每个人——无论其出身、种族或地位——对食物、住房、衣物、交通、健康、教育等方面的需要。对大多数美国人而言，这似乎是事物的自然秩序，看到他们在整体上保持幽默和乐观是令人惊讶的。尽管我无法再给出参考，我还是特别地回想起了一次民意调查，此调查显示在接受调查的美国人中，关于他们自己的财产和地位，有19%的人认为自己在所有收入者中属于最顶端的百分之一。另外还有20%的人说，不，他们尚未进入最顶端的百分之一，但是有一天他们会进入的。

头重脚轻的财富金字塔

在现实中，他们很少有理由感到乐观。美国的财富高度扭曲，并且至今不断地向这个方向发展。美国的金字塔尖是由纯金构筑的；塔基则由普通金属构成。再次为所有的数据感到抱歉，但是你或许可以原谅它们，因为其中一些是相当引人注目的。

1980年，一名公司首席执行官的收入与一名普通工人的收入比是42∶1。到了2002年，首席执行官的收入超过普通工人收入的400倍。我们可以用另一种方法来展现这种差距。1968年，美国收入最高的首

思想的锁链

席执行官可以赚得相当于 127 名普通工人或者 239 名最低工资工人的工资总和。到了 2005 年，收入最高的首席执行官可以赚得相当于 7,443 名普通工人或者 23,282 名最低工资工人的工资总和。[6] 其他对比也说明，首席执行官与其他职业相比，譬如公立学校教师，具有多么多的社会价值。1990 年，一名首席执行官的价值等于 63 名普通教师的价值，而到了 2001 年则等于 264 名普通教师的价值。[7]

美国人口中最顶端的 1% 的人口拥有全国总财富的三分之一，位列其后的 19% 的人拥有全国总财富的 51%，这也就意味着美国人中最顶端的 20% 的人占据了（资产减去负债的）总资产净值的 84%。这就给剩下 80% 的人口只留下了 16% 的资产净值。* 如果只考虑金融财富的话（房屋或其他固定资产不考虑在内），最顶端的 1% 人口拥有其中的 40%，最顶端的 20% 人口拥有 91%。1973 年至 2005 年间，最顶端的 5% 人口的实际收入增长超过一半。[8]

这些和最顶端的 0.001% 的人相比算不了什么。我往往迷失在这些细微的百分比之中，并在美国和欧洲的计数系统之间跌跌撞撞：我在这里的意思是，一个人处于 1 万，或者总共大约 3 万美国人之中，他真是幸福的少数。从 20 世纪 60 年代末到 90 年代末，他们的收入占美国总收入的份额从 0.5% 上升到了 2.5%。或者换句话说，这些超级富有的人拥有相当于美国（贫困）人口总收入的 15%，这可能是世界上唯一一个 3 万人等于 4,500 万人的国家。[9]

这是有关收入方面的故事。现在我们再回到关于资产净值方面的故事，资产净值也就是包括了那些无法立即变现的（比如房地产、私人飞机或游艇）的总财富值减去负债后的部分。根据美联储的统计数

---

* 在世界范围内，财富分配的扭曲程度与此呈大致相同的比例。

第五章 游说团体、走廊和权力席位

字，从1995年到2004年的十年里，美国人口中最底层的四分之一人口拥有的资产净值增加了8%，而最顶端的10%的人口所拥有的资产净值则猛增了77%（反映在房屋价格大幅上涨的其他因素方面）。

在资产净值方面，我们可以将数据进一步调整为3万人等于4,500万人，这一对比只考虑他们的收入。你在成功的阶梯上爬得越高，财富的聚集度也就越高。每一年，商业杂志《福布斯》（Forbes）都会提供让富人和名流热切期盼的亿万富翁名单。2007年初，美国最顶端的400人总共拥有1.25兆美元的财富，如果你喜欢也可以说是1.25万亿美元。这有多少呢？这是美国国内生产总值的10%，根据经济合作与发展组织（OECD）的统计，2005年美国国内生产总值为12.428万亿美元。[10]

尽管全球化使得世界其他地区的每个地方都在积累财富，并且不断将财富聚集到富人手中，2007年《福布斯》世界亿万富翁名单中仍有40%是美国人。根据《福布斯》2007年的榜单，你已经知道了比尔·盖茨凭借其拥有的560亿美元成为了世界上最富有的人。但是拥有著名沃尔玛的沃尔顿家族如何？芭芭拉·埃伦赖希曾在其中一家沃尔玛超市为了微薄的薪水工作过。沃尔玛毫不掩饰其右翼宗教立场；正是在其犹如怪兽的超市中，关于末日决战和末日审判的《留下》（Left Behind）系列丛书首先开始畅销。上帝肯定为这个创始家族提供了：这个家族的六名成员在2007年凭借其家族共同拥有的超过830亿美元的财富使得盖茨也变得矮小了。与此同时，2000年至2005年布什任期的黄金年里，"极度贫困"的美国人口数量增加了26%（至1,600万人）。作为大多数人主要收入来源的工资却在2001年至2004年间下降了6.5%。

大量掉队的儿童

美国财富分配的断层不可能快速弥合。穷人们被困在底层的部分原因在于教育，这个潜在的重要平衡器逐渐让他们失望，而学校系统的设计完全是为了让他们留在原地。

根据美国喜剧演员 W. C. 菲尔茨（W. C. Fields）的说法，"讨厌孩子的人不全是坏人。"好吧，乔治·布什已经试图让全国人民相信他爱孩子们。他的关心被铭记在 2002 年通过的叫作"不让一个孩子掉队"（No Child Left Behind，NCLB）的法律中。美国设有教育部（共有 4,500 名雇员和每年 710 亿美元的预算），但是像国家统一课程或国家考试之类的东西并不像在欧洲那样普遍。

美国为公共教育提供资金的体系极为复杂，并且依靠全部三级政府：联邦政府、州政府和地方政府。[11]* 联邦政府给州政府的补助应该是依据需要的标准，可能也根据其政治倾向以及该州政治代表在华盛顿拥有的影响力大小。2004 年至 2005 年，美国 50 个州从所有渠道——联邦、州和地方——得到的教育资助总额为 4,190 亿美元（提供给大约 4,800 万名学童），其中联邦政府只贡献了 9%。联邦政府给 50 个州的补助的重要性各不相同；例如，2005 年，联邦政府的补助占了南达科他州总教育预算的 17%，而在新泽西州却只占 3%。剩余的学校资金来源于州和地方税收。

美国被划分为无数个学区——整个美国有超过 1.5 万个学区——

---

* 在此语境中以及之后所提到的"公共教育"指的是免费的公立学校，包括幼儿园和 1 到 12 年级，或者美国统计数据中的"K-12"。高校（综合性大学）可能是公立或私立的，并且它们的质量和声誉千差万别，但是没有一个是免费的。没有获得全额奖学金的学生需要一直交学费。2006 年至 2007 年一所美国顶尖大学一年的全部开销约为 4.5 万美元。

第五章 游说团体、走廊和权力席位

学校董事会拥有很大的自治权。*让我们回忆一下家长状告宾夕法尼亚州多佛学区教授智慧设计论的案件。在宾夕法尼亚州的州级别上没有人会命令多佛学校董事会学校可以教什么以及不可以教什么，联邦政府就更不会了。学校董事会还享有不同程度的经济自治权；由于通过当地财产税征集到的资金差异很大，因此有些学校董事会要比其他学校董事会富裕得多。

来自州和地方的资金占公共教育预算的比例在各个州的差异也很大。2004年至2005年，两个极端的例子是：佛蒙特州政府提供了总教育资金的87%；而内华达州政府只贡献了27%。同年，州政府提供的资金占总教育预算的全国平均水平为47%。来自地方政府的资金贡献比例正好与上述比例相反——内华达州为65%，而佛蒙特州为6%——其他各州的比例均在这两者之间。地方政府提供资金占总教育预算的全国平均比例为43%。尽管如此，这些比例并没有告诉我们任何有关预算的总规模，也没有告诉我们它可以买多少东西。

关于这方面的信息，我们需要知道实际用于每个学区的每个上公立学校的孩子的支出是多少。提供资金最多的新泽西州和纽约州，平均用于每个学生的支出分别为13,370美元和12,879美元。最少的是亚利桑那州和犹他州（分别为5,474美元和5,032美元），全国平均水平8,661美元。因此有些州在每个孩子身上的花费是全国平均水平的150%，而另一些却只有全国平均水平的60%。但是我们再次发现，平均水平和"用于每个孩子的资金"未能说明全部情况。地方资金在这锅多成分的财政汤中至关重要，因为每个学区在一定程度上都依赖于地方政府征收的个人财产税。

---

* 1.5万个学区已经是深入改革和学区合并的结果了——60年前有超过12万个学区。

思想的锁链

因此,各个学校之间用于每个孩子身上的花费差异会很大,甚至在同一个州也是如此。富裕的郊区业主的孩子在学校里可以拥有良好的图书馆、设施齐全的科学实验室和许多电脑,更不用说体育馆和体育设施了。旧城区的孩子往往只有过时的课本、肮脏破败的建筑和有限的设施。猜一猜哪一群人将开设大学预备课程、外语训练、科学、艺术、音乐……简而言之,这个系统是被操纵的。

新保守主义者认为孩子们得到的太多了。当信奉新保守主义的曼哈顿研究院一名高级研究员得知纽约州将教育支出进一步提高了5%,仅次于在每个孩子身上支出将近12,900美元的新泽西州时,愤怒地谴责道,"用于公立学校的疯狂花费……(数据)真的显示出增加这么多支出有多么不能原谅"。而对一些位于优雅豪华的长岛的学区在每个孩子身上花费16,200美元,这位绅士就没有抱怨过,众所周知的是,艺术、音乐、历史、体育等对于穷孩子是"装饰",对于富孩子则是必需品。[12]

除了给全国总教育预算的那一小部分贡献之外,联邦政府还利用联邦计划设立州标准和要求州遵循的规范。这些特别计划中包括了"教师激励资金"计划,用来奖励那些在特别落后的学区从事教学工作的教师;对探索最有效教学方法的研究予以支持;向专业为数学、科学、工程学、"重要外国语言"之类的高校学生提供补助。

"不让一个孩子掉队"是联邦政府迄今为止最具雄心的教育倡议。这项法案于2002年得到批准,一举提高了联邦政府在教育领域的参与度,而在此之前,联邦政府基本上只为(身体或精神存在缺陷,抑或极贫困的)"身处危险"的孩子提供特殊援助。在联邦政府发言人看来,"不让一个孩子掉队"主张"通过聚焦于结果问责制、州和社区的自由度、得到验证的教学方法以及家长的选择来帮助学校改进"。

第五章　游说团体、走廊和权力席位

该法律规定，州政府必须在学生评估方面进行合作，定期对不少于95%的入学儿童进行英语语言能力（主要是阅读能力）测试。2007年，标准化数学测试也开始按计划进行。整体目标是"到2014年使所有孩子能达到年级水平熟练程度"。

"年级水平熟练程度"简单来说就是让每一个孩子，比如说四年级的孩子，应该能够和其他四年级孩子一样达到由政府标准确定的平均阅读能力。每个学校为了通过可接受的年度进步测试，都必须核对学生测试的分数。"不让一个孩子掉队"赋予家长让孩子转到那些自诩有较好进步表现记录的学校的自由，从而在学校之间引入竞争。政府也通过"什么起作用交流中心"（What Works Clearing House）分享其教育方法上的研究成果来帮助学校。

当你浏览美国教育部网站并查看其中"蓝丝带学校计划"时，你会清楚地看到一些学校正在、并且已经做出了真正努力，逐步提高它们的成绩。每年有越来越多的孩子的确取得了"年级水平"的成绩；譬如得克萨斯州休斯敦的一所旧城区学校——里面97%的学生是黑人（其余3%是拉丁裔）。教育部部长表示，在全国范围内，九岁儿童的阅读成绩在过去五年内提高的比过去28年都多；黑人/拉丁裔儿童与白人儿童之间的差距正在逐渐缩小。[13]

虽然取得如此多进步，但是"不让一个孩子掉队"这项法案并没有标榜要均衡美国学校的总体资金，也没有承诺真正给予每个美国儿童平等机会，无论他们父母是富有还是贫穷，无论他们的肤色是什么或者他们住在哪里。从老师和州教育当局的角度来看，"不让一个孩子掉队"距离联邦政府鼓吹的激动人心的成功故事还很远。极具影响力的全国教育协会（National Education Association，NEA，前文中我使用了出自该机构的详尽而优秀的研究报告）拥有270万名会员——教

思想的锁链

师和其他教育相关人员,它对"不让一个孩子掉队"进行了严厉批评。教育政策中心也是如此,这是一家"倡议提高公立学校水平的独立机构,并监督学校改革政策的实施效果"。

这两个组织都开展了广泛调查,它们从草根阶层获取的意见并不鼓舞人心。首先,"不让一个孩子掉队"法案长达1,100页,而在其通过五年之后,学校主管们仍然在努力弄清楚法案对自己的要求到底是什么。这项法案强制性地给学校带来额外负担;地方学区必须为"更多的繁文缛节、标准化测试、交通、私人补习和其他昂贵的需求"买单,政府却不为这些额外开销予以补贴。联邦政府给予学校的补贴却保持不变甚至减少了,和许诺实施这项法案所讲获得的资金相比还至少缺了95亿美元。和2005年至2006学年相比,三分之二的学区在2006年至2007学年获得的资金维持不变或是减少了。

在全国范围内,学校被期望用较少的钱做较多的事。"不让一个孩子掉队"法案规定,连续两年未能取得"足够年度进步"的学校必须为成绩落后的学生提供私人补习。这在理论上是好的,但是提供这些服务的机构包括以营利为目的的公司和一些非营利性组织,往往有许多不同的机构为同一群学生服务,学校则需要自行承担对这些补习机构进行监督的费用。38个州报告说它们没有能力去监督"这些提供者是否有效提高了相关学生的测试成绩"。学校不仅必须为这些补习付钱,还必须寻求资金以支付为符合法案监督要求而增加的员工费用。

与此同时,教育专家报告称,"不让一个孩子掉队"法案"去除了一些已证实有助于学生成功的计划,诸如全面教育改革计划、辍学预防计划、家长协助中心计划以及历史、艺术和外语教育计划等"。因为联邦政府对于学校的评定仅仅以标准化阅读(现在还有数学)测试的成绩为依据;如果学校达不到标准,就会受到产生更多额外开支

第五章 游说团体、走廊和权力席位

（以及减少资金）的惩罚，数千所学校正通过削减其他课程来应对资金短缺。以英语作为第二语言的教师都被解雇了，甚至在一些移民人口占多数的学区。自 2002 年该法案通过以来，"全国 1.5 万个学区中有 71% 的学区减少了在艺术、社会研究和历史等课程上花费的时间"。至于提升操场设施，甚至批判性思维方面的适度训练，也都就此终止了。

未来看上去很渺茫。根据"不让一个孩子掉队"法案，一个学校如果连续五年未能达到一定的年度进步目标就必须被"重组"——又是由州政府而不是联邦政府承担费用。没有人知道这项条款将意味着什么。在加利福尼亚州，8% 的公立学校已经被标上了"重组"的记号，但是其他许多州的糟糕表现的证据将很快开始见效。各个州已经知道它们将再次面临不是数十亿就是数百万美元的资金短缺。[14]

一切听起来就像是一项使美国仅存的几个公共服务之一进行降格的长期战略。放任教育质量完全下降，家长们将准备好为自己孩子的教育做出任何牺牲。那些负担得起的家长将会把孩子送往私立学校，这些私立学校往往是由一种或另一种教会设立的。新自由主义者将念着"自由选择"的咒语，在全国范围内推广教育券制度。在一所破败、或许危险的学校与一所干净、整洁、设施完备、氛围利于学习的学校之间有什么可选？当然会有一定的代价，但是这就是生活，不是吗？人们得到他们应得的；他们的孩子也是如此。

如果家长可以做出牺牲，这将是他们的子孙通往未来的车票，因为当一个孩子被公立学校系统落下的话，他（她）将没有获得高等教育的机会。大学文凭很昂贵，大多数学生需要借钱才能获得此文凭，但目前每年仍有 100 万人左右获得大学文凭，因为这对于一个体面的职业而言已经变得必不可少——即便这是踏上梯子的第一级横木。美

思想的锁链

国过去曾是一个让来自贫困或移民家庭的孩子可以在一生之内跨越下层和中产之间障碍的国家。一份工资足以让一个家庭体面地生活,而且教育提供了"前进和向上"的道路。那样的时代早已远去。如今,美国越来越像一个封建社会,特权可以世袭,而大多人仍然陷在他们出生时所在的阶级。

人口统计局的数据证实,大学文凭如今是成功人生的一个必要条件。2005 年,在 25 岁以上的美国人中,只有 28% 的人毕业于四年制大学,或者取得了更高级的学位资质(硕士或博士学位),或者在法律或医学等领域获得了专业学位。2005 年,全国几乎有一半人(46%)只拥有高中文凭。此外还有 15% 的辍学者甚至连高中文凭也没有;剩下的人上过"一些专科学院"。这些不同的类别反映在生活上会怎样?2005 年,高中毕业生的中间收入(有很多人高于以下数字)为 26,500 美元,没有高中文凭的只有 17,400 美元到 20,300 美元。相比之下,拥有四年制大学学位的人在就业市场上的中间收入为 43,100 美元,硕士学位是 52,000 美元——收入是那些只有高中学历的人的两倍。在一生之中,受教育程度造成的经济差异经常可以是用数百万衡量的。[15]

在这个"机会均等的国度",阶级的区分是自我延续并且每天得以强化的。甚至像加州理工学院这样的顶尖大学,以在众多申请者中筛选时奉行谨慎的公平录取政策而著称(例如不给予校友的孩子优惠政策),尽管有着这样的崇高理想,它对于这一进程也发挥了作用。

> 按照(加州理工的)招生办工作人员自己的说法,他们发现必须痛苦地拒绝一些具有热情和天分、但因为上了劣质高中而缺乏高等必修课程,并无法证明自己拥有良好科学基础的候选人。

第五章　游说团体、走廊和权力席位

《纽约时报》刊登了一位前大学校长的"实话",这些话他一直想跟一年级的学生说——但是一直没敢说。

> 无论是公立还是私立,品牌大学里超过一半的大一新生都来自于收入最高的那一类家庭。告诉我邮政编码,我就能告诉你这个区的高中毕业生最有可能上哪种大学。

种族和性别不平等在美国社会中仍然表现出一些严重问题,但是在上过好的美国名牌大学的那类人组成的社会阶层中,这些都不再是主要问题。阻挡前进的不是种族也不是性别,而是贫穷,也就是说问题在于阶级。[16]

后布什时代的改进?

全国教育协会共有 270 万名会员,在所有 50 个州都设有分支机构,它在某种程度上是一个"游说团体",但不幸的是,它不是一个非常成功的游说团体。成功的游说团体能使有利于其选民利益的法律得以通过,还可以获得联邦资金用于其特定目的。转变为由民主党主导的议会将对华盛顿的局面产生影响吗?

可能会有轻微的影响。尽管如此,无论从属于哪个政党,任何国会议员基本上都会为跨国公司议程投票。正如《华盛顿邮报》在 2005 年 3 月报道的那样,"财富 500 强公司……正在成为由布什总统和半个世纪以来最大的共和党众议院及参议院多数党控制的政府的最早受益者。"[17]

新一届国会不太可能很大程度地逆转这一进程,一个重要原因是:政治竞选融资系统。国会议员中的数十名议员本身就是百万富翁,他们可能能占到总体议员的四分之一,考虑到政治竞选的成本,这种状况对他们来说是幸运的。2004年的总统竞选在两个极其有钱的人乔治·布什和约翰·克里之间展开。国会在选举意义上可能"代表"美国人,但肯定不是社会学意义上的。

融资系统使得腐败变得制度化,但却用另一个名字称呼它,而且企业选民轻易就成为竞选活动最大的出资人。每次通过立法来对系统进行"改革",聪明的律师都会找到一个竞选大巴足以通过的漏洞。企业捐赠者两边都下注,为两党都提供资金——尽管共和党人拥有明确优势,总体上获得了全部选票中的55%。2005年至2006年间,"产业集团"给政治候选人提供了3.11亿美元——"有组织的劳工"(我们一会儿将谈及这一点)提供了这些资金中的19%——不到6,000万美元——而超过2.5亿美元的资金来自于企业。* 布什政府的一个特长就是为富人减税,这可能也导致心怀感激的捐赠者敞开他们的心扉和钱包,为如此同情富人的政党提供资金。

企业的利益因此得到了殷勤的满足。停滞了十年的每小时5.15美元的最低工资对于雇员来说是一份豪华礼物。根据律师们的说法,2005年的"破产滥用预防"法案代表了"商业业主的一项重大胜利";而国家步枪协会也和以往一样获得了成功。枪支仍然可以作为唯一不受监管的"消费品"出售给美国公众,军火工业将通过"武器合法贸易保护"法案而得到关于集体诉讼禁令的进一步保护。这项法案由此前共和党控制的国会通过,同时也得到了52位民主党人的支持。

---

* 2005年至2006年提供政治献金最多的行业分别是(以百万美元计):金融/保险(52)、医疗(41)、能源/自然资源(21)、商业和零售服务业(22)、通信/科技(21)、交通运输(21)、房地产/建筑(20)、农业(18)、法律(14)。与2003年至2004年竞选周期相比,献金总额增加了4,500万美元。

第五章 游说团体、走廊和权力席位

曾经有一段时间，企业需求未加以解决。例如，国会还没有将雇员针对企业的集体诉讼宣布为不合法——尽管沃尔玛等零售商已经发出了很大的抱怨声。几个法院都发现这家现已成为世界最大雇主的企业犯有各种违法行为，沃尔玛拖欠了许多员工或前员工的赔偿金。

关于这个长久受人喜爱的军工复合体的最新消息是什么？2006年，一名勇敢的议员站出来反对乔治·布什要求的5,133亿美元国防预算。国会坚持自己的集体意见，最终只给了他5,129亿美元。这其中包括500亿美元的"全球反恐战争应急费用"〔全球反恐战争（GWOT）在国会山永远是大写的〕和860亿美元的军火采购费，这是对公司资产负债表的很大一笔贡献。[18]

然后，这些"好人"可能尝试帮助普通美国人什么呢？这是需要工会的地方：它们本身也是游说团体，它们为了促进劳动人民的权利而对抗公司利益。它们竞选资金（2005年至2006年为5,950万美元）的大部分可以预见地都给了民主党候选人。尽管美国商会在民主党重新掌权后输掉了有关最低工资提案的战斗，但它仍然希望击败另一项叫作"雇员自由选择法案"的工会努力。美国商会把它称之为"没有选择法案"。

至少从理论上来说，目前在一个工作场所组织一个工会的程序是这样的：当某个给定雇主的员工想要成立一个工会时，只要30%的人向全国劳工关系委员会（罗斯福新政的另一项发明）提出申请，委员会随后就会正式派遣一名工作人员前往安排投票并进行观察，以判断是否大多数受调查的工人想要建立一个工会。投票采取不记名投票，由全国劳工关系委员会予以担保。工会有足够的理由想要改变这一程序，但是如果你碰巧读到了美国商会的 CC 先生〔查尔斯·科恩（Charles Cohen），美国商会的专家证人〕所写的国会证词，那么你就

思想的锁链

会认为工会掌权集团——尤其是美国劳工联合会 - 产业工会联合会——试图破坏我们所知的民主。科恩是一位专业劳工律师，他引用了许多最高法院的判决，并且声称：

> 威胁……在于"雇员自由选择法案"——更准确地说（……）是"雇员没有选择法案"，（它）几乎在所有情况下消除了政府监管的不记名投票选举，并且反过来将全国劳工关系委员会变成一个数卡的机构。其动力……在于美国私人部门劳动力中工会会员人数的稳步下降。工会如今只代表私人部门劳动力总数的7.4%左右，大概是20年前的一半。[19]

但是，如果你也听了工会的意见，尤其是那些因为试图成立工会而被解雇的会员的意见，情形就变了。美国劳工联合会 - 产业工会联合会可以证实，每五个想要在其工作场所组织工会的工人当中就有一个失去了工作。从某种程度上来说，美国的雇主就是不喜欢工会。甚至当工人们已经收集到足够的签名并向全国劳工关系委员会提出了申请时；甚至当委员会派人前来安排不记名投票时；甚至当工人们在投票中获胜时；仍然有超过三分之一的雇主拖延并且永远不会同意签署工会合同。所以没有任何改变。

雇主也会采用其他策略。仍然根据美国劳工联合会 - 产业工会联合会的说法，所有的公司当中有一半都威胁说如果公司被工会化那么就会关闭工厂（但是只有1%真正这样做了）。他们操纵选前信息；雇主不允许来自外部的工会代表访问其工作场所，但是有偿的私人反工会顾问却可以自由地在工人间传播任何他们选择的宣传。超过90%的雇主要求他们的员工参加特别组织的反对工会化的非公开会议，在那里员工只能听到老板这一边的说法。与此同时,仍然根据工会来源的信息,有 6,000 万名未加入工会的工人表示,他们希望自己的工作场所能有一个工会,并且有 77% 的美国公众支持他们。[20]

这就是工会为何提出"雇员自由选择法案"的原因。如果半数的工人在卡上签字表明他们想要一个工会,那么他们就可以成立一个工会。正如相关的国会小组委员会主席乔治·米勒(George Miller)所说的那样:

> "雇员自由选择法案"非常简单。它规定了如果在一个工作地点的大多数工人签署了支持建立工会的授权卡,那么他们就能获得一个工会。就这么简单。如果愿意的话,工人们还可以自由地选择进行一次国家劳工关系委员会的选举。

这项法案还针对雇员选择成立工会时以及第一份合同谈判期间侵犯雇员权利的行为,确立了更为严厉的惩罚措施。关于第一份合同的纠纷也可以申请独立调解和仲裁。

这项提案于 2007 年 3 月轻易地获得了众议院的通过。但是在参议院,需要三分之二的多数同意(也就是 60 票)才能停止这场辩论,使这项提案可以切实地进行表决。这项提案在参议院以 51 票对 48 票未获通过。尽管如此,美国劳工联合会 – 产业工会联合会并没有放弃,而是转为寻求更多支持,其中包括 16 个州的州长和民主党所有重要的总统候选人的支持。之后他们将再做一次尝试,但是这意味着他们至少要等到 2009 年了,而且对方的游说者也不会轻易放弃。

在这些游说者中,有一位劳工的敌人特别偏激,他同时也出现在由一群独立记者在另一家网站上列出的著名的"美国最恐怖的 13 人"

名单。[21]这个令人垂涎的奖项归属于理查德·伯曼（Richard Berman），他是华盛顿的一名公共人士，其特长就是发明一些无辜的、热心公益的冠冕堂皇的实体，专门散布反工会、反工人的宣传言论。

这些实体拥有就业政策研究所、消费者自由中心和工会实情中心这样的名字。伯曼先生在所有这些名字好听的阵线团体里担任执行董事的职务，由于这些团体被认为是"非营利性"智库，因而得到了免税待遇。一旦这些阵线团体建立起来，伯曼就开始从他的企业客户那里寻求慈善"捐款"，他的客户可以就这些捐款申请免税；随后他用这些钱为企业利益开展竞选活动。从道德上来讲，它是一个优美的、抑或完全不诚实的系统，但目前而言，它似乎是合法的。这些"智库"生产"报告"，随后伯曼将它们推销给媒体，小心翼翼地删除了任何提及自己与企业客户有关联之处，也几乎不告知读者这篇报告的来源是伯曼的阵线团体。他的攻击目标包括——对于烟草工业——在餐馆设立的强制禁烟区以及证明吸烟导致肺癌和心脏疾病的研究。对于垃圾食品供应商，无论制造商还是连锁餐厅，他会攻击那些试图减少垃圾食品消费的努力。

伯曼吹嘘说他的游说公司不同于其他公司，因为"我们的牙齿里总有一把刀"，还因为他只关心那些对股东利益来说最重要的"大问题"——譬如维持工人的低工资和低福利，同时维持雇主的低税收。一旦有科学研究表明结果有害，并且公共健康危机是由烟草、酒精、糖类或高脂肪食物导致的，伯曼就会从他的牙齿里取出刀来，插入消息发布者的心脏。他全部的策略就是发动战争对抗他所谓的"保姆文化——不断壮大的食品监察互助会、医疗健康执法者、反肉食积极分子和那些知道'什么最适合你'的爱管闲事的官僚"。据说伯曼每年赚将近1,000万美元，因此扼杀保姆策略一定在发挥作用。[22]

第五章　游说团体、走廊和权力席位

公司买家，气候骗子

新自由主义的美国——尤其在布什任期———直靠两条腿走路：谎言和否认。这两者所造成的可怕后果将延续数十年。"最危险的谎言"的争夺者无疑是伊拉克和气候变化问题。这是一个艰难抉择，但是我赞成气候变化是"最危险的谎言"，因为这是主要由几百人组成的美国商界和政界最高管理层为了整个地球而长期操纵的问题。这些男人（加上一些女人）正是应该为《金融时报》大标题所声称的"世界面临更多的疾病、饥荒和大规模迁移"[23]这一问题负责的人。

尽管入侵伊拉克导致的人类苦难已经远远超越了那个悲惨国家的边界，尽管这次战争带给恐怖主义组织的鼓励和弹药已经给数千人造成了难言的流血后果；但是气候变化将导致的大规模苦难未被想象过，或许难以想象。灾难降临的速度远远超过人们此前的设想，听起来像是《圣经》中瘟疫一类的灾难。正如联合国政府间气候变化专门委员会联席主席、科学家马丁·帕里（Martin Parry）在谈及影响时所说的，"那正是你不想要的。"

在已经潮湿的地区将有更多的降水，而已经干旱的地区将发生更严重的旱灾。科学家预测，将有超过2.5亿人成为饥饿、更广泛传播的疟疾、登革热、黄热病和西尼罗热的牺牲者；还会发生更严重的暴雨、更频繁的飓风、威胁数百万人生命的洪水、野火、严重的粮食减产、珊瑚礁死亡等。他们预测，加速发生的物种灭绝以及5,000万迁徙中的气候难民，这些将不是发生在此前所报导的2100年，而是发生在明天，在2010年。就像以往一样，穷人最受苦。在欧洲，野火侵袭了希腊的奥林匹亚——公元前776年举办第一届奥林匹克运动会的地方——这就是预兆。在美国，野火甚至侵袭了富裕而著名的加利福尼亚的马里布。没有人得到庇护。

联合国政府间气候变化专门委员会（IPCC）可能代表了人类历史上最广泛的科学共识。这个组织于1988年由联合国成立，其发表的报告已经越来越让人感到焦虑和恐慌。我们应该相信这些报告吗？本质上来说，是应该相信的，因为如同制定流程的乔治·蒙比厄特（George Monbiot）所说，这些报告是相当保守、"甚至小心翼翼的"。[24]

蒙比厄特是一位有科学背景的记者和作家，多年以来一直密切追踪气候变化这一课题，而且认识许多相关人士；他的著作《热》(*Heat*)是一本畅销书，他还为英国电视四台制作了一部有关气候变化的电影；简而言之，他是一位可靠的证人。政府间气候变化专门委员会的报告如何让公众看到呢？

首先数百位科学家要面对证据，并对此达成一致意见，或达不成一致意见。无法达成一致意见就不发表。当他们最终准备好要发表的时候，政治家们会突然涌入，"设法删除任何威胁他们利益的内容"。然后科学家们进行反击，试图保留其研究的完整性，但是他们总会在一些问题上作出让步。根据参与编写2007年报告的一位科学家所说，这次报告中与积极反馈（加速气候变化的自我强化过程）相关的大部分资料都不得不在政府的要求下废弃了。

蒙比厄特说，这与"右翼新闻媒体不断重复的故事正好相反：政府间气候变化专门委员会与各国政府勾结，正在密谋夸大科学"。在这种保守主义的幻想中，世界上最受限制、最不具冒险性的科学机构成为一个巨大绿色阴谋的一部分，试图证明那些故意的科学谎言并破坏经济的繁荣。右翼采取的路线可能提醒读者发现研究所的研究方法：那些声称气候变化即将到来或者已经发生的人都是在试图"压制讨论"，并且将"一些东西隐藏起来"。那些不相信并站出来反对大多数

第五章 游说团体、走廊和权力席位

意见的人成为勇敢的受害者,他们正在"接受审查"。

让我们认真地看待这个问题。这个故事的真正诡计在哪里?受害者是谁?让我们在法庭给出意见之前请出一位明星证人来作证。埃克森美孚公司,请出庭作证。在销售额方面,你是全球排名第一的跨国公司,这是真还是假。2006 年,你的利润额达到了所有公司有史以来的最高纪录,400 亿美元。你难道没有用这些巨额财富来欺骗并误导有关气候变化的公共舆论?

埃克森一定会仰天大笑。是的,其销售额比世界上任何其他跨国公司的销售额都要高;是的,它将 2006 年创纪录的 400 亿美元利润秘密储存起来,但是它所有想要买的意见和所有想要制造的宣传便宜得令人难以置信。你会想,这些准备出卖光荣的职业操守的雇佣文人和"专家"至少会变得非常富有,但是埃克森美孚公司雇佣的那些懦弱的科学家和活动家显然很愿意为了微薄的薪水工作。我们是从位于马萨诸塞州坎布里奇的忧思科学家联盟(the Union of Concerned Scientists, UCS)发表的一份优秀报告中得知了这一点。1998 年至 2005 年间,埃克森美孚公司输送了微不足道的 1600 万美元,给一个"由 43 家试图混淆公众对于全球变暖科学性的倡议组织构成的网络"。为了这笔微小的投资——至少对于埃克森美孚公司的规模来说是微小的——,他们将针对气候变化采取的行动推迟了数年。*

忧思科学家联盟发表的名为《烟、镜子与热空气》(*Smoke, Mirrors, and Hot Air*)的报告副标题是"埃克森美孚如何利用大烟草公司的策略在气候变化上'制造不确定性'"。在这里读者可能需要回忆一下前文所述的理查德·伯曼代表烟草工业所做的开创性工作,在此为

---

* 根据《国会季刊》的消息,埃克森美孚公司公布的 2006 年度游说花费为 1,450 万美元。

思想的锁链

了另一个高尚事业得以再次利用。如果不是真的的话就尝试一下这些做法。你需要做的如下所述:

——对甚至最无可争议的科学证据提出质疑;将"不确定"这张牌玩到极致;

——设立并资助一些拥有热心公益名称的阵线组织来营造这样一种印象,即那些否认气候变化的科学家是一个达成广泛共识的备受尊重的科学家群体,而不是实际上由少数联系紧密的人组成的专门曲解各种科学发现的小群体;

——用同一批"专家"诋毁真正广泛的科学共识——此共识以可获得的最佳证据为基础,宣称气候变化正在发生;

——将你自己的"专家"展现给媒体,继续兜售他们的出版物,甚至当他们真正的科学界同行已经谴责并驳斥了这些出版物时;

——将反对气候变化的行为描绘成对"合理科学"的积极探索,而不是出于商业利益的行为;

——避免提及你的阵线组织及有偿发言人与企业之间的任何的关联;

——利用你有机会接触政府的特别权利来阻碍气候变化行动,塑造行政部门和立法部门的态度;推荐可以担任战略性政府职位的关键人员;在气候变化问题上为政府传播提供"导向性陈述"("spin")。

忧思科学家联盟的整篇报告都值得一读,但是我尤为欣赏列出了那些得益于埃克森美孚慷慨资助的人员和组织名单的附录部分。我们在其

第五章　游说团体、走廊和权力席位

中发现了一些本书第一章出现过的老朋友，譬如传统基金会、美国企业研究所和联邦主义协会，还有一些埃克森美孚公司最喜欢的否认气候变化的专门组织，如竞争企业研究所和乔治·C. 马歇尔研究所。我们还可以注意到，埃克森美孚公司的一些"专家"同时担任九个或十个阵线组织的发言人，制造出一种多样性的假象。

忧思科学家联盟通过《信息自由法案》获取的各个公司的备忘录展现出这些人可以多么缜密、高效和愤世嫉俗，也展现出他们如何计划工作。这些附录还收录了来自石油工业伞状集团——美国石油协会的一些引人注目的贡献；其他内容展现了一些曾经为大烟草公司工作、现在服务于大石油公司的人之间的关联，这些人将他们可疑的技巧服务于否定全球变暖的产业。[25]

自20世纪80年代末开始，在将近20年的时间里，这个产业一直在逃避现实，避免美国人看清它的面目。尽管众多科学家已经发表了大气层中温室气体增加的证据，但首个关注这个现象的官方公告发布于1988年由加拿大政府召开的一次国际会议。那次会议发表的共识文件谈及全球变暖的后果，认为此后果将"仅次于核战争"。为了避免这样的严重后果，人类必须迅速采取行动以减少温室气体排放。[26]

多伦多会议发出的警告激起了联合国的反应。在创纪录的时间内，联合国建立起了政府间气候变化专门委员会（IPCC）；这个组织现在吸收了来自超过80个国家的约2,500名科学家。它分为三个工作组：第一组编制并改进有关全球变暖和气候变化的科学分析；第二组将可能产生的影响绘制成图表；第三组负责推荐必要的战略应对措施。第二工作组于2007年4月最新发表的有关影响的报告就是上面所引用的报告，再一次，企业撒谎机器高速运转。1990年与2007年之间的差别在于，如今布什政府和埃克森美孚公司应该觉得多了点孤独感。

思想的锁链

他们这一方最终输掉了这场辩论，但是在造成巨大危害之前。政府间气候变化专门委员会第一份综合报告在1990年刚一发布，拒绝接受的游说团体就已做好准备。当联合国设立政府间气候变化专门委员会时，一批跨国公司——其中大部分来自石油和汽车工业——在同一时间带着一如往常的高调目标与全球气候联盟合并，而其真实目的是阻止任何减缓或中止排放温室气体的行动。不同的是，全球气候联盟呼吁"更多的研究"和"自愿性措施"（这永远是公司游说行业的标准建议）。

这个组织在十年左右的时间里发挥了相当不错的作用，但是随后就解散了。1997年，英国石油公司首席执行官约翰·布朗（John Browne）宣布，他的公司从这个组织中退出；第二年，壳牌石油公司紧随其后，这家公司自此以后也将自己视为"能源"公司，与"石油"公司截然相反。全球气候联盟这艘船缓慢地开始沉没，而其他著名公司也开小差——像福特和戴姆勒——跟着退出了，直到最后在2001年初，这个联盟正式宣布瓦解。其发言人告诉媒体，"我们已经通过《京都议定书》实现了我们想要做到的事情"，而这个议定书美国一直没有签署。

在政府间气候变化专门委员会发布第一份综合报告不久之后，我参与撰写的《全球变暖：绿色和平报告》一书于1990年出版，由杰里米·莱格特（Jeremy Leggett）编辑，在书中我发表了自己关于这个问题的首个研究成果，在书中独立成章。这本书的大部分章节都是由气候和环境方面的科学家撰写的；而我写的内容则是关于使气候变化加速和持续的经济体系。这本17年前出版的书在现在看来仍然是真实的，查看一下里面的研究成果，我找不出一项被后来的研究提出质疑，更不用说否认了。我们在几乎二十年前就知道了我们需要知道的所有

第五章 游说团体、走廊和权力席位

事实,我们知道这种风险严重到了足以立即开始改变我们的集体行为以及政府的政策。[27]

你可以读一下杰里米·莱格特为《绿色和平报告》所写的序言,里面引用了一些否定气候变化行业的典型说辞。政府间气候变化专门委员会的综合报告刚一发布,《华尔街日报》就以"科学跟风"及"不可靠"加以谴责的典型方式进行了回击。总而言之,这家报纸责令,什么也不要做。"我们希望总统能在这个问题上坚持到底,"《华尔街时报》这样说道。总统那样做了。当时的那位总统也姓"布什",他的后代仍然什么也没做。

好吧,也不完全是什么也没做。实际上,白宫与埃克森美孚公司和石油协会合作做了很多事情。布什执掌的白宫善于任命一些前游说者,担任以前他们试图放松管制或撤销的政府机构高层职位。因此,木材行业的游说者负责林业服务部门,矿产行业的游说者被任命去监管公共土地,而菲利普·库尼(Philip Cooney)在 2005 年被迫辞职之前一直是白宫环境质量委员会的负责人,这个机构影响了许多国家的环境政策。库尼先生此前在美国石油协会工作了 15 年,负责协会下面的"环境小组"。

绿色和平组织记录了白宫和埃克森美孚公司在 2003 年的联系,发布了一份通过《信息自由法案》获得的电子邮件。* 在这份亲密且给人以共谋印象的备忘录中,迈伦·埃贝尔(Myron Ebell)先生写了一封信给库尼先生。埃贝尔先生是竞争企业研究所的雇员,根据忧思科学家联盟的报告,该研究所在 1998 年至 2005 年间从埃克森美孚公司那里收到了 200 万美元的资金,这在所有埃克森美孚公司资助的阵线

---

* 你可能会想,他们何时会废除《信息自由法案》……

思想的锁链

组织中是最多的。正是库尼发起了这笔交易——埃贝尔在备忘录的开头写了这样一句话,"感谢你来电寻求我们的帮助"。

库尼可能需要什么帮助,而埃贝尔又能提供什么帮助呢?库尼的问题是这样的:不知为何,美国政府的环境保护署有这样一个模糊的想法,认为自己的任务就是保护环境。这样的误解使得环境保护署准备了一份关于气候变化的研究报告并提交给了联合国,即 2002 年的美国《气候行动报告》;这篇报告明确承认人类活动是气候变化的原因。环境保护署的报告是由来自美国政府、产业和大学等领域的科学家起草的,进一步预测了全球变暖对美国自身可能造成的重大影响,并呼吁采取行动将它们的经济影响降到最低。尽管环境保护署的报告还没有发展到要求减少温室气体排放的地步,但它指出,由于通过减排计划来停止预测中的影响为时已晚,所以我们应该至少准备好应对这些后果。

所有这些与美国政府之前的声明有着鲜明的差别,而媒体捕捉到了这一点。它产生了巨大的影响。最终,美国官方承认气候在逐渐变化,而且有些事情必须要做。库尼向埃贝波尔发出的紧急求救正是由这场媒体风暴引起的。埃贝尔给出了这样的建议:"离间总统和那些认为通过发表这些垃圾文章就是在维护总统利益的政府人员。"他提出了一项计划,让环境保护署署长当替罪羊,并逼迫她辞职。[28]

环境保护署可能认为发布这份报告是安全的,因为报告都得到了相关政府部门的批准,但它没有将埃克森美孚公司考虑在内。在库尼收到埃贝尔的电子邮件两天之后,布什驳斥了科学家的报告,认为它是"由官僚体制发布的"。2003 年 5 月,又发生了几次高层干预事件之后,克里斯蒂娜·托德·惠特曼(Christine Todd Whitman)女士,这位陷入围攻的环境保护署署长辞职了。

第五章 游说团体、走廊和权力席位

然而,库尼仍然担任有关环境出版物的主编。尽管他的学术学位是经济学和法学,却对各种科学文件做了数百处改动,进行了删除和弱化,并在科学家认为肯定发生并且人类负有直接责任的气候变化的文件中添加像"潜在地"或"可能"这样含糊其辞的话。2005年3月,一位名叫里克·皮尔茨(Rick Piltz)的政府气候变化研究项目的资深官员终于受够了这一切。他辞职后将自己的故事以及他"解禁的"文件交给《纽约时报》,为其提供了完美的监守自盗的真相:一个在美国石油协会主管气候问题长达15年的人;一个成为白宫官员的人,一个系统地对科学研究进行修改以有利于石油工业利益的人……

白宫新闻秘书办公室极力想要说服媒体,根据"跨部门审查程序",那些政治演员们是有权修改科学文件的。媒体并不买账,库尼于次日辞职。几天以后他又被谁聘用了呢?你只允许猜一次。*

事情并没有结束。在将近两年之后,也就是2007年3月,国会监管和治理改革委员会举行了听证会,并让菲利普·库尼作为证人出席。在他准备好的证词中,库尼向委员会保证其"高标准的诚实正直",并告诉委员们"我在任职四年中的每一天都非常努力地工作,以推进政府既定目标和政策"。一位公正的观察者可能注意到,这恰恰是问题所在。库尼试图躲在政府的"政策手册"之后,而一份语焉不详的来自国家科学院的2001年的报告给了他应得的东西,并假定他没有错。他声称自己经常在自己的"评审意见"中直接引用国家科学院研究报告中的句子。

尽管如此,在有一点上库尼说的确实有一定道理,他向国会委员会解释说,在辞职后的一个月内,他的行为得到了"政府三大部门"

---

* 埃克森美孚公司。

暗示性的肯定。2005年6月，参议院的确驳回了一个"强制性的温室气体国家限额和交易系统"的立法提案。美国上诉法院也维持了环境保护署根据《清洁空气法》对二氧化碳排放不予监管的裁决。最终，在格伦伊格尔斯召开的、由国家和政府领导人参加的大型八国集团会议接受了布什拒绝表态的立场，发布了一个有关全球变暖的极为微弱且立场模糊的声明。

布什总统和切尼副总统的血管里流淌的似乎不是血而是石油。但犯罪性地拖延了美国在全球变暖方面采取行动的，不仅仅是行政部门。国会、法院和联邦政府机构人员都是这个错综复杂事物中的一部分。问题并不在于产业发言人离开他们华盛顿的游说团体成为高级官员，而在于他们从未真正离开。他们继续在政府中做同样的工作，与他们过去在华盛顿的公关大道K街所做的一样。

独立事件？再看一看

库尼以及我们一直以来提到的其他人都是一个不断发展壮大的兄弟会的成员。政府对科学信息的操纵、曲解和审查已经成为惯例，得益于忧思科学家联盟和政府问责计划的努力，我们再次有了书面证明来证实这一点。这两个组织调查了数百位为政府工作的、专门研究气候问题的科学家，他们分属于几个联邦政府机构和部门，其中包括农业部、能源部和国防部；国家航空航天局与国家海洋和大气局（NOAA）；环境保护署以及其他一些机构。忧思科学家联盟和政府问责计划的调查人员注意到，大约有2,000名为政府工作的科学家至少会花费部分时间在与气候相关的问题上；他们向其中1,500名科学家发去了调查问卷，收到308份回复。他们还研究了数千页的政府文件——这些文件都是通过《信息自由法案》或从内部人士那里获得的——，

第五章　游说团体、走廊和权力席位

并且进行了 40 个深度采访。[29]

调查结果让人感到失望和忧虑。接近一半的受调查者（46%）曾"感受到或亲身体验过压力"，被要求从他们的信息中去掉像"气候变化"和"全球变暖"之类的词。43%的人感受到或亲身体验过上级和审核人员做的改动和编辑，从而改变了科学发现的意义；此外还有超过三分之一的人称他们所在机构的官员发布的声明对科学家的发现进行了曲解。

在被要求量化过去五年多各种政治干预事件的数量时，150 位科学家列出了总共 435 起事件。一名气候科学家说，他的工作越是频繁地接触到政治敏感或争议问题，就越会受到干预。从这一点我们可以总结认为，菲利普·库尼可能是一个典型例子，但是在华盛顿的气候科学界，他的行为相当常见。

国家航空航天局的科学家对于将他们研究地球科学的资金转移到对火星或月球的研究格外有怨言；美国地质调查局的一名科学家说："美国卫星计划正处在严重危险中。（由于资金削减）在卫星观察数据方面失去持续性将损害气候科学的进程。"科学家的士气正在下降。另一位来自环境保护署的科学家说："我将要退休了，而我感觉自己将不能再为美国公众生产有用的科学信息了。"科学家们觉得他们是"令人难以置信的官僚化"的受害者，这种官僚化的目的是"削弱我们的科学生产率"。忧思科学家联盟的调查还让受调查者在以下陈述中选出最合适的词："如今的联邦政府气候科学环境与五年前相比（更好、更糟或相同）。"67%的人选择了更糟。

所有这些政治过滤和干预都使人想起了近代史上出现的最糟糕的那些政权；想起希特勒对"犹太物理学"的蔑视以及苏联对莱申科（Lyssenko）错误的生物理论的推广；想起他们对那些研究成果使统治

思想的锁链

者不悦并且不符合官方真理的科学家进行的清洗。当今的美国政府有任何区别吗？的确，它没有将那些惹麻烦的科学工作者抓进集中营或除掉他们。然而，它却承认它不会利用它需要的准确科学去做政策决定。由于科学家的职业操守遭到质疑，那些将自己视为公务员的科学家将另谋高就，政府将不可能吸引科学人才。

正如农业部的一位科学家在接受忧思科学家联盟调查时所总结的，"科学结果不应该为了证明政策的正确性而被稀释或调整。这个特别的政府已经超越了合理的界限……对气候变化的否认是对整个国家的一种犯罪。"用犯罪这个词是恰当的。当科学操守和有关重大问题的信息的自由流动不再被珍视——实际上是被拒绝——，当今和未来几代人的福祉就遭到了直接的冲击。在政府支配的科学中，如同在战争中一样，真理是第一个受害者，而遭受苦难的则是民众。*

---

* 美国众议院监管和治理改革委员会基于长达27,000页的文件发布了一份详细的谴责性报告（2007年12月）。这篇报告的题目为"布什政府对气候变化科学的政治干预"（"Political Interference with Climate Science Under the Bush Administration"），进一步确认了这一犯罪性的干预。

结论 为什么写这本书？

美国思想和文化的方向影响着全世界的每一个人，任何一个已经读到这里的读者对于我发现的这个严重错误的方向都不会感到惊讶。宗教和世俗保守派的压力已经改变了这个国家的本质及价值观。为什么要假装在这个问题上保持中立呢？在社会评论和所谓的社会科学中，无论如何都不可能保持中立，作者应该让他们的偏见为人所知。我希望在保持公正的同时已经这么做了。

我担心许多美国地区和许多美国人——尽管还远不是全部，感谢上帝——已经变得心胸狭窄、顾虑重重；我担心美国人的观念已经转变；担心他们不再是并且永远不再是伴随我成长的那些人了。我欠了美国和美国人以及我自己的家庭和背景一笔巨债。请允许我在这里作一番简短的个人叙述。我出生在美国，成长在美国，有着纯正的美国"血统"（有点像动物学表述那样）。我的祖母斯坦利（Stanley）的祖先于1632年从英国来到了马萨诸塞湾殖民地。他们是宗教异见人士，贱卖了有潜在价值的财产后离开，之后开启了家族的创业才能（在马萨诸塞坎布里奇的哈佛广场地区，很大一部分人都是这样开始创业的）。

我母亲这边的家族成员包括一名参加了美国独立战争的军官，他

思想的锁链

和华盛顿将军的部队在福吉谷一起度过了1777年到1778年的严冬,华盛顿的军队由一群乌合之众组成,他们受冻、战斗疲惫、饥饿、疾病缠身。他于1812年在北卡罗来纳州去世,释放了他的奴隶。当我了解到万斯上校的故事时,他让我整整高兴了一个星期。

万斯家族也继续前进,我母亲的这一分支在伊利诺伊州南部肥沃的玉米带定居下来。1822年,塞缪尔·万斯(Samuel Vance)和他的牛群开辟了芝加哥到温森斯的部分公路,也就是现在的伊利诺伊州第一公路。他为伊利诺伊州巴黎镇捐献了26英亩的土地用来修建新县城,这些建筑现在仍位于埃德加县的中心。他的一个孙子后来又"返回东部",至少到达了俄亥俄州,在那里上了一所医学院,他其中一个孩子就是我母亲。我的先辈中最后抵达美国海岸的是我父亲这边的曾祖父阿尔弗雷德·埃克斯(Alfred Akers),他在内战结束不久来到这里。他曾是诺福克郡金斯林的一名锡匠学徒,在与老板的儿子大打了一架后乘上了开往纽约的第一艘船,随后又坐驳船来到伊利运河的尽头,最后去了俄亥俄州的阿克伦,在那里成功地创办了一家修屋顶的建筑公司。所有这些旅程的结果就是,最终有了我。

我为这些人和这些出身感到骄傲,在写这本书时,我也尽可能地展现出他们真实的一面。我希望这一段历史,再加上我在法国度过的成年时光(我在那里学习、结婚,后来成为一名法国公民)可以提供一个结合了亲近和距离的有利视角——在情感上、理智上和地理上——来观察20世纪后半叶以及之后美国人的观念和美国政治的变化。

美国人占主导地位的自我形象仍然是大熔炉与通常(尽管不如以前频繁地)融入了些许坚强拓荒精神的启蒙价值观的结合体。大多数美国人感觉自己仿佛属于上帝选定的子民。爱国主义表现不会被视为

结论 为什么写这本书？

"陈腐"、"矫揉造作"或者令人尴尬的事情，而是被视为应该被所有思想正确的人共享的理想的一种见证。美国或许是世界上唯一一个将禁止焚烧国旗严肃提议为一部宪法修正案而没有引起普遍欢闹的国家。

美国人——至少那些培养我的人——对于自己历史的理解可以总结为以下几点。美国独立战争是一场英雄般的运动，开创了人类历史上崭新的阶段，也是战胜巨大困难的一次胜利。《美国宪法》和《权利法案》都是独一无二的文献，并继续捍卫来之不易的自由。美国内战对于整个国家而言是一个令人痛心的时刻，但是无论如何，美国人成功废除了奴隶制——尽管严重的种族主义和贫困问题可能仍然存在。美国人在第一次和第二次世界大战中的立场堪称楷模。

以传统观点来看，美国人的个人行为标准也是再好不过的。你应该变得强大并且独立；你不能将你的失败归罪于他人，而是要努力改正；总之一句话，你应该努力工作。如果你确实这样做了，那么你就可以完成任何事情。这对于男人和女人来说都一样，至少在我的家庭里是这样的。除了自力更生以外，还要对其他人以及那些需要帮助的、不那么幸运的人担负起责任。尤其是当你享有特权时，就像我过去做的那样，你应该慷慨回报社会，用你的时间和资源以及你的感激之情回报你已经获得的东西。

总体而言，宗教强化了这些世俗价值观。在20世纪中期的美国，几乎每个人都去教堂，就像现在大部分人仍在做的那样。我的家庭去的是新教圣公会，如同我在别的作品中已经表明的那样，我也从中获益颇多。教堂仪式、圣詹姆斯钦定版《圣经》以及《公祷书》的散文风格对应了英语语言史上的辉煌时期，否则我将永远不会写作也不会喜欢写作，我很感激曾如此频繁地听到这些词句。

美国学校不强调（只是轻描淡写）美国干涉主义的历史以及国家

思想的锁链

行动的负面影响;它们也不会专注于种族主义、虐待移民、破坏工会以及公司操控或资本主义贪婪的早期表现。我们在学校里听到的是强盗般的工商业巨头、被野蛮镇压的罢工或者三K党,但这些被视为一个好的民主国家可以纠正的、令人厌恶的异常行为,而不是我们国家的结构性特征。

当艾森豪威尔总统告别之际,他告诉整个国家要警惕"军工复合体",其不断增强的力量的威胁在于,为了其自身利益而创造一种永久性的战争经济,我们对此十分重视。随后的越南战争使许多美国人停下来反思他们的国家在国外所扮演的角色。20世纪60年代和70年代是动荡的,见证了新观念与传统观念之间的搏斗,导致一种新的、更为激进的政治意识在美国相当一部分人中开始发展。

这些观念和信仰共同创造了自20世纪30年代以来几任总统所谓的"新政"、"伟大社会计划"抑或一些其他名字,但是它们的观念是相同的。美国只有在共享的时候才能成为一个伟大的国家。总统只有在人民跟随的情况下才可以领导,人民跟随是因为他们的利益与国家息息相关。"机会的国度"不应该是一句空话,而是对美国及其容纳每一个人的能力的一种准确描述。幼稚,肯定有一些;不可能的品德高尚,或许是;对于发生在国内外的许多恐怖事件保持沉默,毫无疑问——但仍然足够接近。

今天——即便是20世纪70年代的世界,更不用说是20世纪50年代的世界——似乎都很难辨别清楚了。我问自己一个问题,我在写这本书时一直在问自己这个问题:美国文化和政治将可能回到一个尽管肯定不那么天真却更加慷慨的状态吗?或者说,用50年制造和强加的新自由主义或新保守主义的世俗和宗教思想及价值观造成的改变是永久性的吗?

结论　为什么写这本书？

如今，赢者拿走一切，输者一无所有。一些有钱人淫秽下流；穷人也一样。企业和金融界高层的内心深处，除了对于弱者的鄙视之外什么也没有。同类并不值得我们的帮助，穷人理应得到他们应得的——实际上得到的非常少。随着民权运动所取得的成果丧失殆尽，政府满足于从旁观者的角度来观看一切。这些观念，正如卡特里娜飓风剧烈地展现在世界面前一样，将会占据主流，直到公众舆论要求改变。就现在看来，并没有多少反抗的迹象，尤其是在穷人中间。

随着经济不平等状况的加剧，社会凝聚力和社会团结遭到毁坏。在新奥尔良的灾难中，外国政府比华盛顿更为迅速地提供帮助。的确，为何要为没能逃跑的穷人——大多数是黑人——费心呢？他们也得到了他们应得的结果。

普林斯顿大学的心理学家最近运用磁共振成像来观测学生在看到不同社会群体成员照片时大脑的反应。在面对"社会性重大刺激"时脑前额叶皮层通常会变亮，但是研究者

> 震惊地发现，那些属于"极端"出离群体的人的照片，比如吸毒者，对这一区域的刺激没有任何效果，这显示观看者认为他们低人一等。"就像你在大街上看到无家可归的人或者乞丐一样，"（一位心理学家）说，"人们就像看待成堆的垃圾一样看待他们。"*

尽管没有人会怀疑现在仍有许多传统、美好、善良的美国人存在，

---

* 但是还有希望。针对照片中的人问题，例如"你认为这个乞丐可能更喜欢什么食物"，就足以点亮大脑的这一区域。参见马克·布坎南，"我们生来就怀有偏见吗？"，《新科学》，2007 年 3 月 17 日（Mark Buchanan, "Are We born Prejudired?", *New Scientist*, March 17, 2007）。

思想的锁链

但是绝大多数美国人都不知道他们的政府和各类企业在自己的国家干了些什么，更不用说在全世界了。没有人会鼓励他们去掌握精英们的政治、经济和战略目标；除非在像伊拉克这样的极端情况下，他们看不到他们国家的行动如何对其他国家和民族造成重大损害。

媒体履行了媒体批评家赫伯特·席勒（Herbert Schiller）所说的"弱智化、美国风格"的职能。[1] 大多数人只从电视获取新闻，而电视上资讯和娱乐之间的分界线变得越来越模糊，兴起了一个骇人听闻的新词"资讯娱乐"（"infotainment"）。五到六家跨国公司对广播产业掌握着实际垄断权，他们对于向美国人提供分析类节目不感兴趣。他们无法控制的东西，宗教广播系统可以控制。美国人几乎从不接受任何不来自于美国自己的文化信息——即来源于企业或企业宗教方面的文化信息。例如，外国电影在美国电影放映中只占了1%，仅限于一些大城市的上层行家观看。像《纽约时报》或《华盛顿邮报》这样的"高端报纸"在发行方面也有地域和数量限制。

至于启蒙运动，正如我们所看到的，"创世学说"现在在许多州都得到合法教授，以此来"平衡"达尔文主义和进化论；即便有的时候它会以"智慧设计论"的伪科学形式出现。领导层对于科学的鄙视正在伤害民众和整个地球。禁止干细胞研究意味着目前的不治之症将无法治愈；在这样一个贡献了全球四分之一的二氧化碳排放量的国家，拒绝接受气候科学意味着一个更热、可能被毁灭的地球。有理有据的、解决问题的科学结论系统地让位于企业利益，譬如石油工业的利益，让位于无知的宗教否定。

一些公立学校现在做得比十年前大有进步，它们正在不断改善教学，尤其在阅读、写作和数学方面；但是许多学校仍然摇摇欲坠，很少培养学生的批判性思维。教育还受到了宗教界的干预，在大学里，新保守主义思想警察以辞退来威胁教授，谴责他们保持毫无骨气的"中立"。

宗教似乎与爱自己的邻居以及"己所不欲，勿施于人"之间的联系越来越少；反而与基督回归时你的邻居将被烧成碎片的欣喜越来越多地联系在一起。在罗马，智者说梵蒂冈城车牌号上的 SCV（意为"梵蒂冈城国"）实际上是"如果基督能看到……"的意思。我们同样可以说许多宗教教义和实践被灌输进今天美国人的信仰之中。

社会调控措施在通常情况下是有效的；这些措施包括将超过 200 万来自底层、容易惹麻烦、大多数为少数族裔的男人关进监狱；他们中数以万计的人犯了非暴力毒品罪。美国每 10 万人中的入狱率（773 人）是全球最高的。

总而言之，意识形态不平等工厂正在制造大多数人不知不觉中购买的产品。其价格太昂贵，我们都在为其买单，包括我们当中那些并不生活在美国的人。

一些修正主义者现在为林肯没有让南方脱离美国而是发动了内战感到悲伤。这并不完全是一个笑话。他们指出，如果没有"美国南部各州"，对于每个人来说生活会变得更容易一些，民主党的战略家们今天就不用写一些类似于《民主党如何在没有南部各州的情况下赢得竞选》[2] 的书，也不用寻找一个能够取悦"圣经带"的总统候选人。

一位来自加州大学的经济历史学家罗杰·兰塞姆（Roger Ransom）认真研究了这个脱离主义命题，构建了一个反事实的"虚拟"场景。他撰写的《美国南部邦联：将会是怎样》（*The Confederate States of American: What Might Have Been*）[3] 一书改变了一些军事细节，导致内战陷入僵局，而非北方获得胜利。林肯迫于法国、英国以及自己选民的压力，与南部邦联签署了和平协定，南方成为一个独立国家。在之后

思想的锁链

的十年里,全球对棉花的需求量下降,奴隶得到了释放,因为他们不再有利可图。他们在一种美国式的种族隔离制度下以二等公民的身份生存,而北方则试图阻止他们越过国际边界。

但是林肯并没有输,南方没有成为一个独立国家,进步人士仍然必须努力与南方以及西部不断增强的保守主义共存或者抗争,而保守主义也影响到了全国其他地区。进步人士可能会继续输下去。

但是他们也可以获胜。像"这些也会过去的"或者"事无定势"这样让人感到安慰的老话值得记住。从 2005 年到 2007 年,自从我开始写这本书以来,美国的新自由主义者和新保守主义者已经遭受了几次重大打击。正如我们看到的,宾夕法尼亚州一家地区法院对一所想要教授创世论的地方学校董事会进行了指责。有关杰克·阿布拉莫夫(Jack Abramoff)的游说丑闻使得众多共和党国会议员难以脱身。迪克·切尼的前任高级助理、著名的新保守主义者 I. 刘易斯·"斯库特"·利比(I. Lewis "Scooter" Libby)接受审判并被判定犯有伪证罪而可耻入狱。保罗·沃尔福威茨被迫从世界银行卸任,卡尔·罗夫(Karl Rove)已经离开白宫。伊拉克完全是一团糟,布什的受欢迎程度降到了历史最低点。人们开玩笑地争论认为布什是美国历史上最糟糕的总统还是仅为最糟糕的总统之一。最好的消息是,参议院和众议院中的共和党多数已经被逐出。

经济学家保罗·克鲁格曼(Paul Krugman)确信美国人已经受够了不断扩大的不平等状况。像"9·11"事件这样分散注意力的事件也只能持续那么长时间,而且你无法永远阻止穷人享有投票权。他认为"克林顿任期内大多数时间都在试图安抚富人和企业"的民主党人将不得不发生根本性转变了。[4]

我们还可以得到更多的安慰,尤其是在回忆起林肯的至理名言的

结论 为什么写这本书？

时候："你可以永远欺骗一些人，也可以一时欺骗所有的人，但……"你知道后面是什么——即使乔治·布什和他的团队仍在试图永远欺骗所有人。他们为什么应该成功，或者更悲观地说，我们如何可以确保他们失败呢？甚至花费在生产和传播新自由主义意识形态上的数十亿美元；以及花费在右翼宗教网络的另外数十亿美元，都不足以永远欺骗所有的民众——或者至少绝大部分的选民。正如开篇所说，美国人已经改变了对布什总统的看法，2005年，人们对他的看法是"诚实"和"善良"；但是到了2007年则是"无能"和"自大"。

尽管民主党的精英们正失利，但是下一任总统可能来自于他们这一边——不是因为他们太聪明，而是因为布什太遭人厌恶了。如果你看一眼美国当地的报纸，看一看那些在伊拉克战争中失去生命或肢体的年轻士兵的照片，你会知道他们全都来自于中部地区，来自于那些你从未听说过的小城。富人的孩子是不会参军的。那些参军的把这看做学习如何做生意以及融入社会的一个机会。他们的家庭是那些虔诚的、爱国的、往往在传统上投票给共和党的福音派教徒。这些家庭正逐渐逃离。如果民主党赢得2008年的大选——就目前来看是有可能的——，那么在两到三年之内，伊拉克就会成为他们的战争，他们不知道如何退出——至少他们还没有告诉美国人民任何有关这方面的消息。还记得从越战中的退出被长期延迟所带来的动荡，我拒绝做任何预测，我只能说，这个国家还没有走出意识形态或者政治的森林。

如果美国现在让欧洲人感到困惑，那么他们应该准备好变得更加困惑。这个国家正在不断变化，逐渐远离欧洲。在历史上，正如我自己的故事所展示的，最先来到美国的移民都来自于英国和北欧。到了19世纪80年代则转移到了南欧和东欧。在1881年至1920年间，有将近2,400万人——他们实际上全部是欧洲人——乘坐轮船驶过了自由

思想的锁链

女神像。* 与此同时,中国人和其他亚洲人也开始以劳工的身份修建铁路,但是长达几十年都被法律禁止成为公民。

将今天和历史上的移民状况进行比较:2000 年至 2005 年间,共有 570 万移民在美国获得了合法永久居民身份。其中 41% 是来自墨西哥和中南美洲的拉美裔移民,几乎一半来自墨西哥。另外四分之一是亚洲人;只有 15% 来自广义上的"欧洲",因为这些欧洲移民中有三分之一来自俄罗斯和前苏联国家。[5]

美国在人口构成上也注定会进一步地远离西欧,并不断忽视欧洲的观点和态度。欧洲人的观点——尤其是那些布什和拉姆斯菲尔德所谓的"老欧洲"的观点——甚至比在伊拉克入侵时期分量还轻。正如美国的人口处在变化中一样,美国本身也在不断向南方和西部移动,向拉美和亚洲移动。在符合美国公司或国家利益的时候,欧洲将继续被视为伙伴(例如根据"开放天空协议"而作的航空和其他自由贸易安排);否则,欧洲只不过是一个潜在对手,必须保持现有的状态。到目前为止,欧洲委员会和大多数欧洲国家都温顺地服从并且相当满足于这种从属状态。

我的观点是,作为一个地缘政治实体,欧洲应该加大对于自身未来的投资,尤其是在自身基础设施建设、教育和人才储备方面。有 4 万名来自欧洲的科学家正在美国工作,他们当中有四分之三没有返回"家乡"的意愿。[6] 但是欧洲还必须认真对待跨大西洋意识形态上的挑战,并停止跟随美国的文化引导。目前的欧洲委员会无疑是历史上最倾向于新自由主义的。欧盟宪法曾提出一个详细的蓝图,要建立起一个不可逆转的、新自由主义的军事化经济体,直到 2005 年法国和荷兰

---

* 这里有一些诗的破格用法,因为自由女神像直到 1886 年才举行落成典礼。

结论　为什么写这本书？

全民公投表决反对才被废除。代替它的是所谓的"改革条约",但实质上是相同的——在这一点上可以不相信我,但是宪法的主要作者、法国前总统瓦勒里·吉斯卡尔·德斯坦（Valery Giscard d'Estaing）是这样说的。他在提及新条约时说,"他们做了一些修饰性的改动,让人更容易理解消化"。新条约仍然是新自由主义和军国主义的,并且几乎不可能改变。法国选民已经选择了尼古拉·萨科齐（Nicolas Sarkozy）,将这位高卢版本的撒切尔夫人或里根选为总统。其他欧洲国家已经选择了右翼道路。

对于所有反对这些倾向的人来说,无论是不是美国人,他们的政治任务似乎很明显。我们必须和这种意识形态作斗争,并从美国右翼"经过机构与制度的长征"中吸取教训。有条件做这种事情的人和机构应该为新的进步思想（以及许多好的旧思想）的生产和传播筹集资金。知识分子和教育者应该为打造和传播这些思想做出贡献；学生应该学习这些思想；公民应该讨论这些思想；每个人都应该为这些思想感到骄傲。

借用马克思和恩格斯的话来说,"全世界进步势力团结起来！你失去的唯有文化枷锁。"

注 释

序言 世俗和宗教右翼如何绑架美国

1. Eric Alterman, *When President Lie*, Viking, New York, 2004, 关于这个主题还有更多话要说。

2. Michael Kinsley（《英国卫报》的美国编辑，伦敦），*Washington Post*, April 19, 2002。

3. 戈尔·维达尔（Gore Vidal）在2002年9月10日的英国广播公司全球服务节目（"今日东亚"）上发表的讲话。

4. Chris Hedges, *American Fascists: The Christian Right and The War on America*, The Free Press, 2007.

第一章 为初学者制造常识或文化霸权

本章源自向跨国研究所的书稿投稿，书名为《出售美国战争》(*Selling US Wars*)，由跨国研究所的同事（Achin Vanaik）编辑，序言由塔里克·阿里（Tariq Ali）撰写［马萨诸塞州北安普敦连环出版集团橄榄枝出版社（Olive Branch Press）出版］。这一章内容经过了大量的展开和修改。

1. 曼德尔森在2002年6月的一次党内研讨会上作出了这个声明，

不久以后于2002年6月10日在《泰晤士报》上发表了他的投稿。

2. 1965年12月31日的《时代周刊》封面故事。

3. 尤其是——举例来说——1948年《世界人权宣言》第25条。

4. 因此，正如美国最高法院一项著名判决所澄清的，"言论自由"不包括在一个拥挤的剧院喊"着火了！"的权利。

5. 卡特里娜飓风揭示了加剧全球气候变暖以及让穷人听天由命的"经济自由"所带来的社会后果与生态后果。

6. 参见第三章和第四章。

7. 见笔者所著的 Remettre l'OMC à sa place, 1001 Nuits, Paris, 2001。本书引用了前任世界贸易组织《服务贸易总协定》（GATS）主任的话来表达这个意思。美国公司在《与贸易有关的知识产权协议》（TRIPS）（知识产权）相关的规定中也起到了作用。

8. John Micklethwait and Adrian Wooldridge, *The Right Nation*: *Conservative Power in America*, Penguin, 2004.

9. John Micklethwait and Adrian Wooldridge, 同上，第10页。

10. James Allen Smith, *The Idea Brokers*, The Free Press, New York, 1991; Jon Wiener, "Dollars for Neocon Scholars", *The Nation*, January 1, 1990.

11. Susan George, "How to Win the War of Ideas: Lessons from the Gramscian Right", *Dissent*, Summer 1997.

12. 这些评论不适用于跨国研究所的美国资助者们，特别是塞穆尔·鲁宾基金会，它在承诺中表现出了令人钦佩的坚定。然而，与新保守派巨人们比起来，它是相当小的。

13. 在掌权15年后，乔伊斯于2002年提前从布拉德利退休，为了满足乔治·布什和卡尔·罗夫（Karl Rove）的要求，他建立了一个叫作"为了社区、为了以信仰为中心的企业的美国人"（Americans for Community, Faith-Centered Enterprise）的新组织。

14. 在其2001年6月8日《华盛顿邮报》的定期专栏中。

15. 关于布拉德利和奥林基金会的一个极为有用的来源是约翰·J. 米勒（John J. Miller）的"对思想的战略投资：两个基金会如何重塑美国"（"Strategic Investment in Ideas: How Two Foundations Reshaped America"），*The Philanthropy Roundtable* 的手册，Washington, DC, 第77页。

16. www.mediatransparency.org

17. 在其他来源中我也使用了"为了美国道路的人民"网站（www.pfaw.org）来获取有关基金会的信息：虽然现在已经过时了，但是他们的工作依然极为有用。对那些想要研究美国新保守派的人来说，所有参考文献都可以在这个网站上找到，至少到20世纪90年代中期的参考文献可以找到，并且都标有大量脚注。

18. "Cheney's Guy", *US News and World Report*, May 29, 2006.

19. 有关阿丁顿最全面的来源是简·迈尔（Jane Mayer）的"华盛顿来信：隐藏的力量"（"Letter from Washington: The Hidden Power"），《纽约客》，2006年3月7日。有关切尼、阿丁顿和他们的圈子，见琼·迪迪恩（Joan Didion）的"切尼：致命触摸"（"Cheney: The Fatal Touch"），《纽约书评》（*The New York Review of Books*），2006年10月5日。

20. 简·迈尔的"华盛顿来信"：来源是斯科特·霍顿（Scott Horton），哥伦比亚法学院客座教授，同时也是一位著名的人权法卫士。

21. Joan Didion, "Cheney: The Fatal Touch."

22. Robert Kuttner, Comment: Philanthropy and Movements, *The A-*

merican Prospects，vol. 13，no. 13，July 15，2002。

第二章　外交事务

1. 大卫·凯·约翰斯顿（David Cay Johnston），"美国跨国公司转移它们的税务负担：报告发现，在海外避税天堂获取的利润三年间增长了68％"，《纽约时报》［引用了《税务评论》（*Tax Notes*）的一份研究报告和商务部的文件］，2004年9月13日。

2. 贾斯汀·莱蒙多（Justin Raimondo），"诺曼的自我陶醉：恋爱中的波德霍雷茨"（"Norman's Narcissism: Podhoretz in love"），网站antiwar.com上的一个专栏，2000年10月16日。

3. 诺曼·波德霍雷茨（Norman Podhoretz），"第四次世界大战：它如何开始，它意味着什么以及我们为何必须赢"（"World War IV: How it started, what it means and why we have to win"），《评论》（*Commentary*），2004年9月。这篇长文——几乎是一本书——对于从新保守派的视角观察战后世界的整个历史而言是一个极好的来源。

4. 乔舒亚·莫拉夫契克（Joshua Muravchik），"行动恢复"（"Operation Comeback"），《外交政策》（*Foreign Policy*），2006年11—12月。

5. Joshua Muravchik，"轰炸伊朗：外交在阻止伊朗核威胁上无所作为；展示武力是唯一的答案"（"Bomb Iran: Diplomacy is doing nothing to stop the Iranian nuclear threat, a show of force is the only answer"），《洛杉矶时报》（*Los Angeles Times*），2006年11月19日。

6. "列伯曼在美国-以色列公共事务委员会国家政策会议上的演讲"（"Lieberman speech to AIPC National Policy Conference"）；参议员列伯曼办公室发布的新闻稿，2007年3月12日，http://

liebertnan. senate. gov

7. 最初的米尔斯海默－沃特的文章"以色列游说团体"（"The Israeli Lobby"）发表在 2006 年 3 月 23 日发行的《伦敦书评》（*London Review of Books*）；《外交政策》（*Foreign Policy*）上发表的那篇叫作"以色列影响下的战争"（"The War Over Israel's Influence"），附有阿伦·弗里德伯格、丹尼斯·罗斯和施洛姆·本－阿米的反对辩论，2006 年 7—8 月。米尔斯海默－沃特载于《中东政策》（*Middle East Policy*）的那篇长得多的文章 ["以色列游说集团和美国外交政策"（"The Israel Lobby and US Foreign Policy"），《中东政策》，第 13 期，2006 年 9 月第三卷，第 29—87 页] 是我在后面章节的参考文献，除非另外注明。他们的书，同样以《以色列游说集团》（*The Israel Lobby*）为名，于 2007 年 9 月由法拉·斯特劳斯和吉罗出版社（Farrar Strauss and Giroux）出版。

8. Jeffrey H. Birnbaum, "Washington's Power 25", *Fortune*, Decemeber 8, 1997; Jeffrey H. Birnbaum and Russell Newell, "Fat and Happy in DC", *Fortune*, May 28, 2001; Richard Cohen, Peter Bell, "Congressional Insiders Poll", *National Journal*, March 5, 2005.

9. 见米尔斯海默和沃特在注释 7 中载于《中东政策》的长而详尽的注解 21，22 和 23。

10. "一个不良影响吗？"（"A Bad Influence?"），载于 2007 年 3—4 月发行的《外交政策》，其中第 66 页我所强调的部分。

11. 引自评论家阿伦·弗里德伯格、丹尼斯·罗斯和施洛姆·本－阿米发表在《外交政策》上的对米尔斯海默和沃特的反驳，如注释 7 所示。

245

12. 见"谁在伊拉克获得了胜利"（"Who Wins in Iraq"），十名作者为十个赢家宣告胜利的一次研讨会，载于《外交政策》，2007年3—4月。

13. Sheldon Rampton and John Stauber, *Weapons of Mass Deception*: *The Uses of Propaganda in Bush's War on Iraq*, Jeremy P. Tarcher/Penguin USA, New York, 2003.

14. Sheldon Rampton and John Stauber, 同上, chapter 1, "Branding America."

15. 同上，第41页。

16. 这些人中并非所有人都签署了新美国世纪计划的全部文件。

17. 有关这个主题的详述，见笔者的"Brief History of Neo-liberalism"，载于www.tni.org/george; *A Fate Worse than Bebt*（Penguin, 1987），*Faith and Credit*: *The World Bank's Secular Empire*（与Fabrizio Sabelli合著，Penguin，1995）以及 *Another World is Possible, If…*（Verso 2004）的第一章和第三章。

18. 我对《生态学人》（*The Ecologist*）有关博尔顿主义的便利纲要非常感激，2005年9月，第9页；更多详细信息参见汤姆·巴里精心研究的论文，"博尔顿的行李"（"Bolton's Baggage"），国际关系中心，www.irc-online.org,，2005年3月11日。

19. "美国前任外交家敦促阻止任命博尔顿在联合国的职位"（"American ex-diplomats urge to block Bolton nomination to UN post"），*USA Today*, Associated Press, 2005年3月28日。

20. Phyllis Schlafly, "The impertinence of our so-called allies", Eagle Forum, 2003年6月25日。

21. 参见"为了美国道路的人民"网站，www.pfaw.org。

注 释

22. 参见来自为了美国道路的人民基金会优秀且引证丰富的特别报告："被破坏的联合国：右翼对联合国与国际条约的蔑视"（"UNdermined: The Right's Disdain for the UN and International Treaties"），未注明出版日期（2005年下半年）；www. pfaw. org.

23. 凯伦·奎亚托斯基（Karen Kwiatowski），美军陆军中校（退役），"在拉姆斯菲尔德的商店"（"In Rumsfeld's Shop"），《美国保守派》（*American Conservative*），2003年12月1日，以及载于同上的"新五角大楼文件"（"The New Pentagon Papers"），www. slate. com，2004年3月10日。

24. Seymour Hersh, "The Iran Plans", *The New Yorker*, April 17, 2006.

25. 大卫·哈特里奇（David Hartridge）在由国际法律事务所高纬绅律师事务所于1997年组织的名为"为世界范围的银行业开放市场"（"Opening Markets for Banking Worldwide"）的研讨会上发言。会议记录已经不在公司的网站上了。

26. 欧洲人在这些方面没有表现得更好，特别是当彼得·曼德尔森担任贸易专员时，但是本书主要关注美国的新自由主义。

第三章 美国宗教右翼及其经过机构与制度的长征

1. 根据《2004年至2005年美国统计摘要》的表67，表68和表69，美国统计局，华盛顿特区；《2007年美国统计摘要》表73。有关宗教的最新数据源于2001年的统计摘要。

2. Bill Moyers, "Welcome to Doomsday," *New York Review of Books*, March 23, 2005.

3. Pew Forum on Religion and Public Life, survey by the Pew Research

Cnter, August 2006.

4. Arthur Schlesinger, "Eyeless in Iraq," *New York Review of Books*, 23 October 2003.

5. Garry Wills, "A Country Ruled by Faith," *New York Review of Books*, November 16, 2006.

6. 同上。

7. www.theocracywatch.org 是关于所有这些问题的一个好网站,也见 Americans United for the Separation of Church and State。

8. Frederick Clarkson, 关于"基督教重建派"的四篇系列文章载于 *The Public Eye* 杂志,引自 1994 年 3—6 月第 8 卷第 1 号第四部分;也见 Paul Kugman, "For God's Sake," *New York Times*, April 13, 2007。

9. Gary North 的引语引自 Walter Olson, Reason, November 1998 以及 www.reason.com/news/show/30789.html。

10. Pew Survey, op. cit.

11. David D. Kirkpatrick, "Club of most powerful gathers in strictest privacy," *New York Times*, August 28, 2004;我也找到了 1998 年的一次在线会议的部分与会者名单。

12. 更多关于 Pat Bobertson 的信息,见 www.publiceye.org。

13. 由 James D. Besser 报道,载于 *The Jewish Week*, November 11, 2006。

14. Jim Naughton, "Follow the MOney,"载于华盛顿特区的圣公会教区月刊 *Washington Window* 2006 年 5 月刊的一篇特别报告。

15. *New York Times*, June 18, 2004.

16. Greg Goldin 援引自 Craig Berkman, "The fifteen percent solution: How the Christain right is building from below to take over from above,"

1993 年首次发表于 The Nation，亦可参见网站 theocracywatch，org。

17. 美联社于 2006 年 12 月 4 日报道。

18. "SNAP to US Bishop：Stop International Movement of Pedophile Priests,"SNAP press release，Nvember 13，2006.

19. www. richardsipe. com/reports/sipe_ report_ 2005. htm.

20. 见赛普在去网站上令人心碎的"对话"。

21. 这一信息以及许多其他信息见 Garry Wills, "Fringe Giernment," New York Review of Books，2005 年 10 月 6 日。

22. Wills，同上，注释22。

23. 那些希望认真探究这一话题的人应该看一看芝加哥大学的原教旨主义项目，它将基督教、犹太教、伊斯兰教、印度教、锡克教以及佛教的原教旨主义纳入了 1993 年至 2004 年出版的一套系列丛书中。

24. "September 11th and the mandate of the Church," October 8, 2003，www. focusonthefamily. org. Go to Focus on Social Issues，Political Islam.

25. 如同注释2所示，Bill Moers 援引了《多伦多星报》记者 Tom Harpur 的话，日期不详。

26. Michael C. Dorf, "The Justice Department's Change of Heart on Tortune,"载于网站 FindLaw，2005 年 1 月 5 日。

27. 被基督教科斯社区的网站"Street Prophets"援引："Abu Ghraib is the Hell House of the Christian Right," 2005 年 11 月 25 日。

28. Matthew J. Morgan, "The Origins of the New Terrorism," Parameters（美国军事学院季刊），2004 年春季，引自 Amir Taheri, Holy Terror：The Inside Story of Islamis Terrorism，London，Hutchinsom，1987，第 192 页。摩根，美国陆军上尉，属于军事情报营的人员，后来作为

联合特遣部队情报人员被派往阿富汗参加持久自由行动。

29. David Kibble,"The Attacks of 9/11: Evidence of a Clash of Religions?," *Parameters*（美国军事学院季刊）Carlyle, PA, Autumn 2002。基布尔, 英国皇家海军预备役中尉指挥官, 同时拥有神学学位。重生派基督徒曾试图接管空军学院并开除那些不信奉这些宗教观点的学员。

30. 几乎所有关于地狱之家的信息或参考资料都可见于安大略省有关宗教宽容的顾问的网页, 或见于 http://beliefnet.com。

31. 美国福音派研究所的 Les Eskridge, *Rolling Stone*, 2004 年 1 月 28 日。

32. 引自 George Monbiot 非常有益的总结,"Apocalypse Please," *Guardian*, 2004 年 4 月 20 日。

33. Joan Didion,"Mr Bush and the Divine," *New York Review of Books*, October 9, 2003.

34. 见 CFOIC 的网站。

35. 哈吉牧师的网站 www.jhm.org。

36. Countercurrents.org 发布于 2006 年 11 月 6 日。有可能的是, 第二天举行的中期选举给布什可能一直在培育的有关这种性质的任何计划泼了冷水。

37. James D. Besser,"ADL breaks with Pack on Church-State," *The Jewish Week*, November 11, 2005.

38. Zev Chafets,"The Rabbi who loved Evangelicals (and vice-versa)," *New York Times*, 24 July 2005.

39. Bill Moyers,"Welcome to Doomsday."

注 释

第四章 消灭启蒙运动：对知识的攻击

1. 这一定义来源于互联网百科全书维基百科。

2. 伽利略有关天堂和天空的引言摘自 John Gribben，*Deep Simplicity*，Penguin，2005，第 6 页。

3. 2004 年 2 月 10 日美国广播公司新闻频道的《黄金时段调查：圣经故事》："有六成的人完全相信圣经中的故事，但是并不将耶稣的死归咎于犹太人。"

4. "Chritian reborn," *The Economist*，December 19，2006.

5. 布朗大学生物学教授肯尼斯·米勒在 2005 年 12 月由法官约翰·E. 琼斯在联邦地方法院审理的 *Kitzmiller et al. v. Dover Area School Board* 智慧设计论一案中证实了这一状况。

6. 有关智慧设计论的争论自发现研究所于 1996 年创立以来愈演愈烈。想要深度探索这件事的读者可以在以下链接找到数十篇发表于 1996 年至 2001 年的相关文章：www.simonyi.ox.ac.uk/dawkins/WorldOfDawkins-archive/Catalano/ box/behe. shtml#intro。.

7. 引自 Richard Lewontin，"The Wars over Evolution," *New York Review of Books*，2005 年 10 月 20 日。

8. 引自查尔斯·达尔文，《人类的起源》，"总结与结论"部分；贝赫所著的 *Darwin's Black Box：The Biochemical Challenge to Evolution*，由位于纽约的西蒙与舒斯特出版公司分部自由出版社于 1996 年出版。

9. H. 艾伦·奥尔针对上文所提到的迈克尔·贝赫的书写了一篇题为 "Darwin vs. Intelligence Design（Again）" 的评论，载于 1996 年 12 月—1997 年 1 月的《波士顿评论》（麻省理工学院）。我强烈推荐这一条理清晰、论述详尽的长篇评论，它是驳斥所有智慧设计论观点的简

251

易指南。

10. Ronald Dworkin, "Three Questions for America," *New York Review of Books*, September 21, 2006.

11. 见 Mark Lombard, "Intelligent design belittles God, Vatican Director says," Catholic Online, 2006 年 1 月 30 日；红衣主教熊伯恩（Schoenborn）于 2005 年 7 月 7 月在《纽约时报》发表了他的专栏文章"在自然中寻找设计"（"Finding Design in Nature"）。众所周知，熊伯恩与教皇本笃十六世关系密切，因此这一观点可能也反映了教皇的观点。如果真是如此，科因神父能够表达这一观点确实很有胆量。

12. Celeste Biever, "The God Lab," *New Scientist*, December 16, 2006.

13. 琼斯法官在上述《奇兹米勒等人诉多佛学区案》中的审理意见的第 43 页。

14. Mike Holderness, "Enemy at the Gates," *New Scientist*, October 8, 2005.

15. 见 *Beyond Belief* 和 the Science Network 的网站，以及 George Johnson, "A Free-for-all on Science and Religion"; the *New York Times*, November 21, 2006。

16. 2007 年 1 月 15 日的私人通信。

17. Bob Unruh, "Brave New Schools: Baptists' 'exit strategy' means get kids out of public schools," 引用了加利福尼亚州的 Wiley Drake 牧师、南部浸信会神学院院长 Albert Mohler 神父以及其他人于 2006 年 10 月 20 日在 WorldNetDaily 上发表的观点。WorldNetDaily 是一家极为保守的新闻服务与书刊杂志出版人，与宗教右翼有着明显的联系，其每日读者人数为 600 万至 700 万。

18. Unruh，同上，引自《自由主义杀死孩子》（*Liberalism Kills Kids*）一书的作者 Rick Scarborough。这部长篇著作包括了许多与在家教育运动相关的参考文献和链接。

19. 除了 exodus2000. org、homeschoolingfamilytofamily. org 以及 hslda. org 等网站之外，也可参见 Amanda Gefter 2006 年 11 月 11 日发表在《新科学家》的精彩专题报告，"Homeschooling special：Preach your children well"。

20. 见 Amanda Gefter 发表在《新科学家》杂志的文章。

21. 想了解有关信仰声明、学生手册等内容，参见帕特里克·亨利学院的网站；也见 Hanna Rosin，"Annals of Education：God and Country," *The New Yorker*，2005 年 6 月 27 日。

第五章　游说团体、走廊和权力席位

1. 想了解完整的名单，见 the Center for Public Integrity 网站 www. publicintegrity. org 上的 LobbyWatch。

2. "Confidential Memorandum：Attack of American free Enterprise System" 23 August 1971，TO：Mr Eugene B. Sydnor，Jr. US Chamber of Commerce FROM：Lewis F. Powell，Jr.

3. 在 Reclaim. Democracy. org 这一网站上可以看到鲍威尔备忘录全文，该网站的目标是"恢复对企业的公民权利"。对于"进步"组织和那些只关注"损害控制、权宜之计和短期结果"而无视迫切需要的真正的系统性改变的资助者，这一组织与我持有相同的悲观看法。

4. 美国劳工部劳工统计局网站 www. bls. gov，*Characteristics of Minimum Wage Workers* 2005，表 1—10。

5. Holly Sklar, "Imagine a Country: Life in the new millennium," CrossCurrents (Z Magazine Online); May 2003, vol. 16, no. 5.

6. Holly Sklar, "Minimum wage breaks no-raise record," Znet Commentary, December 29, 2006.

7. Sklar, "Imagine a Country."

8. 关于美国被扭曲的财富分配的最佳官方资料来自人口统计局和美联储，尤其是美联储《消费者资产状况调查》（SCF），该调查每三年公布一次，最近一次覆盖的时间段是 2001 年至 2004 年，发布于 2006 年 2 月。可以直接查看《消费者资产状况调查》中的表格或者见：Brian Bucks, Arthur Kennickel, Kevin Moore, "Recent Changes in US Family Finance: Evidence from the 2001 and 2004 *Survey of Consumer Finances*," *Federal Reserve Bulletin*, vol. 92, Febrary 2006。对这个问题进行研究的优秀学者包括 Edward N. Wolff（New York University），*Top Heavy: The Increasing Inequality of Wealth and What Can be Done About It*, New Press, New York, 2nd edition 2002, 以及 G. William Domhoff（University of California, Santa Cruz）。参见他的个人网站 WhoRulesAmerica.net 以及他经常更新的书，也叫作 *Who Rules America?* McGraw-Hill, 2006 年最新版。还包括 Gerard Dumenil and Dominique Levy, "Neoliberal income trends: Wealth, class and ownership in the USA," *New Left Review*, vol. 30, 2004 年 11—12 月。基于联邦所得税申报表的一项优秀的长期研究是 Thomas Piketty and Emmanuel Saez, "Income inequality in the United States 1913—98," *Quarterly Journal of Economics*, Vol. 118, I, 2003 年。更受欢迎的则是共和党人 Kevin Phillips 所著的几本书，他也对收入差距发出了警报。

9. Doug Henwood, *Left Business Observer*, no. 114, December 2006,

注 释

引用了 Thomas Piketty and Emmanuel Saez 基于美国纳税申报撰写的著作。

10. 经济合作与发展组织2006年至2007年的数据，*OECD Observer 2006/ Supplement 1*。

11. 所有资金数据都来自全国教育协会，NEA Research, *Rankings and Estimates*, Report November 2006，各种表格（共有129页）。

12. Russell Berman, "New York Outpacing Other States in School Spending, US Data Show," *New York Sun*, April 4, 2006.

13. 教育部长玛格丽特·斯佩林斯（Margaret Spellings）在2007年3月23日召开的"庆祝教学与学习大会"上的讲话。

14. 关于"不让一个孩子掉队"的弊端，信息源自全国教育协会于2004年7月14日发布的新闻稿"'不让一个孩子掉队'资助方案欺骗了学校"，以及2006年3月26日发布的新闻稿"学校缺乏资金实施'不让一个孩子掉队'计划"；教育政策中心主任杰克·詹宁斯（Jack Jennings）于2007年3月14日在劳工、卫生与公共服务、教育及相关机构、美国参议院拨款委员会联合组成的小组委员会上发表的讲话以及相关新闻稿。

15. 劳工统计局和人口统计局的"当前人口调查"中的表PINC-03，"受教育程度——25岁及以上人口，按照2005年的收入总和分类"。

16. 对涉及相关问题的几本书的批评以及（有关加州理工学院和《纽约时报》专栏）引言的详细信息，见 Andrew Delbanco, "Scandals of Higher Education," *New York Review of Books*, March 29, 2007。

17. Jim VandeHei, "Businesses gain in GOP Takeover: Political allies push corporate agenda," *Washington Post*, March 27, 2005. "GOP"代表"老大党"（"Grand Old Party"）——对共和党的另一种称呼。

18. 所有的数据都来自于美国众议院和参议院的官方网站。

19. 查尔斯·I. 科恩于 2007 年 2 月 8 日代表美国商会向美国众议院教育和劳工委员会，以及卫生、就业、劳工和养老金小组委员会，就《雇员自由选择法案》所做的陈述。

20. 美国劳工联合会－产业工会联合会（日期不详）发布的有关《雇员自由选择法案》的说明，"雇主用数字干扰"（"Employer interference by the numbers"）（与私营部门的雇主有关），所有数据参见说明中的脚注。

21. Alternet 网站于 2006 年 10 月 30 日登载的文章"美国最恐怖的 13 个人"，网址为 www.alternet.org/story/43586/。

22. "The Thirteen Scariest People in America"; *Old Trout Magazine* and AlterNet; October 30, 2006 and Sheldon Rampton and John Stauber, "Berman & Co.: 'Non-profit' Hustlers for the Food and Booze Biz," *PR Watch*, Vol. 8, No. 1, first quarter 2001.

23. 菲奥娜·哈维（Fiona Harvey）于 2007 年 4 月 7－8 日就联合国政府间气候变化专门委员会的报告所做的报道，载于 *Fiancial Times*，第 3 页。

24. George Monbiot, "The Real Climate Censorship," *Guardian*, April 10, 2007.

25. *Smoke and Mirrors* 的全篇报告可以在 ucs@ucsusa.org 网站第 68 页查阅到。

26. 1988 年 6 月 30 日在多伦多召开的"正在变化的大气：对全球安全的影响"世界大会的参会者的发言。见 Jeremy Leggett 为《绿色和平报告》所写的引言，可参见下面的注释。

27. Jeremy Leggett, ed., *Global Warming: the Greenpeace Report*,

Oxford University Press，1990. 其中我撰写的章节题为"管理全球之家：重新定义温室世界中的经济"（"Managing the Global House：Redefining Economics in a Greenhouse World"）。

28. 我对忧思科学家联盟和全球义务计划报告《大气压力：对联邦气候科学的政治干预》（2007年2月由剑桥出版社于马萨诸塞州出版）的第三章重新调整了序列；"绿色和平"发布的新闻稿及其描述刊登于网站 www. truthout. org（"绿色和平获得确凿证据备忘录：白宫与埃克森美孚之间的联系"，2003年9月9日）以及其他媒体叙述中。

29. 忧思科学家联盟和全球义务计划报告，*Atmosphere of Pressure*，Cambridge，Massachusetts，2007年2月。

结论　为何撰写本书？

1. 载于 *Le Monde Diplomatique* and *Guardian Weekly*，August 1999。

2. Thomas F. Schaller，*Whistling Past Dixie：How Democrats Can Win without the South*，Simon and Schuster，New York，2007.

3. Roger L. Ransom，*The Confederate States of America：What Might Have Been*，W. W. Norton，New York，2006.

4. Paul Krugman，"Distract and Disenfranchise，"*International Herald Tribune*，April 3, 2007.

5. 根据国土安全部《2005年移民统计年鉴》表2："1820年至2005年间取得合法永久居民身份的个人按地区和最后选定的居住国家进行的分类"计算得出。

6. John Blair，"Trans-Atlantic Brain Drain Worries Europe's Policy Makers，" *Research-Technology Management*（Industrial Research Institute），March 1, 2004.

索　引

（索引后的页码为英文版页码，即本书边码）

abortion　废除，51,55,113,116,133, 134,140—141,196

Abu Ghraib torture　阿布·格莱布虐囚事件,135

academic institutions　学术机构
　　招生政策,223—234
　　商业游说,204,206—208
　　资助型基金会,40—42,44—45,46—47,52—54,60
　　对于在家教育的学生,194—196
　　关于美以公共事务委员会的影响,78
　　新自由主义政策的推行,35,36,38—39

Addington, David　戴维·阿丁顿,56—59,94,135

affirmative action　平权行动,44—45

Africa, trade,非洲贸易,97

Ahmadinejad, Mahmoud　马哈茂德·艾哈迈迪-内贾德,71—72

Ahmanson, Howard　霍华德·阿曼森,123,124,166

Alito, Samuel　塞缪尔·阿利托,55,59

American Anglican Council　美国圣公会委员会,124

American Century　美国世纪,83

American Civil Liberties Union　美国民权同盟,178

American Civil Rights Institute　美国民权协会,44,149

American Coalition for Traditional Values　美国传统价值观联盟,140—141

American Enterprise Institute（AEI）　美国企业研究所,45,48,50,51—52,60,234

American Israel Public Affairs Committee（AIPAC）　美以公共事务委员会,70—71,74—75,77—78

American Petroleum Institute　美国石油

259

协会,237

Americans for Tax Reform 为了税收改革的美国人,49,55

Americans United for the Separation of Church and State 美国政教分离联合会,178

antiism 反对主义,84

anti-Semitism 反犹太主义,69,78—79

atheism 无神论者,185—186

Atlas Foundation 亚特拉斯基金会,183—184

Axe,Douglas 道格拉斯·亚克斯,177,179

Backus,Isaac 艾萨克·巴克斯,99,103,137

Bageant,Joe 乔·贝金特,197—198,199

Behe,Michael 迈克尔·贝赫,167,172—173

Ben-Ami,Shlomo 施洛姆·本–阿米,80

Benedict XVI 本笃十六世,131,133

Berman,Richard 理查德·伯曼,229—230

Beyond Belief conferences 超越信仰系列会议,180—181,184

Bible 圣经,113,115,117,131,141—142,156—158 创世记,156—157,160—161 与科学知识,175

biblical law 圣经律法,108,115—117,141

Biologic Institute 生物研究所,177,179

Bloom,Allan 艾伦·布鲁姆,47

body politics 身体政治,15,27

蔑视科学,249

在家教育,191,192,196

宗教右翼,108,112,113,116,121,122,123—124,133,140—141

Bolton,John 约翰·博尔顿,51,87,91—93,119

born-again Christians 见 evangelical(born-again)Christians Boykin,Jerry 杰里·博伊金,135—136

Bradley Foundation 布拉德利基金会,39,40,43—46,47—48,49,123

Brandeis,Louis 路易斯·布兰戴斯,200

Bremer,Paul 保罗·布雷默,30

British Labour Party 英国工党,17,18—19,24—25

Bryan,William Jennings 威廉·詹宁斯·布莱恩,169—170

Brzezinski,Zbigniew 兹比格纽·布热津斯基,48,73

Bush,George W.,乔治·W.布什美国企业研究所,51

索 引

气候变化,237,238,240

企业游说,209

国防预算,226

进化,175

外交事务,64

博尔顿在联合国任职,91,92

国际法,90

中东,71,78,81,151

新美国世纪计划,84,85,87

宗教右翼,135,146

也见"Global War on Terror"

impeachability 可弹劾性,6

legal and judicial system 法律和司法制度,54—55,56,59,119,121—122

presidential power 总统权力,57,58,59—60,135

public opinion of 关于公众舆论,16,151,251,252

religious right 宗教右翼圣经研究团体,106

政教分离,109—110,111

国家政策委员会,119

外交政策,135,146

杰里·博伊金,135—136

司法任命,121—122

拉尔夫·里德,126

狂喜,145

重建主义,108

理查德·纽豪斯,132

美国撒谎文化,3,4—5

business lobby 见 corporate America

Business Roundtable 商业圆桌会议,202—203

Calvert,Lord 卡尔弗特勋爵,102—103

Calvinism 加尔文主义,163

capital punishment 死刑,27—28,113,116

capitalism,"Powell Memorandum" 资本主义,鲍威尔备忘录,203—209

Carlin,George 乔治·卡林,99

Carter,Jimmy 吉米·卡特,34

Catholic Church 天主教堂虐童牧师,127—131

科学,155—156,175—176

Catholics 天主教,127—133

与福音派,108—109,132—133

许多天主教徒,103,104,106,127

效忠誓言,189

科学与宗教的关系,161

Cato Institute 卡托研究所,50,60

Center for the Renewal of Science and Culture(CRSC) 科学文化复兴中心,166,176—177

Chalcedon Institute 查尔斯敦研究所,

261

思想的锁链

114,123,188,192

Chamber of Commerce 美国商会,203—209,226—227

Charles Koch Foundation 查尔斯·科赫基金会,39

Chavez,Hugo 乌戈·查韦斯,64,120

Cheney,Dick 迪克·切尼品牌外交政策,81

行政权力,56,59—60

可弹劾性,6

新美国世纪计划,86

宗教右翼,119,126

美国撒谎文化,3,4—5

Chicago School 芝加哥学派,35—36

children 儿童

被牧师虐待,127—131

在基督营,138—139

教育见 education

China 中国,62,76

Christian Coalition 基督教联合会,120,125—126,136

Christian Friends of Israeli Communities（CFOIC）以色列社团基督教朋友会,147

Christian right 见 religious right

Christian Zionism 基督教犹太复国主义,146

Christians United for Israel（CUT）基督徒支持以色列联盟,147

Church-State separation 政教分离,99

历史背景,102

司法制度,109,119,121—122

组织保卫,178

宗教右翼,109—111,115—117

科学与宗教的关系,185

citizenship 公民身份,190

civil rights 公民权利,4,27,32,49,55,247

Civil War 南北战争,245,250

class inequality 阶级不平等,223—224

climate change 气候变化,150,175,194,230—242,249

Clinton,Bill 比尔·克林顿,3,46

communism 共产主义,83—84

Competitive Enterprise Institute 竞争企业研究所,237

Connerly,Ward 沃德·康纳利,44,49

Constitution of the US 美国宪法,56—60,141,178,187

Cooney,Philip 菲利普·库尼,237—239

corporate America 美国公司气候变化,230—240,249

欧洲,253

游说,202—209,224—226

索 引

corporate economics 公司经济,7—8

corporate globalization 公司全球化,62—63,96,97—98

corruption 腐败,225

Council for National Policy（CNP）国家政策顾问委员会,118—120,140

Coyne, George V. 乔治·V. 科因,175—176

Creationism 创世论,131,156—157,160—161,164—165,249。也见 Intelligent Design（ID）

critical thought 批判性思维,15,186,249

cultural capture 文化征服,1—12。也见 cultural hegemony

cultural hegemony 文化霸权,100—101

 宗教右翼,101—152

 世俗权利,13—60

 公司部门,203—209

Darrow, Clarence 克莱伦斯·丹诺,169—170

Darwin, Erasmus 伊拉斯谟斯·达尔文,153

Darwinism 达尔文主义,168—180

Dawkins, Richard 理查德·道金斯,180

death penalty 死刑,27—28,113,116

deceit 欺骗,2—5

defense budget 国防预算,87,226

Defense Planning Guidance 《国防计划指导》,64—65,86,93

defense policies 国防政策,30,48。也见 foreign affairs

Dembski, William 威廉·德姆斯基,166—107,179

democracy 民主文化霸权,14,22—24

 20世纪中叶,246

 中东政策,68,69—70

 新保守主义基金会,47

 与宗教,159

Democratic Party 民主党企业捐助者,225

 公司游说,209

 政治的堕落,5—6,101

 从左翼向右翼的转变,32—33,67

 前景,251,252

 宗教右翼,107,108,111,122

 福利政策,46

demographics 人口统计资料,31—32,252—253

denial, climate change, 否认气候变化,230—232,249

Didion, Joan 琼·蒂蒂安,143—144,145,146

Discovery Institute 发现研究所,165—

263

思想的锁链

168,170—171,176—177,179

dispensationalism 时代论,141—145,146,147—150,151

Dobson,James 詹姆斯·杜布森,120—121,136

dominionists(reconstructionists) 基督国教主义(犹太教复兴运动),108,112,113—117,150—151。也见 dispensationalism

Dorf,Michael 迈克尔·多尔夫,135

D'Souza,Dinesh 迪内什·迪索萨,46

dumbing down 弱智化,154,248—249

Dworkin,Ronald 罗纳德·德沃金,175

Ebell,Myron 麦伦·伊波尔,237—238

Eckstein,Yechiel 耶切尔·艾克斯坦,148

economic freedom 经济自由,23—25

economics 经济学,7—8

 教义原则,14—15

 外交事务,62—63,95—98

 新自由主义哲学,19—25,26—27,29—30,90—91

 新自由主义政策传播,35—39

 结构调整政策,90—91

 撒切尔主义,17,18—19

Education 教育,216—224,249

 在家教育,188—194

 20世纪60年代从左翼到右翼的转变,32—33

 20世纪中叶,246

 科学与宗教的关系,186,187

 创世论,165,249

 智慧设计论,177—180,187,193—194,217,249

 斯科普斯进化论审判案,169—170

 付款凭单制度,43—44,47—48,222

 也见 academic institutions

Ehrenreich,Barbara 芭芭拉·埃伦瑞奇,212—213

electoral turnouts 选举票数,114—115,126—127

Employee Free Choice Act 《雇员自由选择法案》,226—229

Enlightenment 见 knowledge

environmental issues 环境问题,55—56

 气候变化,150,175,194,230—242,249

 宗教右翼,149—151

 右翼分子目标,60

Environmental Protection Agency(EPA) 环境保护署,237—238,240,241

Episcopal Church 美国圣公会,123—124

Europe 欧洲,252—254

索引

英国工党,17,18—19,24—25

euthanasia 见 body politics

evangelical(born-again)Christians 福音派(重生的)基督徒,28—29

与天主教徒,108—109,132—133

数字,104—105

科学与宗教的关系,161

神权政治,108—109,110,141

神学,111—113,141—143,149—150

与美国基础设施,151—152

也见 fundamentalism

Evangelicals and Catholics Together(ECT) 福音派与天主教在一起,132—133

evolution 进化论,168—180

executive branch of government 政府行政部门,57—60

Exxon Mobil 埃克森美孚,232—234,237,238,239

Falwell,Jerry 杰瑞·法威尔,126,147

farming subsidies 农业补贴,96

Farris,Michael 迈克尔·法里斯,193,196

fascism 法西斯主义,8—9

Federalist Society 联邦主义协会,54,55,56,234

Fessio,Joseph 约瑟夫·费西奥,131—132

Focus on the Family 关注家庭协会,120—122,134

Ford,Gerald 杰拉德·福特,34,51

foreign affairs 外交事务,61—98

教义原则,14,15

霸权主义意识形态,83—88

历史遗产,88—94

中东,65—82,146—149,151

新保守主义基金会,45,46

新保守主义智库,51

新保守主义与新自由主义界定,29,30

极右翼保守分子,94—95

宗教右翼,146—149

也见 Iraq

foundations 基金会,39—49,50,52—54,55—56,60

气候变化,234

宗教右翼,48,123

科学与宗教的关系,166,181—184

four Ms 四个 M,50—51,181,185

Foxman,Abraham 亚伯拉罕·福克斯曼,148

Frazier,Gary 加里·弗雷泽,134—135

free enterprise 自由企业,24—25,30—31,203—209

free trade 自由贸易,14,95—98

思想的锁链

freedom 自由,21—25,187

Freedom Prizes 自由奖,183

Friedberg,Aaron 亚伦·弗里德贝格,79,87

Friedman,Thomas 托马斯·弗里德曼,62

Frist,Bill 比尔·弗里斯特,119,175

Fukuyama,Francis,弗朗西斯·福山,46,48,87

fundamentalism 原教旨主义,111—113

 基督教与伊斯兰教的冲突,133—137

 定义,112

 地狱之屋,139—140

 在家教育,188—196

 基督营,138—139

 原教旨主义的诱惑,197—199

 狂喜,140—145,147—150,249

 犹太教复兴派,108,112,113—117,150—151

 斯科普斯进化论审判案,169—170

Galileo 伽利略,156

gay sexuality 见 body politics

Geneva Convention 日内瓦公约,94

George,Susan 苏珊·乔治,243—245

Gingrich,Newt 纽特·金里奇,51,86

Global Climate Coalition(GCC) 全球气候联盟,235—236

global pentacostalism 全球圣灵降临运动,162—164

"Global War on Terror" "全球反恐战争",6,57,65,84,226

global warming 全球变暖,150,175,194,230—242,249

globalization 全球化,62—63,96,97—98

Gonzales,Alberto 阿尔伯托·冈萨雷斯,94,119

Government Accountability Project 政府问责计划,240—241

Gramsci,Antonio 安东尼奥·葛兰西,13,16,100

grant-making foundations 见 foundations

Great Society 伟大社会,246—247

Greenpeace 绿色和平组织,236,237

Guantanamo prisoners 关塔那摩囚犯,57,58—59,94

gun lobby 枪支游说,28,226

Hagee,John 约翰·哈吉,147,148

Hayek,Friedrich von 弗里德里希·冯·哈耶克,19—23,29—31,35,90

Heritage Foundation 传统基金会,50—51,55,60,90,234

Hersh,Seymour 西摩·赫希,95

索 引

higher education, access to 接受高等教育, 222—224。也见 academic institutions

homeschooling 在家教育, 188—196

homosexuality 见 body politics

Hoover Institution 胡佛研究所, 45, 48, 50, 52

human rights 人权, 15—16, 55, 90。也见 civil rights

Humphrey, Hubert 休伯特·汉弗莱, 33, 34

Huntington, Samuel 塞缪尔·亨廷顿, 46

Hurricane Katrina 卡特里娜飓风, 247

Ignatius Press 依格内修斯出版社, 131

immigration 移民, 252—253

income 收入

distribution 收入分配, 213—215, 247

minimum wage 最低工资, 209—213, 225

Independent Women's Forum 独立妇女论坛, 48—49

India 印度, 62

Institute for Justice 司法研究所, 55

Institute for Religion and Democracy (IRD) 宗教与民主研究所, 123—125

Intelligent Design (ID) 智慧设计论, 165—168, 172—180, 187, 193—194, 217, 249

Intergovernmental Panel on Climate Change (IPCC) 政府间气候变化专门委员会, 231—232, 235—236

international agreements 国际协定, 89—92, 94, 95—98

International Criminal Court (ICC) 国际刑事法庭, 90, 92

International Fellowship of Christians and Jews 基督徒与犹太教徒国际联谊会, 148

international financial institutions 国际金融机构, 29, 90

International Monetary Fund (IMF) 国际货币基金组织, 29, 90

interrogation methods 讯问方法, 94, 135

Iran 伊朗, 67, 68, 70—72, 76—77, 95, 148

Iraq 伊拉克博尔顿关于伊拉克, 92

干涉主义原则, 15

谎言, 4—5, 230

market law, 市场规律, 30—31

中东政策, 66, 71, 79—82, 151

石油, 65

古老的欧洲人, 93—94

前景, 252

新美国世纪计划的作用, 85—86, 87

思想的锁链

政治贬值,6

美国行政权力,60

宗教右翼,135,151

Islamist extremism 伊斯兰教极端主义,70—72,85—86。也见 Muslim-Christian clash

isolationism 孤立主义,29,83,94—95

Israel 以色列

美国与以色列的关系,69—71,73—82

美国宗教右翼与以色列,143,145,146—149

Jackson, Henry "Scoop" 亨利·"斯库普"·杰克逊,67

Jefferts-Schori, Katherine 凯瑟琳·杰弗茨-斯科莉,124

Jewish community 犹太社会

外交事务,66—67,69,70

宗教右翼与犹太社会,10,146,148—149

Jewish Institute for National Security Affairs (JTNSA) 国家安全事务犹太研究所,70

Johnson, Lyndon 林登·约翰逊,3,32—33

Joyce, Michael 迈克尔·乔伊斯,43—44

judicial system 司法制度,53—56,59

公司游说,208

宗教右翼,109,119,121—122

Kennedy, Bobby 巴比·肯尼迪,33

Keynesianism 凯恩斯主义,17,18,20

Khalilzad, Zalmay 扎尔梅·卡里尔扎德,87,93

King, Martin Luther 马丁·路德·金,33

knowledge, assault on 对知识的攻击,153—199,248—249

警示,196—199

在家教育,188—196

科学与宗教,154—188,196—199

创世论,156—157,160—161,164—165,249

达尔文主义,168—180

轻信,160—162

在家教育,193—194

智慧设计论,165—168,172—180,187,249

支持科学的著作,180—188

圣灵降临运动的传播,162—164

Koch Foundation 科赫基金会,39,55—56

Krauthammer, Charles 查尔斯·克劳萨默,45

Kristol, Bill 比尔·克里斯托尔,52

Kristol, Irving 欧文·克里斯托尔,38,

索引

47,66

Krugman,Paul 保罗·克鲁格曼,251

Kuo,David 大卫·郭,151

Kuttner,Robert 罗伯特·库特纳,60

labor 劳工

  最低工资,209—213,225

  工会,226—230

Lacordaire,Henri 亨利·赖高德,25

Lahaye,Tim 提姆·拉哈耶,140—141,142—145

Latin America 拉丁美洲,63—64

law 法律

  圣经律法,108,115—117,141

  公司游说,225—226

  《雇员自由选择法案》,226—229

  国际法,89—90,92,94

  新自由主义哲学,21—25,90

  "不让一个孩子掉队"法案,216,219—222

  折磨,94,135

  贸易,97

  也见 legal system

Law,Bernard 伯纳德·劳,128

left-rightwing shift 左右翼转变,31—34,66—67

legal system 法律制度,53—60。也见 judicial system;law

Leggett,Jeremy 杰里米·莱格特,236

Libby,Lewis 刘易斯·利比,86,251

Lieberman,Joseph 约瑟夫·列伯曼,52,70—71

lies 谎言,2—5,230—231。也见 denial, climate change

Lincoln,Abraham 亚伯拉罕·林肯,250,251

lobbies and lobbying 游说集团与游说活动,200—203

  伯曼的公司,230—231

  企业,202—209,224—226,230—240

  以色列游说集团,73—82

  工会,226—230

Lott,Trent 特伦特·罗特,86

Luce,Henry 亨利·鲁斯,83—84

Mahoney,Roger 罗杰·马奥尼,128—129

Mandelson,Peter 彼得·曼德尔森,17,18,24

Manhattan Institute 曼哈顿研究所,50,60

market freedom 市场自由,24—25,30—31

marketing 市场营销,50—51

269

思想的锁链

Mearsheimer-Walt affair,米尔斯海默－沃特事件,72—80
media 媒体
  气候变化,232,238,239
  公司游说,207—208
  弱智化,248—249
  传统基金会,50
  新自由主义政策的传播,37—38,39,52—53
  宗教右翼,109,118
  电视新闻,8,248
Mencken, H. L. H. L. 门肯,169—170
Middle East 中东,65—72
  米尔斯海默－沃特事件,72—82
  宗教右翼,143,145,146—149,151
  也见 Iraq
military commissions 军事委员会,58—59
military-industrial complex 军工产业复合体,226,246
Miller, George 乔治·米勒,228
Miller, Kenneth 肯尼思·米勒,153,174
minimum wage 最低工资,209—213,225
miracles 奇迹,161—162
Monbiot, George 乔治·蒙比厄特,231,232
"Monkey Trial" "猴子审判",169—170

monotheism 一神论,158—159
Monroe Doctrine 门罗主义,63
Mont Pelerin Society 朝圣山学社,35
Moral Majority 道德多数派,126
Moyers, Bill 比尔·莫耶斯,104,149,150
Muravchik, Joshua 乔舒亚·莫拉夫契克,67—69
Murdoch media empire 默多克媒体帝国,52,53
Murray, Charles 查尔斯·穆雷,45—46
Muslim-Christian clash 穆斯林与基督徒的冲突,133—137。也见 Islamist extremism

National Association of Evangelicals 全国福音派协会,150—151
National Education Association (NEA) 国家教育协会,220,224
neo-conservatives/neo-conservativism 新保守派/新保守主义,25—31。也见 neo-liberals/neo-liberalism
neo-imperial trade 新帝国贸易,95—98
neo-liberals/neo-liberalism 新自由主义
  气候变化,230—240
  文化征服
  资助者,39—49,50,52—54,55—56,60

索引

出版物,52—53

系统的传播,35—39,52—53

智库,45,48,50—52,60,183—184

定义,25—31

欧洲,253—254

外交事务,61—98

霸权意识形态,83—88

历史遗产,88—94

中东,65—82

目标,60

前景,251—254

变化的永久性,247—248

哲学根源,19—25

公立学校开支,218—219

转向新自由主义,31—34

Neuhaus,John 约翰·纽豪斯,131,132

New Deal 罗斯福新政,246—247

New Orleans 新奥尔良,247

Nixon,Richard 理查德·尼克松,3,33—34

No Child Left Behind(NCLB) "不让一个孩子掉队"法案,216,219—222

Norquist,Grover 格罗弗·诺尔奎斯特,49,55

North,Gary 加里·诺斯,114,116

nuclear weapons 核武器,68,70—71,76—77,95

O'Grady,Oliver 奥利弗·奥格莱迪,129

oil 石油,65,72,97

oil industry 石油工业,232—234,235—236,237—240,249

Olin Foundation 奥林基金会,39,40,43,46—47,52—54,123

Olmert,Ehud 埃胡德·奥尔默特,69,78

Orr,H. Allen H. 艾伦·奥尔,173

paleo-conservatives 极右翼保守分子,94—95

Palestine 巴勒斯坦,69,76,79,80,146—147

party politics 党派政治,5—6,101,114—115

Patrick Henry College 帕特里克·亨利学院,195—196

patriotism 爱国主义,88—89,188—190,245

pedophile priests 恋童癖神父,127—131

Penn,William 威廉·潘,102

pentacostalism,global spread 全球传播的圣灵降临运动,162—164

Philanthropy Roundtable 慈善圆桌会议,44

Phillips,Kevin 凯文·菲利普斯,101

Piltz,Rick 里克·皮尔茨,239

271

Pledge of Allegiance 效忠誓言,188—190

Plymouth Brethren 普利茅斯弟兄会,142

Podhoretz, Norman 诺曼·波德霍雷茨,52,66—67,87

political freedom 政治自由,22—23

politics 政治

 气候变化,230—242

 公司利益,208,209,224—226

 政治贬值,5—6,100—101

 教义原则,14—15

 国际政治见 foreign affairs

 从左翼向右翼转变,32—34,66—67

 新保守派,28—29,60

 新自由主义哲学,19—25,26—27,29—21

 前景,251—252

 宗教右翼,106—111,114—116,125—127,132—133,137,140—141,146—152

 撒切尔主义,17—19

popular sovereignty 人民主权论,23—24

poverty 贫穷,7,216,247。也见 class inequality; minimum wage

Powell, Lewis F. 刘易斯·F.鲍威尔,203—209

pre-millennialist dominionism 前千禧年主义,141

 也见 dispensationalism

presidential power 总统权力,57—60,135

progressive movement 进步运动

 资助策略,40,41—42

 与新自由主义相比,21—22,23—25

 前景,251—254

 对文化战争的回应,36—37

 科学与宗教的关系,180—188

Project for a New American Century (PNAC) 新美国世纪计划,82,83—88

Protestants 新教徒,101—103,104,106

 美国圣公会,123—124

 科学与宗教的关系,161

 也见 evangelical (born-again) Christians

public relations (PR) 公共关系(PR),37—38,80—82

racial minorities 少数种族,27,33,44—46,49,111

radical Christian right 激进的基督教右翼,见 religious right

Rampton, Sheldon 谢尔顿·兰普顿,81

Ransom, Roger 罗杰·兰塞姆,250

Rapture 狂喜,140—145,147—150,249

Reagan, Ronald 罗纳德·里根,3,34,51

reconstructionists 重建主义者,108,112,

113—117,150—151。也见 dispensa-tionalism

Red Sea legend 红海传奇,161

Reed, Ralph 拉夫·里德,125—126

religion 宗教

 宗教自由,23,187

 20 世纪中叶,246

 与科学,见 science, religion 及 Church-State separation; religious

right religious right 宗教右翼,8—12,99—152,249

 天主教徒,103,104,106,108—109,127—133

 环境,149—150

 外交政策,146—149

 原教旨主义,111—113

 基督徒与穆斯林的冲突,133—137

 地狱之屋,139—140

 在家教育,188—196

 基督营,138—139

 诱惑,197—199

 狂喜,140—145,147—150,249

 重建主义者,108,112,113—117,150—151

 斯科普斯进化论审判案,169—170

 资助人,48,123—125

 历史背景,101—103

 在家教育,188—196

 有影响力的团体,117—122

 群众组织,125—127

 信徒人数,103—106,127

 科学,见 science, religion 及 theocracy,106—111,141

 神学,111—114,131,141—143,149—150

Republican Party 共和党

 美国企业研究所,51—52

 企业捐助者,225

 科赫捐款,56

 新自由主义转变,32—34

 前景,252

 宗教右翼,107—108,119,120—121,122,126—127

Rice, Condoleezza 康多莉扎·赖斯,88,97,107

right 右翼

 宗教,见 religious right

 世俗,见 secular right

Roberts, John 约翰·罗伯茨,54—55,59

Robertson, Pat 帕特·罗伯逊,120

Rockford Institute 罗克福德研究所,95

Ross, Dennis 丹尼斯·罗斯,79—80

Rove, Karl 卡尔·罗夫,133,146,251

Roy, Arundhati 阿兰达蒂·洛伊,62

思想的锁链

Rumsfeld, Donald 唐纳德·拉姆斯菲尔德, 60, 86, 119

Rushdoony, R. J. R. J. 路西德尼, 114, 115, 123, 188

Saddam Hussein 萨达姆·侯赛因, 85, 86

same-sex couples 同性夫妻, 113, 123—124

Scaife-Mellon Foundation 斯凯菲-梅隆基金会, 39, 40, 46, 123

Scalia, Antonin 安东宁·斯卡利亚, 54, 59, 119

Schlafly, Phyllis 菲利斯·施拉芙莱, 91, 94, 154

Schlesinger, Arthur 阿瑟·施莱辛格, 104—105

Schoenborn, Christoph 克里斯托弗·舍恩伯恩, 175—176

School for Advanced International Studies (SAIS) 高等国际研究院, 48

school education 学校教育, 见 education

science 科学

 气候变化, 231—242

 领导阶层对科学蔑视, 249

 与宗教, 154—188, 196—199

 创世论, 156—157, 160—161, 164—165, 249

 达尔文主义, 168—180

 轻信, 160—162

 在家教育, 193—194

 智慧设计论, 165—168, 172—180, 187, 249

 支持科学的著作, 180—188

 五旬节派的传播, 162—164

Scofield, Cyrus 赛勒斯·斯科菲尔德, 142

Scoop Jackson Democrats 斯库普·杰克逊民主党人, 67

Scopes trial 斯科普斯进化论审判案, 169—170

Second World War 第二次世界大战, 83

secular right, 世俗右翼

 公司游说团体, 203—209, 224—226

 文化霸权, 13—60

 资助型基金会, 39—49, 50, 52—54, 55—56, 60

 从左翼向右翼转变, 31—34

 法律制度, 53—60

 新保守派的界定, 25—31

 新自由主义哲学, 19—25, 26—27, 29—31

 新自由主义政策的传播, 35—39, 52—53

新自由主义界定,25—31

出版物,52—53

右翼势力的目标,60

撒切尔主义,17—25

智库,50—52,60

《美国宪法》,56—60

教义原则,13—16

外交事务,61—98

霸权意识形态,83—88

历史遗产,88—94

中东,65—82

极右翼保守分子,94—95

智库,50—52,60,183—184,209,229

secular values 世俗价值观,245—246

security policies 安全政策,30,48,51,56—60

　也见 foreign affairs

self-image, American 美国的自我形象,245—247

sexual abuse, clerical 神职人员性虐待,127—131

sexuality 性,见 body politics

Sharon, Ariel 阿里尔·沙龙,76,77—78

Sheldon, Louis 路易斯·谢尔登,122

Shortt, Bruce 布鲁斯·肖特,192

Siblani, Osarna 奥萨马·西布拉尼,82

signing statements 签署声明,58

Simon, William 威廉·西蒙,47

Sipe, Richard 理查德·赛普,130

slavery 奴隶制,250

Smith, Adam 亚当·斯密,21

Smith, James Allen 詹姆斯·艾伦·史密斯,36,37

Smith-Richardson Foundation 史密斯-理查德森基金会,39,40,123

social control measures 社会控制措施,250

social inequality 社会不平等,247—248,251。也见 class inequality; minimum wage

social justice 社会公平,111—112,115—116

social policy 社会政策

新自由主义的宣传,35—39

最低工资,209—213

新保守派基金会,43—46,47—48,49,53

新保守派智库,51,55

宗教右翼,109—111,115—116

右翼势力的目标,60

South America 南美洲,63—64

Southern Baptists 南方浸信会教友,190—191

Southern states 美国南部诸州,32—34,250—251

思想的锁链

Soviet Union 苏联,83—84

Sowell,Thomas 托马斯·索维尔,45

Spanish-American War(1898) 美国西班牙战争(1898),89

State 政府

  新保守派/新保守主义的观点,20—24,26—27,28—31,88

  政教分离,99

  历史背景,102

  司法制度,109,119,121—122

  组织保卫,178

  宗教右翼,109—111,115—117

  科学与宗教的关系,185

Stauber,John 约翰·斯托贝尔,81

stem-cell research 干细胞研究,见 body politics

structural adjustment policies 结构调整政策,90—91

Supreme Court 最高法院,53,54,59,122

tax-exempt think-tanks 免税智库,229

tax havens 避税天堂,63

tax reform 税收改革,49,55,109,225

Templeton Foundation 坦普尔顿基金会,181—184

terrorism 恐怖主义

  中东政策,68,76,79—80,81

  新美国世纪计划,85—86,87—88

  宗教右翼,133—134

  也见"Global War on Terror"

Thatch,Margaret 玛格丽特·撒切尔,19,35

Thatcherism 撒切尔主义,17—25

theocracy 神权政治,106—111,141

theology 神学,156—160

  宗教右翼,111—114,131,141—143,149—150

think-tanks 智库反工会,229

  公司游说团体,209

  文化征服,45,48,50—52,60

  外交事务,70,90

  坦普尔顿-阿特拉斯联盟,183—184

Third Way ideology "第三条道路"意识形态,17,18—19,24—25

Thomas,Clarence 克拉伦斯·托马斯,54,59,119

torture 酷刑,95,135

trade 贸易,14,29

trade unions 工会,226—230

Traditional Values Coalition(TVC) 传统价值联合会,122

Union of Concerned Scientists(UCS) 忧思科学家联盟,233—235,237,240—242

索 引

Unitary Executive Theory 行政一体理论,57

United Nations(UN) 联合国,29,91—92 气候变化,231—232,235—236,237—238

universities 大学,见 academic institutions

Ussher,Bishop 大主教厄谢尔,142,164

Venezuela 委内瑞拉,64

vice-presidential power 副总统的权力,59—60

Vietnam War 越南战争,33

wage levels 薪金水平,209—213,225

Wal-Mart 沃尔玛,215—216,226

Wallace,George 乔治·华莱士,34

"War on Terror" "反恐战争",见"Global War on Terror"

Washington,George 乔治·华盛顿,61

wealth 财富,213—216,247

Weaver,Richard 理查德·韦弗,35—36

Weber,George 乔治·韦伯,177

welfare 福利

新保守派基金会,43—44,45—46,47,48,49,53

新保守派智库,51,55

宗教右翼,109—111,115—116

Will,George 乔治·威尔,45

Williams,Roger 罗杰·威廉姆斯,102

Wills,Garry 加里·威尔斯,110,133

Wolfowitz,Paul 保罗·沃尔福威茨,48,64,65,86,91,93,251

women's rights 妇女权利,27,48—49,113,116

World Bank 世界银行,29,90

World Trade Organization 世界贸易组织,29,30,95—97,98

World War 世界大战,2,83

Zeps,Robert 罗伯特·泽普斯,184—185

Zoellick,Robert 罗伯特·佐利克,86,97

图书在版编目(CIP)数据

思想的锁链：宗教与世俗右翼如何改变美国人的思维／(法)苏珊·乔治著；蓝胤淇译.—北京：商务印书馆,2016

(国际文化版图研究文库)

ISBN 978-7-100-12479-9

Ⅰ.①思… Ⅱ.①苏… ②蓝… Ⅲ.①宗教-影响-社会意识形态-研究-美国 ②政党-影响-社会意识形态-研究-美国 Ⅳ.①D771.269

中国版本图书馆CIP数据核字(2016)第188988号

所有权利保留。
未经许可,不得以任何方式使用。

思 想 的 锁 链
宗教与世俗右翼如何改变美国人的思维

〔法〕苏珊·乔治 著

蓝胤淇 译

商 务 印 书 馆 出 版
(北京王府井大街36号 邮政编码 100710)
商 务 印 书 馆 发 行
北京鑫海达印刷有限公司印刷
ISBN 978-7-100-12479-9

2016年8月第1版　　开本 700×1000　1/16
2016年8月北京第1次印刷　　印张 18

定价：45.00元